国情教育研究书系

袁振国◎主编

中国普通高中教育发展报告 *2012*

陈如平 等 著

教育科学出版社

·北京·

丛书编委会

（按姓氏笔画排序）

于发友　马晓强　王　素　王　燕　王小飞　方晓东

邓友超　田　凤　史习琳　刘　芳　刘占兰　刘明堂

刘建丰　刘贵华　刘俊贵　刘晓楠　齐亚琴　孙　诚

李　东　李晓强　杨九诠　杨润勇　吴　键　吴　霓

张男星　陈如平　所广一　单志艳　孟万金　袁振国

高宝立　徐长发　黄海鹰　葛　都　曾天山

丛书总序

为打造具有国家水准、国际视野的教育科研成果，更好地服务于办好人民满意的教育，服务于全面建成小康社会，在中央级公益性科研院所基本科研业务费专项基金的支持下，我院系统开展了对国内国际重大教育理论与实践问题的研究，形成了"国情、国视、国菁、国际"四大书系。

"国情"书系以年度发展报告的形式，全面反映我国各级各类教育的成就、经验和挑战，对全国各省、自治区、直辖市教育发展和政策进行区域比较，对我国各级各类教育的发展水平进行国际比较，力求对我国教育的数量、规模、结构、效益和质量做出科学判断。

"国视"书系着眼于社会关注的教育热点问题，着眼于基础性、前瞻性问题，以了解事实、回应关切、提供政策建议为主要目的，探索教育发展规律。

"国菁"书系专门研究大中小学生的生活状态，涉及学校生活、家庭生活、社会生活、网络生活等，通过调查研究，了解当代学生的行为特点和思想情感，为研究如何促进学生的全面发展提供科学依据。

"国际"书系分为著作和译作两类，主要反映国际教育改革发展动态，回顾国际教育的历史进程，跟踪国际教育的改革动态，把握国际教育的发展趋势。

四大书系既各自独立又相互联系，在保持各书系特点的同时，力求做到：

一、"用数据说话"。数据是研究和决策的基础。四大书系力图建立在数据和事实的基础之上，通过对数据的搜集、提炼、整合、分析，发现问题，探索规律。

二、"通过比较说话"。没有比较就没有鉴别。书系力求通过国别比较、区域比较、类型比较、结构比较，发现真知，提供卓见。

三、"协同创新"。协同创新是提高创新效率和创新水平的战略要求。书系研究调动院内外、系统内外、国内外资源，注重人员交叉、学科交叉、方法交叉，力求有所创新、有所突破。

四大书系的编辑出版是我院全面提高教育科研水平的一项整体努力，也是建设国家一流教育智库的客观要求。在研究和写作过程中，书系得到了相关机构和同仁的大力支持，特别是得到了教育部相关司局及有关部委的大力支持，在此一并致谢！我们将以此为起点，不懈努力，为推动中国教育事业在新的历史起点上向前发展发挥不可替代的作用。

中国教育科学研究院

2012 年 12 月

目　录
CONTENTS

[前　言]

普通高中教育作为基础教育的高级阶段，是基础教育与高等教育的衔接口，在整个国民教育体系中起着承上启下的关键作用，其发展目标、规模、速度和水平等，直接影响着九年义务教育的巩固提高和高级人才培养的质量。我们应当清楚地看到，学生高中毕业后，其思想道德素质、科学文化素质、身心健康素质如何，不仅是学生个人的事情，也不仅是学生家庭和学校的事情，而且反映出国民教育体系的健康和谐度，甚至影响乃至决定国家的综合国力与人才的国际竞争力。正因为如此，世界各国政府都高度重视普通高中教育的发展，高度关注普通高中教育质量的提高，长期致力于高中教育体制的改革与创新，甚至将高中教育的发展与国家的发展紧密联系在一起。

根据我国国情，普通高中教育关系到我国社会主义人才培养的总格局与和谐社会建设的重要使命。可以说，普通高中教育直接关系到培养合格的社会主义建设者和接班人的重要使命，关系到把经济建设转移到依靠科技进步和提高劳动者素质的轨道上来的历史使命，从基础部位决定着"提高全民族的素质，把沉重的人口负担转化为人力资源优势"的国家发展战略目标的实现，直接决定着我国的人力资本存量。大力发展普通高中教育，对于进一步培养学生的创新能力，全面提高人口素质，增强综合国力和国际竞争力，具有极其重要的战略意义。因此，当今世界各国都把发展高中教育作为培养 21 世纪的新一代人才和劳动者的战略重点与突破口。

同时，普通高中教育处于学生个性形成、自主发展的关键时期，是满足升学和就业教育双重需要的预备教育，对提高国民素质和培养创新人才具有特殊意义。因此，加快普及普通高中教育是基本实现教育现代化，建设人力资源强国，全面建设小康社会的重大战略选择。

一、普通高中教育实施"分区发展，分步推进"的发展战略

新中国成立以来，我国普通高中教育发展目标单一，主要承担高校预备学校的角色，发展十分缓慢。改革开放之后，我国在普通高中发展上主要采取了"分区发展，分步推进"的策略，形成了几个特征鲜明的阶段。

第一阶段，重点普及九年义务教育，在大城市市区和沿海经济发达地区积极普及高中阶段教育。

改革开放之初，国家发展的重点放在"两基"上面，对于高中教育发展采用了"分区域推进"的策略。1993 年《中国教育改革和发展纲要》提出："90 年代，在保证必要的教育投入和办学条件的前提下，各级各类教育发展的具体目标是：全国基本普及九年义务教育；大城市市区和沿海经济发达地区积极普及高中阶段教育。"参照义务教育普及的做法，普通高中发展"分区发展，分步推进"模式形成雏形。

第二阶段，大力发展高中阶段教育，有步骤地在大中城市和经济发达地区普及。

随着义务教育普及和高等教育扩招，高中教育规模扩张已成必然。为此，1999 年教育部《关于积极推进高中阶段教育事业发展的若干意见》指出："各地教育行政部门要在确保实现'两基'目标和巩固提高的基础上，重视发展高中阶段教育事业，积极发展包括普通教育和职业教育在内的高中阶段教育，为初中毕业生提供多种形式的学习机会。城市和经济发达的地区要有步骤地普及高中阶段教育，满足初中毕业生接受高中阶段教育的需求。"上述政策，不仅大大推动了城市普通高中的高速发展，也带动了县镇普通高中的快速扩展。据统计，我国高中阶段教育在校生从 1995 年的

1895 万人发展到 2000 年的 2450 万人，超过了 2125 万人的规划目标，普通高中招生数和在校生数年平均增长率达到 12%。

2001 年《国务院关于基础教育改革的决定》延续了前面的政策，进一步提出："大力发展高中阶段教育，促进高中阶段教育协调发展，有步骤地在大中城市和经济发达地区普及高中阶段教育。"为了贯彻落实国务院的决定，2002 年教育部召开了全国高中发展与建设工作经验交流会，鉴于我国各级教育呈两头高、中间低的格局，高中教育已成为各级教育协调发展的瓶颈。为此，教育部提出：要合理规划高中教育发展，努力拓展优质高中教育资源；要加大政府投入，吸引社会广泛参与，多渠道筹措发展高中教育的经费；要深化教育改革，提高高中的办学水平和教育质量。

第三阶段，加快普及高中阶段教育，推进普通高中多样化发展。

总体上看，目前我国高中阶段教育发展水平仍然偏低，还不能适应国家现代化建设的需求和人民群众的需求，必须加快发展。一要加快普及高中阶段教育，这对于优化教育结构、建立人力资源强国具有重大意义；二要鼓励普通高中多样化发展，全面提高人才培养质量。为此，党的十七大报告明确提出："优化教育结构"，"加快普及高中阶段教育"。根据此目标，《国民经济和社会发展第十一个五年规划纲要》规定了高中阶段教育的具体发展指标，即高中阶段教育毛入学率要从 2006 年的近 60%，进一步提高到 2010 年的 80%。2010 年我国高中阶段教育毛入学率实际达到 83%，最高省份超过 85%，实现了"十一五"规划目标，加快推动了普通高中教育的发展。

2010—2020 年是我国实施现代化建设"三步走"战略的关键阶段，如何建设人力资源强国，满足群众接受良好教育的需求，全面建成惠及十几亿人口的小康社会，成为我国教育事业实现科学发展的战略主题。为此，2010 年颁布的《国家中长期教育改革和发展规划纲要（2010—2020 年）》（以下简称《教育规划纲要》）首次提出了"实现更高水平的普及教育"、"加快普及高中阶段教育"的目标，到 2015 年高中阶段教育毛入学率达到

87%，到 2020 年达到 90%，满足初中毕业生接受高中阶段教育的需求。《国民经济和社会发展第十二个五年规划纲要》则进一步指出："基本普及高中阶段教育，推动普通高中多样化发展。"自此，"加快普及高中阶段教育"和"推动普通高中多样化发展"成为普通高中教育发展的两大基本政策。

二、普通高中教育正快速步入普及化阶段

改革开放以来，特别是近 20 年来，我国高中阶段教育进入快速发展时期，高中阶段教育毛入学率[①]从 1992 年的 26% 提高到 2011 年的 84%，提高了 56 个百分点，增长了 3.2 倍。2011 年，因适龄人口减少，我国高中阶段教育招生总规模略有缩减。全国高中阶段教育实际招生 1659.8 万人，比上年减少 46.9 万人，降幅为 2.7%，但高中阶段教育毛入学率进一步提高。其中，普通高中招生继续增长，达 850.8 万人，增幅为 1.7%；中职招生规模有所缩减，降幅较大，招收学生 809 万人，比上年减少 61.4 万人，降幅为 7.1%。

根据近年来高中阶段教育毛入学率增长速度推算，2012 年我国高中阶段教育毛入学率将超过 85%，普通高中教育普及化已成为不争的事实。根据"加快普及高中阶段教育"和"推动普通高中多样化发展"两大基本政策，普通高中教育面临两大任务：一是进一步提高高中阶段教育的普及率，实现国家制定的到 2015 年毛入学率达到 87%，2020 年达到 90%，基本实现普及高中教育的目标；二是培养大批创新型人才为建设创新型国家服务。因此，普通高中必须大力推进教育内涵式发展，不断创新人才培养模式，办出教育特色。

围绕普通高中教育"内涵发展"和"普及重点"两大任务，教育部制定了一系列的具体措施。[②] 首先，在内涵发展上，推动普通高中特色办学

---

① 教育的毛入学率是衡量一个国家或地区中等教育和高等教育发展水平的重要指标。我国从 1992 年起按照国际惯例正式统计教育毛入学率（全口径）。

② 刘利民. 在 2012 年全国教育工作会议上的讲话［N］. 中国教育报，2012 – 02 – 22.

和人才培养模式改革。一是制定推进普通高中多样化发展实施意见和普通高中学生发展指导纲要，抓好普通高中多样化试点。二是研究制定普通高中与大学、科研机构联合培养创新人才计划，支持一批有条件的普通高中探索培养模式。其次，在普及重点上，支持民族地区和贫困地区提高普及水平。一是要组织实施好"普通高中建设试点项目"，改善集中连片特困扶贫攻坚地区普通高中办学条件。二是组织实施好"民族地区教育基础薄弱县普通高中建设项目"，改扩建一批普通高中，扩大办学规模，消除"大班额"现象。这些措施的逐步实施，有助于普通高中教育的普及发展和质量提升。

三、普通高中教育开始转向多样化发展

进入新世纪，随着我国九年义务教育的普及和高校扩招，广大人民群众对高层次、高质量的普通高中教育的需求日益增长，对享有接受教育的机会的需要，已经转变为对接受良好教育机会的追求，凸显了我国普通高中优质教育资源供给能力严重不足、供需矛盾十分突出的现状。因此，《教育规划纲要》提出的"推动普通高中多样化发展"已成为历史必然。其原因在于以下几个方面。

我国普通高中教育走向内涵发展、多样化发展的原因主要有以下四点：一是现在距离 2020 年目标差距不大；二是高中阶段学生入学人口呈减少趋势或有小幅增长；三是我国大部分省份普通高中教育进入高水平发展阶段；四是普职比例适中。

第一，我国普通高中教育经过十多年的快速发展，其总体规模已保持基本稳定，实现 2020 年基本普及高中阶段教育的发展目标几无悬念，为实现普通高中教育多样化发展提供了基本保障。《教育规划纲要》和教育事业发展"十二五"规划都对高中阶段教育发展目标做了明确规定（见表 0-1）。2011 年，我国高中阶段教育毛入学率已达到 84%，仅比 2015 年 87% 的规划目标低 3 个百分点，比 2020 年 90% 的规划目标低 6 个百分点，未来实现规模扩张的目标压力不大。

表 0 - 1　我国高中阶段教育发展目标比较

	2009 年	2011 年	《教育规划纲要》目标	
			2015 年	2020 年
在校生数（万人）	4624	4678	4500	4700
毛入学率（％）	79.2	84	87	90

【资料来源】教育部发展规划司. 2011 年教育事业统计主要结果［Z］. 北京：教育部发展规划司，2011（内部材料）；教育部.《教育规划纲要》主要目标进展情况［Z］：16（内部材料）.

　　第二，从我国未来人口预测情况看，到 2020 年我国高中阶段教育就学人口压力不大。新中国成立以来，我国经历了高生育率和快速增长、实行计划生育和降低生育率、实现稳定的低生育率和人口缓慢增长等几个阶段，相继出现了三次较大规模的生育高峰，对基础教育产生了巨大的冲击力。目前，人口高峰过去，未来高中阶段教育学生规模压力不大。我国普通高中教育规模增长速度在 2002 年达到高峰（19.85%），以后逐年下降，直到负增长，2008 年达到最低（-1.8%），随后又逐年增加，但增长缓慢，近 3 年来每年以 1% 的速度增长，处于小规模扩张状态，为普通高中实现多样化发展提供了可能性。

　　第三，普通高中教育发展区域差距明显，内在地要求普通高中多样化、特色化发展。从 2011 年我国初中毕业生升学率分布情况来看，东西差距明显，这是我国普通高中教育进入普及化阶段面临的突出问题。中西部普通高中教育农村普及水平偏低，学校办学条件和教育质量与东部地区普通高中相比差距较大，教育资源十分短缺，学校普遍班额过大，相当一部分学校达不到基本的办学标准。许多学校人才培养模式单一，办学缺乏特色，片面追求升学率倾向严重。因此，以办学特色化为载体促进普通高中多样化发展是内在要求。

　　第四，从教育结构来看，我国普通高中与中等职业学校①规模比例适中，给普通高中多样化发展提供了较大空间。从若干世界发达国家普通高

---

　　① 中等职业学校包括普通中等专业学校、成人中等专业学校、职业高中和技工学校。

中教育与中等职业教育规模比例看，美国为 4∶1，英国为 4∶1，法国为 2∶1，日本为 2∶1，德国为 1∶2，而我国为 1∶1。2011 年，我国高中阶段教育在校生规模为 4678 万人，比 2015 年规划目标多 168 万人。中等职业教育招生 809 万人，占高中阶段教育招生总数的 48.7%；中等职业教育在校生 2197 万人，占高中阶段教育在校生总数的 47.0%。中等职业教育与普通高中教育规模大体相当。总之，与一些发达国家相比，我国普通高中教育还有相当大的发展空间。

我国经历了一个由普通高中一统天下，到中职学校快速发展，再到普通高中教育与中职教育规模逐渐趋于 1∶1，比例大体相当的发展历程。《教育规划纲要》提出到 2020 年普及高中阶段教育的目标，并指出，应合理确定普通高中和中等职业学校招生比例，今后一个时期总体保持普通高中和中等职业学校招生规模大体相当。这与我国经济社会发展阶段特征是相适应的。

根据国外普通高中教育发展规律，普通高中教育是随经济发展状况而发展的，我国经济经过 30 年高速增长，正进入后高速增长阶段，预测我国普通高中教育在 2012—2020 年的 8 年间仍会以每年 1% 左右的速度缓慢增长。即使到 2020 年高中阶段教育毛入学率达到 90% 以上，普通高中教育和中职教育的比例仍会保持大体相当。

从国际普通高中教育发展的趋势来看，多样化发展也成为一个重要的选项。例如，日本中央教育审议会下属初等、中等教育分科会召开高中教育部会，针对高中教育的发展措施展开了讨论。会议提出：发展高中教育需要根据各所学校的办学目标，即想要培养什么样的人才，分门别类地制定相应的政策措施才更有效，不能在"高中教育发展措施"统一的框架内打转。但是必须注意到，将学校进行分类并不是将学校排等级，也不是由国家决定学校的职能或角色。会议提出了高中的四个类别及发展策略：主要培养从事社会经济活动所需的资质能力的高中；主要培养从事特定职业所需的资质能力的高中；主要培养进入社会领导层和活跃于国际社会所需的资质能力的高中；主要培养在社会中自立的基础能力的高中。这些改革举措给我国高中多样化发展提供了启示和借鉴。

普通高中教育发展总体状况

普通高中教育是衔接义务教育和高等教育的重要阶段，是促进我国从人口大国向人力资源大国转型的关键环节。进入新世纪后，国家先后出台多个涉及高中教育改革的政策措施，不断"加快普及高中阶段教育"，并提出在2020年实现高中阶段教育毛入学率90%的目标（《教育规划纲要》）。作为本报告的第一章，本章将从普通高中学校数量与格局变化、普及状况、教师队伍状况、教育经费和办学条件五个方面，对普通高中教育发展的总体状况进行描述和判断。[①]

第一节 普通高中学校数量与格局变化

在国家政策和经费等多方面的共同支持下，2011年我国普通高中教育改革和布局调整继续推进。总体上，普通高中学校数有所减少，其中农村地区普通高中布局调整幅度较大，但仍然以公办高中为主，办学体制多样化有所发展。

---

① 本书所使用的教育发展和教育经费数据，如无特殊说明均来自各年度《中国教育统计年鉴》和《中国教育经费统计年鉴》。

一、普通高中学校布局调整速度放缓

1. 全国普通高中学校总数减速放缓

改革开放以来，我国教育事业进入快速发展时期，普通高中教育也得到迅速发展。2001 年以后，普通高中学校数经历了先增后减的发展历程，2006 年达到峰值 16153 所。近 5 年来，受学龄人口减少、学校布局调整政策的影响，普通高中学校数持续减少，直至 2011 年减速才略有放缓（见图 1 - 1）。据统计，2011 年普通高中学校总数为 13688 所，比 2010 年减少 370 所，减幅为 2.63%，低于 2010 年的 3.76%。

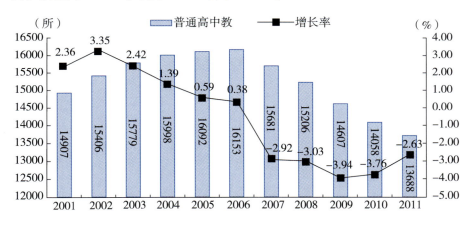

图 1 - 1　全国普通高中学校数及其年度变化情况

2. 普通高中学校东多西少，东中部减速相对较快

从地区分布情况看，总体上东部地区普通高中学校较多，西部地区相对较少，地区差异明显。伴随学校布局调整的不断推进，近几年来东中西部地区普通高中学校数均有不同幅度的减少，其中 2008 年东部地区减幅最大，2009 年和 2010 年中部地区减幅最大，反映出普通高中学校布局调整由东部向中西部辐射推进的路径（见图 1 - 2）。2010 年，东部地区有普通高中学校 5320 所，中部地区有 4452 所，西部地区有 4286 所，分别比上年度减少 3.99%、4.36%、2.83%（见图 1 - 3）。

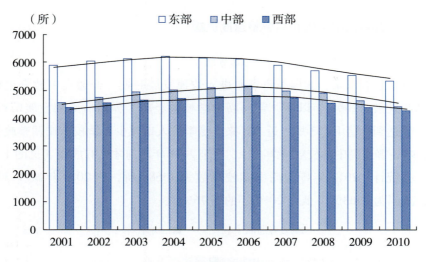

图1-2 分地区普通高中学校数年度变化情况

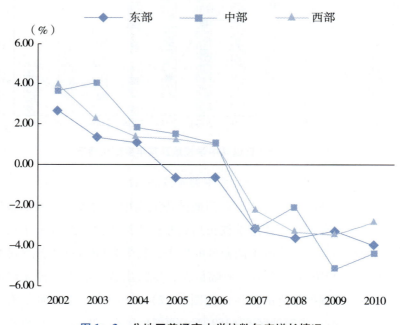

图1-3 分地区普通高中学校数年度增长情况

3. 高中阶段教育普职结构基本平衡

普通高中和中等职业学校的比例是衡量高中阶段教育结构的重要指标。1993年《中国教育改革和发展纲要》提出大幅增加高中阶段职业技术学校在校生人数的发展目标；1999年国务院批转教育部《面向21世纪教育振兴行动计划》，进一步提出"全国高中阶段职业教育与普通教育之间应保持现有比例"。但随后几年受高等教育扩招的拉动，普通高中大量发展而中等职业学校不断萎缩。2002年国务院《大力推进职业教育改革与发展的决定》提出"要以中等职业教育为重点，保持中等职业教育与普通高中教育的比例大体相当"。2010年《教育规划纲要》再次重申"今后一个时期总体保持普通高中和中等职业学校招生规模大体相当"。在这一系列的政策推动下，普通高中与中等职业学校数逐渐趋于平衡，个别年份虽有微小浮动，但基本保持稳定（见图1－4）。

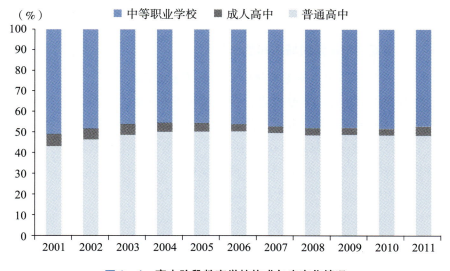

图1－4 高中阶段教育学校构成年度变化情况

2011年全国有普通高中13688所，中等职业学校13177所，普通高中学校数略高，占高中阶段学校总数的49%（见图1－5）。这充分表明，普通高中是高中阶段教育的主要机构。

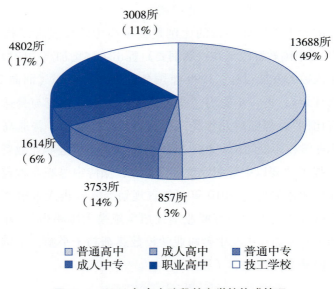

图 1-5 **2011 年高中阶段教育学校构成情况**

二、普通高中逐渐向城市和县镇集中

1. 普通高中集中在城区和镇区，其中镇区比重最大

伴随我国城市化的不断推进，农村地区不断缩减，普通高中区域分布依然维持城市和县镇多、农村少的格局，农村地区普通高中教育资源相对匮乏。2011 年城区普通高中 6389 所，占全国普通高中总数的 46.7%；镇区普通高中 6451 所，占 47.1%；乡村高中仅 848 所，仅占 6.2%（见图 1-6）。2011 年教育部统计数据调整了区域划分方法，扩大了城区和镇区的范围，因而与此前数据不能简单比较①。但从总体趋势来看，城区和镇区普通高中学校比重增大，乡村高中则大幅度减小，普通高中集中于城市和县镇的状况基本没有改变（见图 1-7）。

---

① 2011 年教育统计中调整了区域划分方法，将原来的城市、县镇、农村更名为城区、镇区和乡村，城区中新增城乡接合部这一子项目，将原县镇部分地区划为此类，另外，部分农村地区也升格划为镇区。因此，2011 年数据与此前的数据之间不能简单相比，下文涉及区域比较的部分均将 2011 年数据作为参考处理。

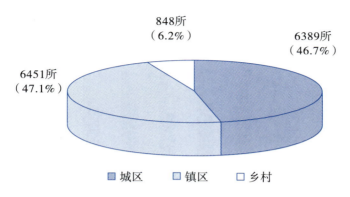

图1-6　2011年普通高中区域分布情况

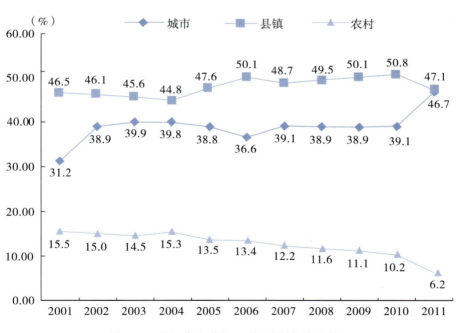

图1-7　普通高中学校区域分布结构变化情况

2. 城市和县镇普通高中数减速放缓，农村高中向县镇集中的趋势增强

从各区域普通高中学校数变化情况来看，伴随学校布局调整的不断深入，近几年来各区域普通高中学校数不断减少，相比之下，城市和县镇普通高中的减速低于农村高中（见图1-8、图1-9）。

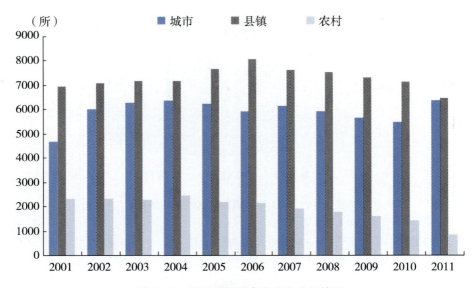

图 1-8　分区域普通高中分布变化情况

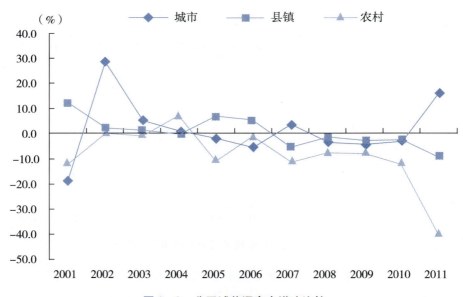

图 1-9　分区域普通高中增速比较

三、普通高中设置形式多样化出现新进展

1. 普通高中学校设置趋于多样化

从学校设置看，我国普通高中以独立设置的高级中学和完全中学为主，融职业教育和普通教育于一身的综合高中仍有保留，最近几年还出现了十二年一贯制学校热，使得普通高中学校设置进一步趋于多样化。

20 世纪 80 年代中后期，江苏、上海、北京等地开始试办综合高中，1999 年《面向 21 世纪教育振兴行动计划》提出"经济比较发达的地区可发展部分综合高中"，2001 年《关于基础教育改革与发展的决定》指出"鼓励发展普通教育与职业教育沟通的高级中学"。作为教育模式改革试点的综合高中，虽然没有在统计层面得以反映，但在实际办学过程中已然存在，例如，北京市东城综合高中、大连综合高中等。

2008 年全国"两会"期间出现了十二年一贯制学校的提案，随后十二年一贯制学校建设悄然升温。2011 年，作为一种新型建制的学校，十二年一贯制学校已列入国家教育统计类目。2011 年全国独立设置的高级中学达到 6532 所，比 2010 年度增加 71 所，占普通高中学校总数的 48%；完全中学为 6357 所，比 2010 年度减少 1240 所，占普通高中学校总数的 46%；十二年一贯制学校达到 799 所，占普通高中学校总数的 6%（见图 1－10）。学校设置的多样化为推进普通高中多样化发展提供了新的物质空间。

2. 完全高中逐渐减少而独立高中逐渐增多

从近几年各类学校数变化情况来看，受高、初中分离的政策影响，全国独立设置的高级中学数量不断增多，从 2001 年的 5183 所增加到 2011 年的 6532 所，并基本维持在 6500 所左右，所占比例也逐渐增大。相比之下，完全高中学校数则不断减少，从 2001 年的 9724 所减少到 2011 年的 6357 所，减少了近 35%，其所占比重亦逐渐降低（见图 1－11）。此外，十二年一贯制学校发展迅速，学校总数增加到 799 所，给普通高中设置类型带来新变化。

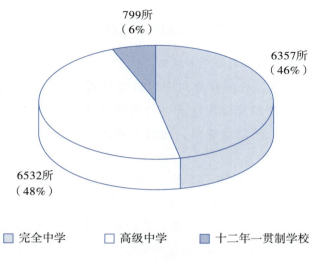

图 1–10 **2011 年普通高中设置情况**

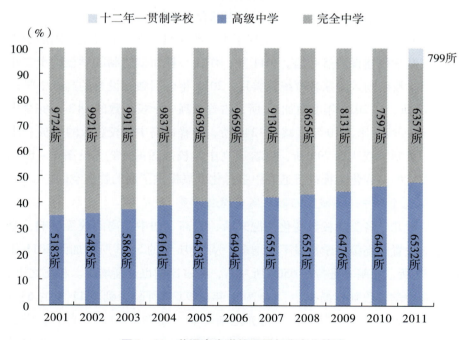

图 1–11 **普通高中学校设置年度变化情况**

四、普通高中形成公办民办"八二分"格局

1. 普通高中仍以公办为主

近10年来，普通高中办学体制不断调整，国家出台了一系列政策措施，鼓励和引导民间举办普通高中教育，逐步推进普通高中办学体制的多样化，形成了公办与民办及其他部门举办"八二分"的格局。

据统计，2011年教育部门办普通高中共计11087所，占普通高中总数的81.0%，比上年减少247所；民办普通高中2394所，占普通高中总数的17.5%，比上年减少105所；其他部门办普通高中177所，占普通高中总数的1.3%，比上年减少48所（见图1－12）。2011年普通高中办学体制改革进一步推进，分离出地方企业办普通高中一类，全国共计30所。同时，民办普通高中数量和比重继续缩减。

图1－12 普通高中办学体制年度变化情况

2. 民办普通高中集中在城市和县镇

伴随普通高中适龄人口变动及相关政策的影响，近10年来民办普通高中由迅速增长转入稳步调整阶段，从规模扩张型发展向追求高质量、明晰市场定位的内涵式发展转变。与此同时，为回应社会需求，民办高中出现了新发展，民办公助等混合体制学校、国际学校略有增加。从年度变化情

况看，2007 年是民办高中发展的拐点年份。

2011 年全国共有民办高中 2394 所，占普通高中总数的 17.5%，较上一年度减少 105 所，减幅为 4.2%。从民办高中区域分布情况看，2010 年城市民办高中 1287 所，县镇民办高中 986 所，农村民办高中 226 所（见图 1－13、图 1－14）。城市民办高中比重最大，与普通高中主要集中于县镇的区域分布形成鲜明对比，也反映出城市居民对民办高中教育的巨大需求。

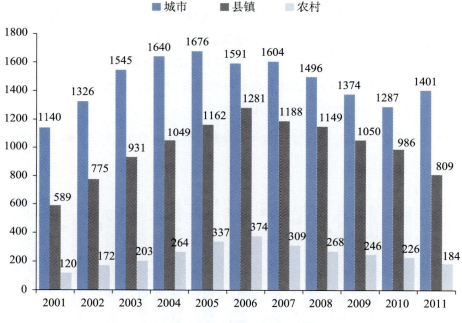

图 1－13　分区域民办高中分布年度变化情况

从近 10 年来民办高中增长情况看，2001—2006 年民办高中迅速增加，单年度增幅最高超过 20%。但 2007 年民办高中增长率由正转负，此后一直呈现负增长。这主要是由于公办高中在加快普及高中阶段教育政策的推动下不断扩大招生规模，占据了相当一部分生源，同时高中阶段教育适龄人口进入相对平稳的发展阶段，高中阶段教育扩大规模的空间逐渐缩小。在这两方面因素的作用下，民办高中的生存空间大幅度减小，不得不进行调整以适应新的发展形势。

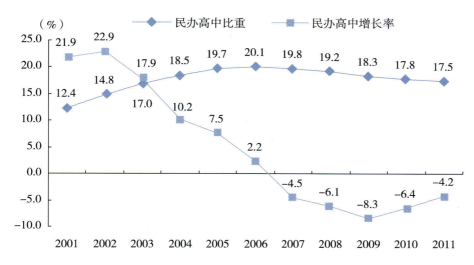

图 1-14 民办高中增长及比重年度变化情况

　　根据对民办高中办学类型的分析可以发现，民办高中呈现两极分化的状态：一极是保障基本教育机会的农民工子弟学校，一极是服务于出国留学、追求优质高端的国际学校。在这两极之间，存在质量参差不齐、特色各异的各类民办学校，例如民办公助、国有民办、名校办民校等。近年来伴随着"留学热"的不断升温，留学低龄化也在学校层面有所体现，出现了一批国际学校和国际班。国际高中主要分布在北京、上海等经济比较发达的一线城市，并不断向二、三线城市蔓延。据不完全统计，北京有国际高中或开设高中阶段国际班的学校 16 所，上海有 24 所，广州有 20 多所高中开设国际班，广西则从无到有在 2011—2012 年的两年时间里出现了 6 个高中国际班，河南郑州 2003 年时只有 2 所学校开设国际班，到 2011 年秋季已有 13 所学校推出了 24 个国际班。① 国际高中已然成为一个众人追捧的新兴领域，已经拥有了自己的行业网站。②

　　① 莫丽娟. 我国部分城市"高中国际班"调查［M］//杨东平. 中国教育发展报告(2012). 北京：社会科学文献出版社，2012：469.

　　② 国内多个城市的国际高中现已建立了用于交流、招生和宣传的国际高中社区网站（ht-tp://www. guojigaozhong. com/）。

五、普通高中校均规模增速放缓而大班额问题突出

1. 普通高中校均规模增长速度放缓，但东部和西部增长相对较快

近年来在政府教育财政投入力度加大、加强贯彻落实普通高中"三限"政策①的背景下，全国普通高中校均规模得到较好的控制。从近10年普通高中校均规模变化情况看，2006年以来普通高中校均规模增幅均维持在4%以下，总体增速明显放缓。2011年度，普通高中校均规模为1793.4人，较上一年度增加3.7%（见图1－15）。这主要是由学校数和学生数变化情况所致，即伴随学校布局调整普通高中学校数进一步减少，但与此同时，在校生数却有所增加。另外，从节约教育成本的角度看，部分普通高中在发展过程中不断追求规模效应，在一定程度上推动了校均规模的增大。

图1－15　全国普通高中校均规模年度变化情况

从普通高中校均规模看，中部地区普通高中校均规模较大，平均每校

---

①　"三限"政策：2001年教育部《关于进一步做好治理教育乱收费工作的意见》首次提及"三限"政策，此后开始推行。所谓"三限"是指公立高中在招收择校生时要"限分数、限人数、限钱数"。该政策在治理教育乱收费的同时，也对普通高中校均规模的扩大具有调控作用。

比西部地区多200人以上。2010年东部地区普通高中校均规模为1740.8人，中部地区为1820.4人，西部地区为1611.7人（见图1-16）。这在一定程度上反映出中部地区普通高中学校数量不足的现状，根据适龄人口规模的变化趋势，适度增设普通高中学校应是中部地区高中阶段教育发展的重要任务。

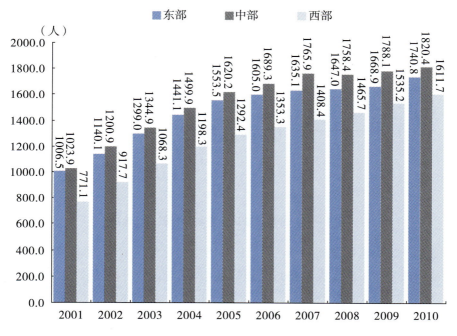

■东部　　■中部　　■西部

图 1-16　分地区普通高中校均规模年度变化情况

从普通高中校均规模增长速度看，西部地区明显高于东部和中部地区，这与农村高中布局调整以及国家大力发展西部地区高中教育不无关系。2010年东部地区普通高中校均规模增速为4.31%，中部地区增速为1.81%，西部地区增速为4.98%（见图1-17）。与此同时，中部地区普通高中发展的"凹陷"现象仍然突出，亟须解决。

2. 县镇普通高中大班额现象较为突出

伴随着普通高中招生"三限"政策的落实到位，各区域普通高中大班额现象有所改善，但县镇普通高中这一现象仍较为突出。从近10年各区域

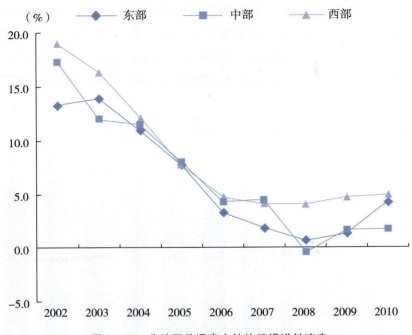

图 1 – 17　分地区普通高中校均规模增长速度

普通高中超大班额班级（66 人以上）比重变化情况看，2001—2004 年大班额班级比重不断增大，2006 年以后城市、县镇、农村普通高中大班额班级数比重分别从 15.9%、33.3%、29.9% 降低到 11.9%、25.6%、19.8%，大班额现象有所改善，农村高中改善尤为明显（见图 1 – 18）。农村高中大班额问题有所缓解主要是由于农村高中不断向城市和县镇集中，高中生源亦随之集中，从而农村高中生源锐减，缩小了班额规模。但相对于城市普通高中，县镇和农村高中 66 人以上规模的班级较多、比重较高，尤其是县镇高中与城市普通高中之间尚存在较大差距。

　　从单年度各地区普通高中班额分布情况看，2010 年大多数普通高中的班级规模在 46—65 人，整体上普通高中班级规模偏大。城市 45 人以下班级占 21.2%，县镇占 10.6%，农村占 16%，城市与县镇、农村间差距较大（见图 1 – 19）。这再次表明县镇普通高中大班额现象突出。

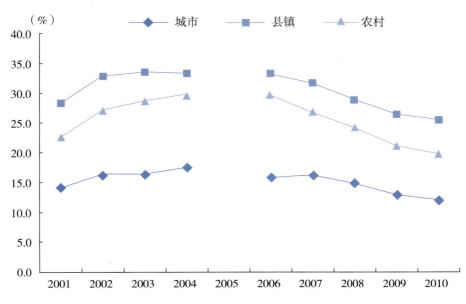

图 1-18　分地区普通高中 66 人以上超大班额班级比重

注：2005 年《中国教育统计年鉴》中没有相关统计数据。

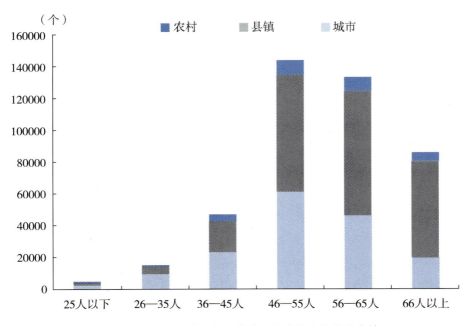

图 1-19　2010 年分地区普通高中不同班额班级数分布情况

> **专栏**
>
> ### 河南：3—5 年基本消除"大班额"现象
>
> "薄弱学校太弱、优质高中太挤"，这是当前河南普通高中发展的真实写照。近日，河南省启动实施普通高中改造项目，计划用 3—5 年的时间，共完成 200 所左右学校的改造任务，基本消除普通高中"大班额"现象。
>
> 根据国家规定的中小学班额标准，小学不超过 45 人，初中不超过 50 人，46—55 人是"大班额"，56—65 人则被称为"超大班额"，66 人以上属于"特大班额"。随着中原经济的快速发展，城镇人口大量增加，优质普通高中教育资源总量不足、普通高中发展不平衡、大班额等现象依旧存在。
>
> 河南省此次普通高中改造主要内容包括：一是改扩建教学及教学辅助用房，重点解决大班额问题；二是改扩建学生宿舍、食堂，改善学生住宿和就餐条件；三是配备教学仪器设备；四是调整配备县域内高中师资力量。
>
> 据统计，到 2011 年，河南省有普通高中 792 所，在校生 189.5 万人，高中阶段毛入学率达到 90%，基本满足了人们接受普通高中教育的需求。
>
> （来源：中国青年报，2012 年 8 月 6 日）

第二节 普通高中教育的普及状况

关于中国普通高中教育的普及状况，本节将主要从普通高中招生数、在校生数、毛入学率、男女学生比例、学生区域分布以及普职比较几个方面进行描述和分析。

一、普通高中招生规模基本稳定

1. 普通高中招生数基本趋稳

从年度变化情况看，2001—2005 年全国普通高中招生规模快速增长，总量持续增加，2005 年以后基本保持稳定。2001 年全国普通高中招生数达558.0 万人，2005 年增加到 877.7 万人，但受普职比例大体平衡政策影响，2006—2009 年普通高中招生数呈现负增长的趋势，下降到 830.3 万人。2010

年普通高中招生数由负增长转为正增长，2011 年继续保持正增长的趋势，招生数基本稳定在 850 万人（见图 1－20）。2011 年度全国普通高中招生数达到 850.8 万人，比 2010 年度增加 14.4 万人，增幅为 1.7%。

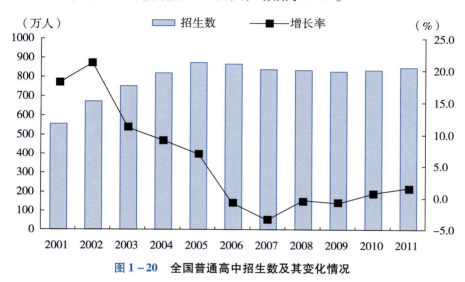

图 1－20　全国普通高中招生数及其变化情况

2. 西部地区普通高中招生数增长较快

从分区域普通高中招生数看，长期以来东部地区普通高中招生数一直高于中部和西部。2011 年东部地区普通高中招生数为 316.0 万人，是 2001 年的 1.38 倍；中部地区普通高中招生数为 279.2 万人，是 2001 年的 1.48 倍；西部地区普通高中招生数为 255.6 万人，是 2001 年的 1.8 倍（见图 1－21）。西部地区普通高中招生数增长速度较快，是西部大开发中加快高中阶段教育发展的直接成果。

从近 10 年分区域普通高中招生数增长情况看，2006 年以来东、中、西部地区普通高中招生数增长速度均放缓，部分地区部分年份出现负增长。2011 年，东部地区普通高中招生数有所减少，减幅为 0.2%；中部地区一转过去 5 年连续负增长的趋势，普通高中招生数增长 2.4%；西部地区继续保持增长态势（除 2007 年呈现负增长外，其他年份均呈现正增长），招生数增长 3.5%（见图 1－22）。通过比较可以看出，西部地区普通高中招生数可能还存在较大的增长空间。

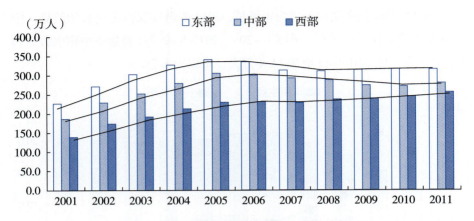

图 1－21　分地区普通高中招生数及其年度变化情况

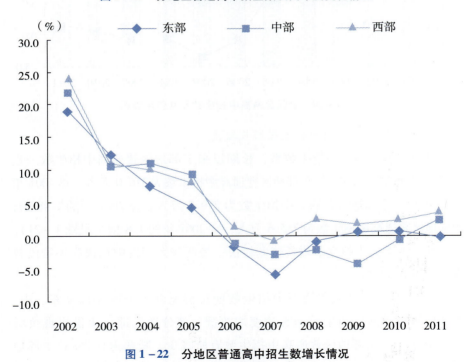

图 1－22　分地区普通高中招生数增长情况

二、普通高中在校生规模稳中有"别"

1. 全国普通高中在校生数基本稳定

从近 10 年普通高中在校生数发展情况看，2001—2006 年普通高中在校生数快速增加，之后进入稳定巩固阶段，普通高中在校生增长率经历了由正转负再由负转正的发展过程。2001年普通高中在校生数尚不足1500万人，但到2006年便高速增加到2500万人；2008—2010年虽出现小幅下降，但仍基本稳定在2500万人（见图1-23）。2011年普通高中在校生总数增长率由负转正，在校生总数达2454.8万人，比上年增加27.5万人，增幅为1.1%。

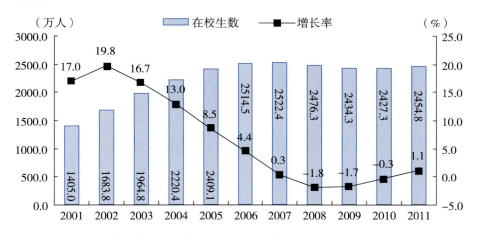

图1-23 全国普通高中在校生数及其年度变化情况

2. 西部地区普通高中在校生数增长较快

从各地区普通高中在校生数情况看，东部地区在校生数相对较大。2011年，东部地区普通高中在校生数达到了932.0万人，比上年增加5.9万人，增长0.6%；中部地区为809.3万人，比上年减少1.2万人，减幅为0.1%；西部地区为713.6万人，比上年增加22.8万人，增长3.3%（见图1-24）。三类地区普通高中在校生数与招生数的变化情况大体一致。

但是，从分地区普通高中在校生数增长情况看，近10年来西部地区增长速度相对较快。尤其是2007年以来，在东部和中部地区均出现负增长的情况下，西部地区依然保持增长态势。与2001年相比，2011年东部地区普通高中在校生数增加了0.56倍，中部地区增加了0.72倍，西部地区增加了1.11倍（见图1-25）。

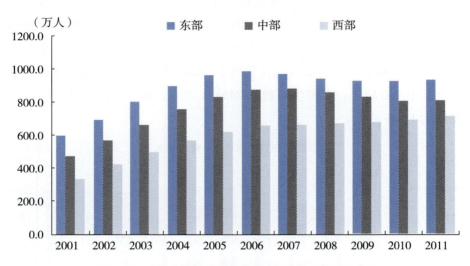

图 1-24　分地区普通高中在校生数及其年度变化情况

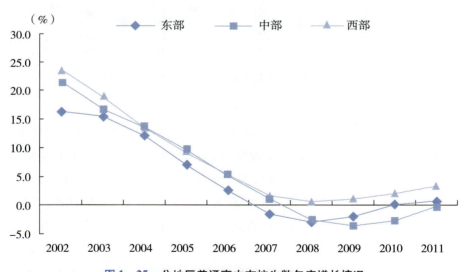

图 1-25　分地区普通高中在校生数年度增长情况

三、普通高中教育普及程度进一步提高

1. 高中阶段毛入学率逐渐接近初中升学率

毛入学率是衡量某一学段普及程度的重要指标。2001—2011 年，在加快普及高中阶段教育政策的推动下，高中阶段教育毛入学率快速增长，几乎翻了一番。2011 年度高中阶段教育毛入学率进一步提高，达到 84.5%，比 2010 年提高 2.0%。初中升学率也进一步提高，2011 年度达到 88.9%，比 2010 年提高 1.4%（见图 1-26）。初中毕业生升学率与高中阶段教育毛入学率的差距逐渐减小，由 2005 年最大 17 个百分点降低到 2011 年的 4.4 个百分点，说明初中毕业后分流的学生比重降低，高中阶段教育的普及化程度进一步提高。

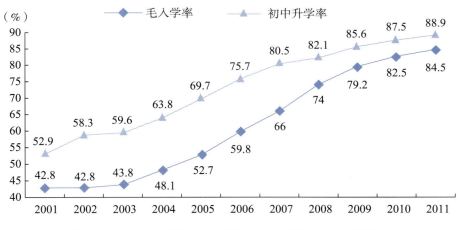

图 1-26　高中阶段教育毛入学率及初中升学率年度变化情况

2. 普通高中毛入学率年均增长 1—2 个百分点

与高中阶段教育毛入学率发展趋势一致，2001—2008 年普通高中毛入学率增长速度较快，2008 年以后增速有所放缓。普通高中毛入学率由 2001 年的 23.1% 增加到 2011 年的 44.4%，增长速度维持在 1.3 个百分点左右，基本保持了稳步增长的态势（见图 1-27）。

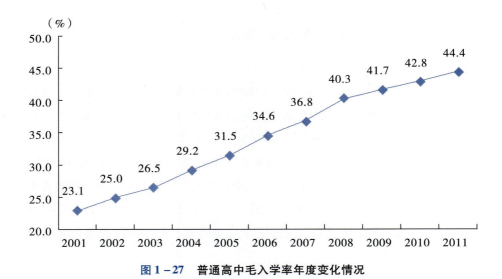

（％）

图 1 - 27   普通高中毛入学率年度变化情况

四、普通高中男女学生比例大体相当

1. 普通高中女学生数稳步增加

伴随着普通高中在校生数的不断增长和国家对女童教育的重视，普通高中女学生数稳步增加，男女学生比例进一步趋于平衡（见图 1 - 28）。2011 年度女学生数达到 1202.4 万人，较 2010 年度略有增加，占普通高中在校生总数的 49.0%，仍然略低于男生。普通高中男女学生比例为 1.04：1，比上一年度有所改善，在校生性别比例大体相当。

2. 普通高中女生数增速高于男生数

普通高中在校生中，女学生数量增长速度明显高于男学生，但 2006 年以来男女学生数增幅的差距明显缩小，且基本保持稳定。2011 年，普通高中在校生数增加了 1.13%，其中男学生增加 0.42%，增幅较小，相比之下，女学生增加了 1.88%（见图 1 - 29）。这说明加强女童教育的相关政策措施取得了一定成效。

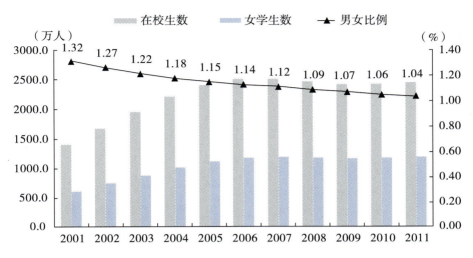

图1-28 普通高中女学生数及男女学生比例年度变化情况

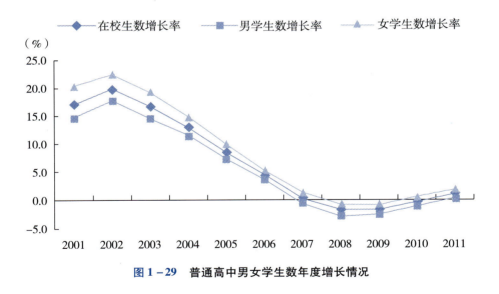

图1-29 普通高中男女学生数年度增长情况

五、普通高中学生区域间分布差异较大

1. 普通高中学生主要集中在城市和县镇，农村和城市学生数有所减少

与普通高中区域分布状况基本一致，普通高中学生也主要集中在城市和县镇，农村和城市学生均有不同程度的减少，但农村减速较快（见图

1－30）。2010 年城市普通高中学生数为 858.2 万人，比上年减少 7.4 万人，减幅为 0.86%；县镇普通高中学生数为 1406.2 万人，比上年增加 11.7 万人，增幅为 0.84%；农村高中学生数为 162.9 万人，比上年减少 11.3 万人，减幅为 6.46%，仅占普通高中学生总数的 6.7%（见图 1－31）。2011 年，区域划分统计方法调整后，城市和县镇普通高中在校生数差距缩小，农村普通高中在校生数大幅减少。

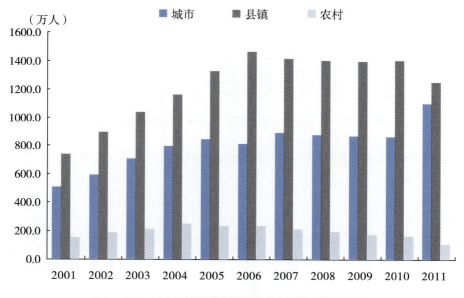

图 1－30　分区域普通高中在校生数及其年度变化情况

2. 城市和农村高中招生数此消彼长

从区域普通高中招生情况看，城市和县镇普通高中招生数基本保持稳定，而农村高中招生数大幅减少。2010 年，农村高中招生数为 56.7 万人，比上年减少 2.8 万人，减少 4.73%；县镇普通高中招生数为 486.4 万人，比上年增加 9.2 万人，增长 1.92%；城市普通高中招生数为 293.1 万人，比上年减少 0.5 万人，减少 0.15%（见图 1－32）。相比之下，农村高中招生数减幅最大，这很大程度上是受到了农村高中布局调整过程中撤点并校的影响。部分农村高中适龄学生只能涌向城市和县镇普通高中。

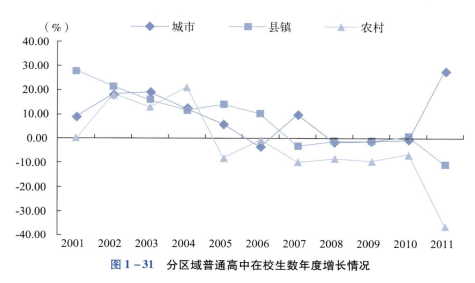

图 1-31 分区域普通高中在校生数年度增长情况

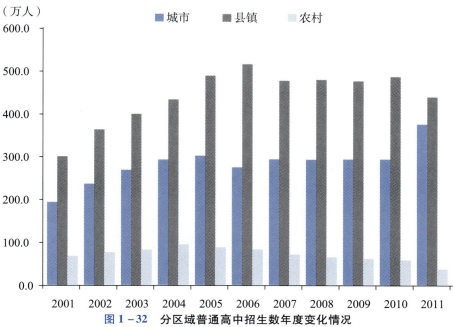

图 1-32 分区域普通高中招生数年度变化情况

从各区域普通高中招生数增长情况看，长期以来农村高中招生数增长率低于城市和县镇。尤其是 2005 年以来，农村高中招生数在撤点并校政策的影响下一直处于负增长的态势，而县镇和城市普通高中招生数总体上呈

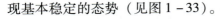

现基本稳定的态势（见图 1 - 33）。

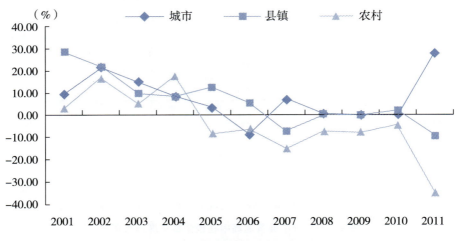

图 1 - 33　分区域普通高中招生数年度增长情况

六、普职结构趋于平衡

1. 普通高中与中等职业学校招生数大体相当

伴随着国家对中等职业教育的关注和投入力度的加大，中职招生数比重自 2004 年以来逐渐增加，2007 年以后普通高中和中等职业学校招生数逐渐趋于平衡，呈现大体相当的态势。2011 年普通高中招生数达到 850.8 万人，比中职招生数[①]多 41.8 万人，占高中阶段教育招生总数的 51.3%，略高于中职招生数的比例（见图 1 - 34）。结合普通高中和中等职业学校数近 10 年变化情况可以发现，在国家大力普及高中阶段教育政策的推动下，普通高中教育和中等职业教育双双取得快速发展，尤其是中等职业教育，发展速度略快。这也反映出普职平衡的政策取向。

2. 普通高中与中等职业学校在校生数比重差距缩小，但普通高中仍略高

从普职在校生情况看，近 10 年来普通高中在校生数占高中阶段教育学生数的大部分，中职学生比重较小，但 2004 年以来中职在校生数所占比重

---

① 中等职业教育数据中包括"成人中专"数据，但"成人高中"相关数据不全，不纳入普通高中数据。

迅速上升，缩小了与普通高中的差距，但仍低于普通高中。2011 年度普通高中在校生数为 2454.8 万人，比中职学校多 257.8 万人，占高中阶段教育在校生总数的 52.5%，比中职学校高出 5.5%（见图 1 – 35）。

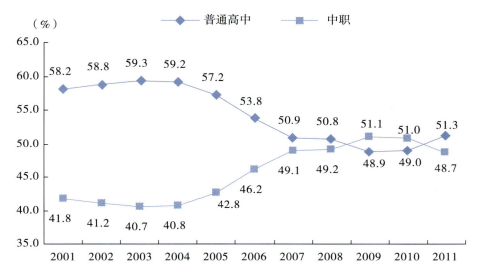

图 1 – 34　高中阶段教育普职招生数比重年度变化情况

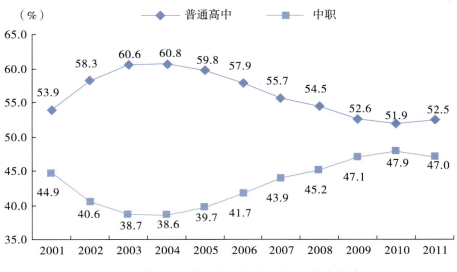

图 1 – 35　高中阶段教育普职在校生比例年度变化情况

第三节　普通高中教师队伍发展状况

教师队伍建设是普通高中发展的关键所在。本节将从普通高中教师总人数、教师区域分布、专任教师结构、教师队伍整体素质以及教师发展政策等方面，对普通高中教师队伍发展状况进行描述和分析。

一、普通高中教师队伍不断壮大

1. 普通高中教师数持续增长

近10年来，伴随着普通高中教育的快速发展，普通高中教职工数稳步增长，其中专任教师数和女教师数增速较快。2011年普通高中教职工数继续增加，专任教师队伍不断壮大，教职工总数达585.9万人，专任教师总人数达到了155.7万人，比上年增加3.9万人，增长2.54%（见图1-36）。

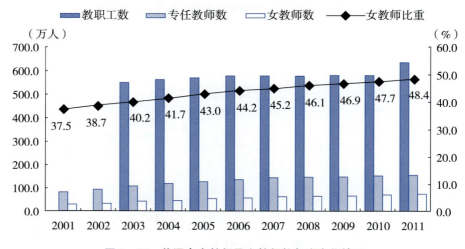

图1-36　普通高中教师及女教师数年度变化情况

2. 普通高中女教师增长速度较快，男女教师比重趋于平衡

近10年来，女教师数大幅增加，由2001年的31.5万人增加到2011

年的 75.3 万人，翻了一番。女教师在专任教师中的比例也由 2001 年的 37.5% 上升到 2011 年的 48.4%，专任教师性别比例趋于平衡。

从教师数增长情况看，女教师增长速度较快，且长期以来高于专任教师和教职工总体增长速度。2011 年，普通高中女教师数比上年度增加 2.9 万人，增长 4.0%。这意味着义务教育阶段教师队伍"女性化"趋势有向高中阶段教育上移的倾向。相比之下，专任教师数增幅较小，仅增加了 2.5%，而教职工数则大幅增加，增长了 8.7%（见图1-37）。

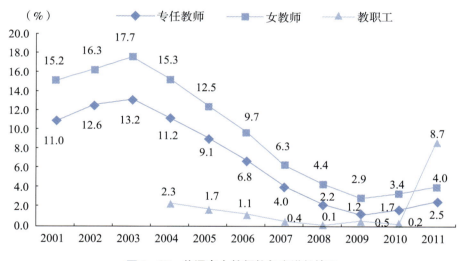

图 1-37　普通高中教师数年度增长情况

3. 普通高中生师比先升后降

从近 10 年普通高中生师比变化情况看，生师比经历了先增后减的发展过程，师资条件正不断改善。2004 年普通高中生师比持续攀升到 18.7∶1 后，转为下降趋势，一路降低到 2011 年的 15.8∶1（见图1-38），师资配置状况大有改善。

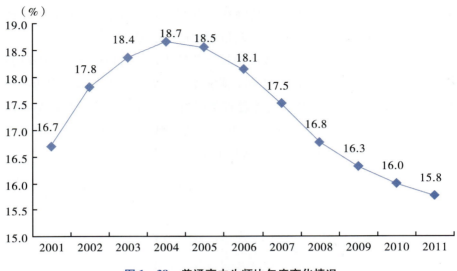

图 1-38　普通高中生师比年度变化情况

二、农村普通高中教师队伍不容乐观

1. 普通高中教师集中在城市和县镇，农村高中教师数量不断减少

从普通高中教师区域分布情况看，普通高中教师主要集中在城市和县镇，且伴随着普通高中布局调整的不断推进，农村普通高中教师总人数持续减少，城市和县镇普通高中教师人数则缓慢增加。2010 年度城市普通高中教师为 56.7 万人，比上年度增加 0.9 万人；县镇普通高中教师为 84.6

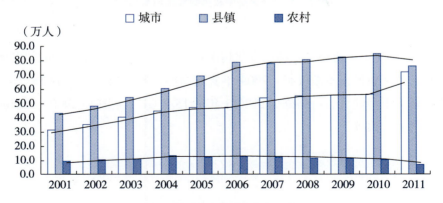

图 1-39　分区域普通高中专任教师数及其年度变化情况

万人，比上年度增加2.2万人；农村高中教师为10.5万人，比上年度减少0.6万人（见图1-39）。

从分区域普通高中专任教师增长情况看，城市和县镇普通高中专任教师数基本呈现稳步增长的态势，而农村高中教师数则逐年减少。2010年，城市普通高中专任教师增长1.6%，县镇增长2.7%，但农村减少5.2%（见图1-40），这反映了农村普通高中布局调整的实施力度。

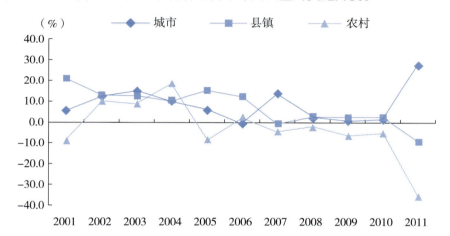

图1-40 分区域普通高中专任教师年度增长情况

2. 普通高中女教师主要集中在城市和县镇并不断增加

从各区域普通高中女教师数及其变化情况看，近几年城市和县镇普通高中女教师数不断增加，相比之下，农村高中女教师数逐年递减，反映出农村高中女教师向城市和县镇集中的倾向，这与农村教师流动性较大的情况一致（见图1-41）。2010年，城市普通高中女教师为30.4万人，比上年度增加0.8万人，增长2.6%；县镇普通高中女教师为37.5万人，比上年度增加1.7万人，增长4.9%；农村高中女教师为4.5万人，比上年度减少0.1万人，减少3.0%（见图1-42）。

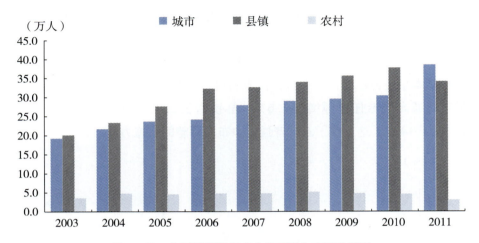

图 1－41　分区域普通高中女教师数年度变化情况

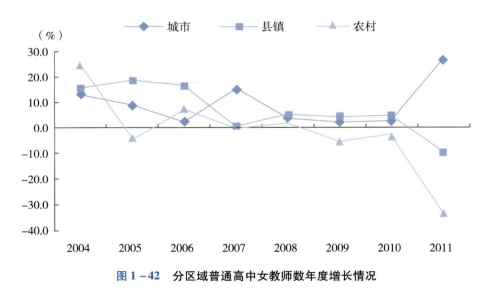

图 1－42　分区域普通高中女教师数年度增长情况

三、普通高中教师队伍结构进一步改善

1. 普通高中教师队伍趋于年轻化

伴随着国家对普通高中教师队伍建设投入的不断加大，普通高中教师年龄结构在保持稳定的基础上有所改善。如图 1－43 所示，2011 年度普通高中教师以 26—45 岁教师为主体，占全体教师的 78.3%。其中，26—30

岁教师 35.5 万人，占 22.8%；31—35 岁教师 33.9 万人，占 21.8%；36—40 岁教师 27.4 万人，占 17.6%；41—45 岁教师 25.0 万人，占 16.1%。46—50 岁教师 15.1 万人，占 9.7%；50 岁以上教师 7.4 万人，占 4.7%。

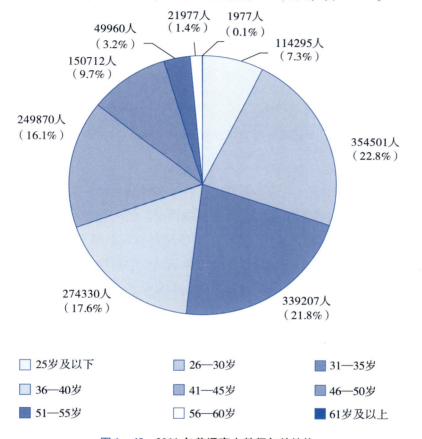

图 1 – 43　2011 年普通高中教师年龄结构

从 50 岁以上普通高中专任教师比重变化情况看，56 岁及以上专任教师比重明显降低，同时 41—50 岁专任教师比重明显增大，普通高中教师队伍进一步年轻化（图 1 – 44）。2011 年 51—55 岁普通高中专任教师占 3.2%，基本与上年度持平；56—60 岁专任教师占 1.4%，比上年度略有增长；60 岁以上专任教师占 0.1%，比上年度减少 0.01%，高龄教师比重进一步降低。

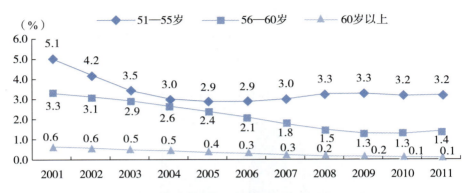

图 1－44　普通高中 50 岁以上专任教师比重及其年度变化情况

2. 普通高中专任教师学科结构有所改善

伴随着高中课程改革的不断推进，各学科教师数量不断调整，旧课程体系下的学科教师或承担新增学科任务或转岗。但从普通高中专任教师学科分布情况看，音乐、美术、信息技术等学科教师数量少，语文、数学、外语、物理、化学、生物、地理、历史等基础性学科教师相对较多。2011年，8 门基础性学科课程的教师总数达到 125.4 万人，占全体专任教师总数的 80.5%（见图 1－45）。另外，劳动与技术、科学等学科的教师已经全部转化，新增的艺术学科教师数较上年度有所增加，当年不任课教师数量继续减少。

从普通高中各学科教师数增长情况看，化学、物理、语文教师数增长相对较慢，通用技术、音乐、美术教师数增长较快，信息技术教师数呈负增长（见表 1－1）。2011 年度，普通高中语文教师为 24.7 万人，比上年增长 1.7%；数学教师为 24.4 万人，比上年增长 2.1%；外语教师为 23.7万人，比上年增长 2.2%；物理教师为 13.7 万人，比上年增长 1.4%；化学教师为 13.2 万人，比上年增长 1.4%；生物教师为 8.9 万人，比上年增长 5.6%；地理教师为 8.0 万人，比上年增长 3.9%；历史教师为 8.8 万人，比上年增长 3.0%；体育与健康教师为 7.5 万人，比上年增长 2.0%；音乐教师为 2.6 万人，比上年增长 5.1%；美术教师为 2.8 万人，比上年增长 4.4%；信息技术教师为 3.8 万人，比上年减少 0.3%。音乐、美术、

通用技术等非高考学科教师数增长速度相对较快，普通高中教师学科结构
有所改善。

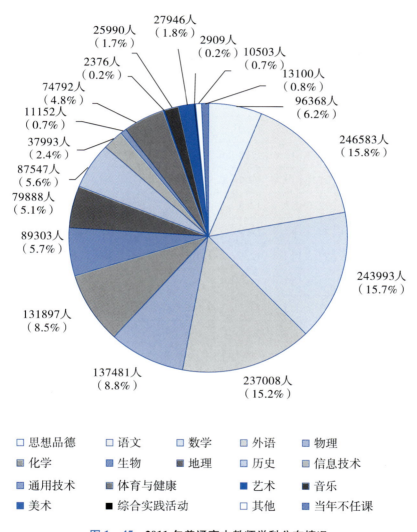

图 1-45　2011 年普通高中教师学科分布情况

表1-1　普通高中教师主要学科分布变化情况

（单位：万人）

年份	语文	数学	外语	物理	化学	生物	地理	历史	音乐	美术	信息技术	体育与健康
2001	13.3	13.1	12.1	8.8	8.4	3.4	3.4	4.9	0.9	1.0	1.8	4.6
2002	15.1	14.8	13.8	9.7	9.2	4.0	4.0	5.4	1.1	1.2	2.3	5.1
2003	17.3	16.9	15.9	10.7	10.1	4.7	4.7	6.0	1.3	1.4	2.8	5.6
2004	19.3	18.9	17.9	11.6	11.0	5.5	5.3	6.6	1.6	1.7	3.1	6.1
2005	21.2	20.6	19.7	12.4	11.8	6.2	6.0	7.1	1.8	2.0	3.4	6.5
2006	22.6	22.1	21.1	13.0	12.5	6.9	6.5	7.6	2.0	2.2	3.7	6.9
2007	23.4	22.9	22.0	13.4	12.8	7.4	6.9	7.9	2.2	2.3	3.8	7.1
2008	23.8	23.4	22.5	13.5	12.9	7.8	7.2	8.2	2.3	2.5	3.9	7.2
2009	23.9	23.5	22.8	13.4	12.9	8.1	7.4	8.3	2.4	2.6	3.8	7.2
2010	24.2	23.9	23.2	13.6	13.0	8.5	7.7	8.5	2.5	2.7	3.8	7.3
2011	24.7	24.4	23.7	13.7	13.2	8.9	8.0	8.8	2.6	2.8	3.8	7.5

3. 普通高中专任教师技术职称整体水平明显提高，但城乡差距依然明显

从专任教师专业技术职称分布看，2011年度绝大部分普通高中教师拥有中学二级及以上职称。其中，中学高级职称教师39.4万人，占25.3%，中学一级职称教师55.1万人，占35.4%，中学二级职称教师49.4万人，占31.7%（见图1-46）。

从普通高中专任教师职称结构变化情况看，中高级职称教师比重不断增大，初级以及未评职称的教师比例不断减小，普通高中教师专业技术职称整体水平有所提高。中学高级职称教师比重从2001年的16.8%提高到2011年的25.3%，中学一级职称教师比重从36.8%降为35.4%，中学二级职称教师比重从33.8%变为31.7%，中学三级职称教师比重从3.4%降低到1.0%，未评职称教师比重从9.2%降低到6.5%（见表1-2）。

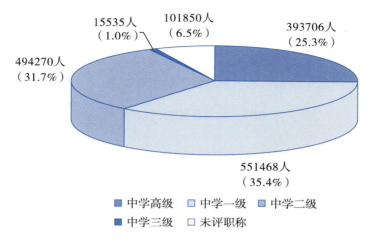

15535人
（1.0%）

101850人
（6.5%）

393706人
（25.3%）

494270人
（31.7%）

551468人
（35.4%）

■ 中学高级　■ 中学一级　■ 中学二级
■ 中学三级　□ 未评职称

图 1 - 46　2011 年普通高中专任教师技术职称结构

表 1 - 2　普通高中专任教师专业技术职称结构变化情况

（单位：%）

年份	中学高级	中学一级	中学二级	中学三级	未评职称
2001	16.8	36.8	33.8	3.4	9.2
2002	17.5	36.2	33.4	3.4	9.6
2003	17.9	35.2	32.7	3.2	11.0
2004	18.5	34.4	32.5	3.1	11.5
2005	19.3	34.1	32.7	2.9	11.0
2006	20.4	33.8	33.2	2.5	10.1
2007	21.3	33.8	34.0	2.2	8.8
2008	22.3	34.2	34.0	1.7	7.8
2009	23.4	34.6	33.9	1.3	6.8
2010	24.4	35.0	33.1	1.1	6.5
2011	25.3	35.4	31.7	1.0	6.5

　　然而，普通高中教师技术职称结构的城乡差距依然明显。2010 年，城市普通高中中学高级职称教师的比重为 31.0%，县镇只有 21.0%，农村则更低，仅为 16.5%；农村中学三级和未评职称教师比重相对较大，其中中

学三级职称教师比重，城市为 0.6%，县镇为 1.4%，农村为 2.0%；未评职称教师比重，城市为 5.6%，县镇为 6.9%，农村为 8.1%（见表 1-3）。农村普通高中中学三级和未评职称教师比重较大，表明近年农村普通高中在政策推动下发展较快，新入职教师数量相对较多。

表 1-3　2010 年城乡普通高中教师技术职称结构

（单位：%）

区域	中学高级	中学一级	中学二级	中学三级	未评职称
城市	31.0	34.7	28.2	0.6	5.6
县镇	21.0	35.1	35.7	1.4	6.9
农村	16.5	35.8	37.6	2.0	8.1

4. 普通高中新入职教师占三成以上

2010 年普通高中新增教师 13.0 万人，其中录用毕业生 4.3 万人，占新增教师的 33.2%；校外调入 5.5 万人，占新增教师的 42.2%；校内调整 2.3 万人，占新增教师的 17.9%（见图 1-47）。与 2006 年相比，新增教师的最大来源从录用毕业生转为校外调入。

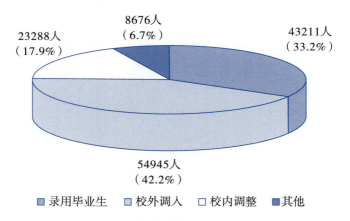

图 1-47　2010 年普通高中新增专任教师构成情况

从普通高中新增教师的区域分布情况看，新增教师主要集中在城市和县镇。2010 年城市新增教师占高中新增教师总数的 38.3%，县镇新增教师占 54.2%，而农村新增教师仅占 7.5%（见图 1 - 48）。

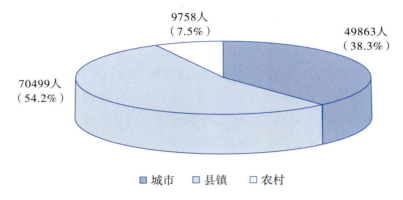

图 1 - 48　**2010 年普通高中新增专任教师区域分布情况**

从新增教师结构变化情况看，2006—2010 年，县镇和农村普通高中新增教师主要来源由录用毕业生变为校外调入，城乡新增教师来源结构趋于一致。其中，无论是城市、县镇还是农村，录用毕业生的比重都明显减小，而校外调入教师比重明显增大（见表 1 - 4）。

表 1 - 4　**2006 年度与 2010 年度分区域普通高中新增教师来源结构**

（单位：%）

	录用毕业生	调入	校内调整	其他
2010				
城市	29.4	42.4	19.5	8.7
县镇	35.9	41.8	17.0	5.3
农村	33.3	44.7	16.1	5.9
2006				
城市	34.3	37.0	18.2	10.5
县镇	44.3	34.3	14.4	7.0
农村	41.8	35.6	16.1	6.4

四、普通高中教师队伍整体素质稳步提高

1. 普通高中专任教师学历合格率城乡差距逐渐缩小

伴随着免费师范生政策以及"农村义务教育阶段学校教师特设岗位计划"（简称"特岗计划"）和"农村学校教育硕士师资培养计划"（简称"硕师计划"）的大力实施，普通高中专任教师学历合格率继续提升。2011年度普通高中专任教师合格率达到95.7%，比上年度提高0.9%。其中，东部地区教师合格率增至97.0%，中部地区达到95.1%，西部地区达到94.5%，与上年度相比，东西部地区差距进一步缩小（见图1-49）。

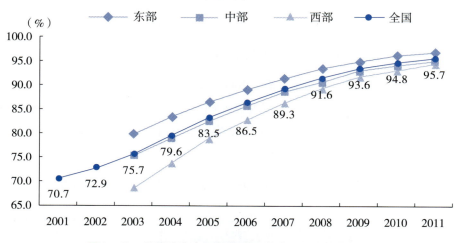

图 1-49　普通高中专任教师学历合格率年度变化情况

从分区域普通高中专任教师学历合格率看，城市普通高中专任教师合格率高于全国平均水平，而县镇和农村普通高中专任教师合格率则低于全国平均水平。2003—2010年，普通高中专任教师学历合格率的城乡差距依然存在，但正在不断缩小。2010年度城市普通高中专任教师学历合格率达到97.0%，县镇为93.86%，农村为91.5%（见图1-50）。

2. 普通高中高学历教师增多但城乡差距拉大

普通高中高学历专任教师比例快速上升，但区域间差距仍然较大。2010年度城市普通高中高学历专任教师为33841人，比上年增加7554人，增长28.7%；县镇普通高中高学历专任教师为19134人，比上年增加4894

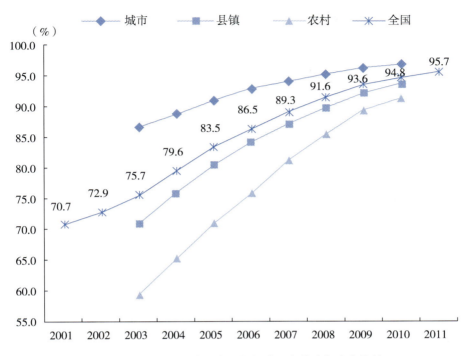

图 1 - 50　分区域普通高中专任教师学历合格率年度变化情况

人，增长 34.4%；而农村普通高中高学历专任教师仅为 2176 人，比上年增加 688 人，增长 46.2%。一方面，农村普通高中高学历专任教师数量相对较少，但增长速度较快，反映出近几年国家加大农村教师队伍建设的成效（见图 1 - 51）。另一方面，农村普通高中高学历教师仅占高学历教师总数的 3.9%，而农村高中教师占普通高中教师总数的 6.9%，从中不难看出优质教师资源在区域间分布的均衡性仍有待进一步提高。

从高学历教师比重看，2010 年度城市普通高中高学历教师的比重为 6.0%，县镇为 2.3%，农村为 2.1%，城乡师资队伍学历水平差距明显。与 2006 年相比，城乡高学历教师配置差距拉大（见图 1 - 52）。2006 年普通高中高学历教师比重城市和农村相差 1.7 个百分点，到 2010 年则拉大到 3.9 个百分点。

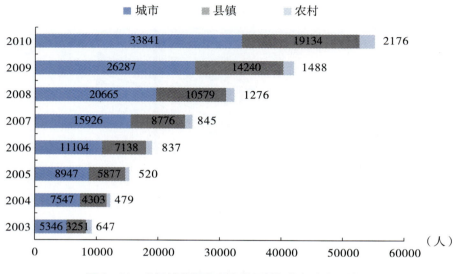

图 1-51　分区域普通高中高学历教师数年度变化情况

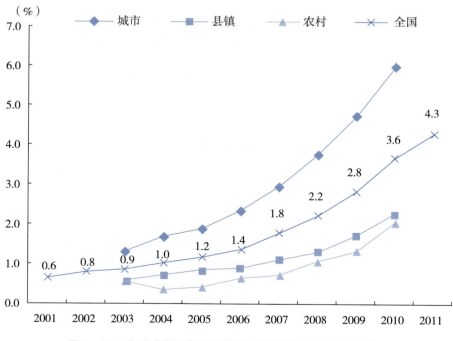

图 1-52　分区域普通高中高学历专任教师比重年度变化情况

此外，从普通高中高学历教师区域分布情况看，2006 年 4.4% 的高学历教师就职于农村普通高中，到 2010 年这一比例减少到 3.9%。同时，就职于县镇普通高中的高学历教师比重从 37.4% 下降到 34.7%，显现出高学历教师向城市集中的倾向（见图 1-53）。对此，有关部门已给予高度重视并积极采取措施予以应对，2006 年教育部启动实施的"硕师计划"，就是以为农村高中培养高学历教师为宗旨。

图 1-53　**2006 年和 2010 年普通高中高学历专任教师区域分布情况比较**

3. 师德水平建设制度化

师德是教师专业标准中的重要内容，是从事教育职业的最基本素质要求之一。为了更为有效地推进中小学教师师德建设工作，2005 年教育部出台《关于进一步加强和改进师德建设的意见》，从四个方面提出了加强和改进师德建设的措施，即强化师德教育、加强师德宣传、严格考核管理、加强制度建设。2008 年教育部修订《中小学教师职业道德规范》，反映了新的经济、社会形势下对教师思想品德和职业行为的要求。2011 年出台的《中学教师专业标准（试行)》中规定师德为先，并从对学生的态度与行为、对教育教学的态度与行为以及个人修养与行为三个领域提出了 13 项基本要求。

2011 年，为推进教师素质水平的提高，教育部先后出台了《关于大力加强中小学教师培训工作的意见》和《关于大力推进教师教育课程改革的意见》，将师德作为中小学教师培训和教师教育课程的重要内容。教育部《关于大力加强中小学教师培训工作的意见》把师德教育作为教师培训的一个重点，将师德表现列为教师考核的重要内容，使之与教师资格定期登记挂钩，形成教师教育和师德建设的长效机制。不仅入职后的教师培训十分重视师德建设，在教师培养阶段师德教育也是一项重要内容，已经反映到教师教育课程标准中。

各省份因地制宜，加强师德建设。自 2008 年教育部修订《中小学教师职业道德规范》以来，各省份纷纷加强教师职业道德建设，除贯彻落实中央文件外，部分省份还制定了本省份师德建设的相关文件。例如，福建省出台了《中小学教师职业道德考评办法》，明确提出师德考核"一票否决"的 20 种情形。江西省颁布了《江西省中小学教师职业道德"八不准"》，在中小学（含幼儿园）开展"师德师风示范学校"创评工作。山西省教育厅下发了《关于"十二五"期间进一步加强全省中小学师德师风建设的意见》，推动师德建设工作创新，促进师德建设长效机制的形成。河南省制定了《河南省中小学校师德建设工作评估指标体系（实行)》，促进教师职业道德建设的制度化和规范化。

4. 教师培训制度进一步完善

为适应教育改革对教师素质能力的新要求，不断更新和提高中小学教师业务能力和素质，1999 年教育部出台《中小学教师继续教育规定》（简称《规定》），为教师培训制度化提供了必要的政策基础。根据《规定》，中小学教师继续教育原则上每 5 年为一个周期，分为非学历教育和学历教育两类，前者包括新任教师培训（培训时间不少于 120 学时）、教师岗位培训（每 5 年累计不少于 240 学时）和骨干教师培训，后者主要是针对已经具备合格学历的教师进行提高学历层次的培训。在此基础上，1999—2002 年实施"中小学教师继续教育工程"，2003—2007 年实施"新一轮中小学教师全员培训计划"，包括普通高中教师在内的中小学教师基本实现了全员培训。2011 年教育部印发《关于大力加强中小学教师培训工作的意见》，进一步推进中小学教师全员培训工作的展开，并将教师岗位培训的学时要求由 240 学时提高到 360 学时，进一步完善了教师培训制度。

为进一步促进中小学教师队伍建设，尤其是提高农村地区教师素质，2010 年，教育部和财政部联合发出通知，实施"中小学教师国家级培训计划"（简称"国培计划"）。当年中央财政安排专项资金 5.5 亿元，采取置换脱产研修、短期集中培训、远程培训等方式，培训中小学教师 115 万人，其中农村教师占到95.6%。2011年，中央财政安排专项资金7.5亿元，加大置换脱产研修力度，培训中小学教师100万人，其中农村教师占到98%。2012年，中央财政安排资金14亿元，计划培训130多万人。① "国培计划"正在稳步扩大实施，并取得显著成效。

除国家级培训外，省（市、区）、地市、县以及学校也积极组织普通高中教师培训。教育部统计数据显示，2011年全国普通高中专任教师共接受463.5万人次培训，人均接受3.0次。其中，校本培训占54.2%，县级培训占19.2%，地市级培训占14.5%，省级培训占10.1%，国家级培训占2.0%（见图1－54）。②

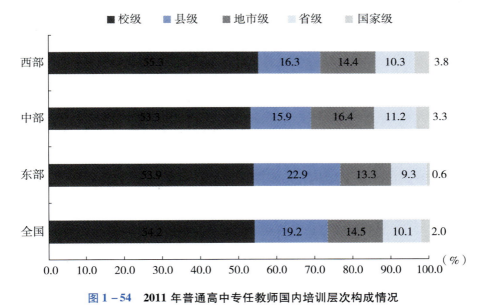

图1－54 **2011年普通高中专任教师国内培训层次构成情况**

但是，普通高中专任教师培训存在明显的区域差异。据统计，2011年东部地区普通高中专任教师人均接受培训3.5次，中部地区为3.2次，西

① 人民教师，一份光荣的担当［N］.光明日报，2012－07－18.转引自教育部网站：http://www.moe.gov.cn/publicfiles/business/htmlfiles/moe/s6646/201207/139782.html.
② 教育部发展规划司.2011全国教育事业发展简明统计分析［Z］.2011：68－69（内部资料）.

部地区为 2.1 次①，东西部专任教师接受培训机会差距明显。

各地区专任教师的培训层次构成也显示出明显差异。中西部地区国家级培训比重明显高于东部地区，省级和地市级培训比重也略高于东部地区，但县级培训比重东部地区明显高于中西部地区。总体上看，国家对中西部地区教师队伍素质建设的倾斜政策初见成效。

专栏

江西启动教师"国培计划"为乡镇中小学每个学科培训 1 名骨干教师

2010 年江西省农村中小学教师"国培计划"正式启动实施，由江西师范大学、赣南师范学院、江西科技师范学院、江西教育学院、全国继教网、中央电教馆分别承担培训任务，覆盖全省 10 个项目实施县，参训农村中小学教师达 800 余名。

据了解，江西现有中小学教师 38.5 万人，其中农村义务教育学校教师 29 万人。江西省实施农村中小学教师"国培计划"，着重对农村义务教育骨干教师进行有针对性的培训。培训规划目标是：为全省每个乡镇中小学每个学段每个学科培训 1 名农村义务教育骨干教师，共培训约 3.3 万人，占同口径教师总数的 12%。为了保证参训教师的质量，各地按照教育厅要求，通过自下而上逐级选拔的办法，选拔推荐省级农村骨干教师培养对象，这些教师通过参加"国培计划"并取得培训合格证后，将被认定为江西省农村中小学骨干教师。通过培训，实现每个乡镇学校都有接受国家级培训的省级学科骨干教师，实现各学段各学科骨干师资均衡配置，促进义务教育均衡发展。

（来源：根据教育部网站资料整理：http://www.moe.gov.cn/publicfiles/business/htmlfiles/moe/s4648/201011/ 111187. html）

五、普通高中教师培养模式改革不断推进

1. 免费师范生教育稳步推进

为了提高教师队伍素质、促进教育质量的提高，2007 年国务院办公厅转发教育部等部委《教育部直属师范大学师范生免费教育实施办法（试

---

① 教育部发展规划司 . 2011 全国教育事业发展简明统计分析［Z］. 2011：68－69（内部资料）.

行)》(简称《办法》),实行免费师范生教育。《办法》规定,在 6 所部属师范大学实行免费师范生教育,免除学生在读期间的学费、住宿费,并给予一定的生活补助。免费师范生入学前需与学校和生源所在地省级教育行政部门签订协议,承诺毕业后从事中小学教育 10 年以上。2010 年,为更好地落实 2007 年的免费师范生政策,教育部印发《教育直属师范大学免费师范毕业生在职攻读教育硕士专业学位实施办法(暂行)》,为免费师范毕业生提供提高自身素质水平的渠道。

2007 年,教育部计划招收免费师范生 1.05 万人,中央财政拨款 1.26 亿元。2011 年,首届免费师范生毕业,共 10597 人,其中签约 10488 人,签约率 99%。其中 9571 名毕业生到中西部地区中小学任教,4067 名毕业生到县镇及以下中小学任教①,大大充实了中西部地区和农村地区的中小学教师队伍,提高了普通高中教师水平。截止到 2011 年 6 月,6 所部属师范大学共招收免费师范生 5.5 万人,师范生免费教育的示范效应初显。目前有 18 个省份通过各种方式实行师范生免费教育。②

> **专栏**
>
> **云南省落实免费师范生就业政策 确保有编有岗**
>
> 为做好云南省今年首届 432 名免费师范生的就业工作,经省政府统筹,云南省成立了由教育、人保、编办、财政等部门组成的省、州市两级工作领导机构,负责制定并实施就业方案,形成了一整套制度体系。省教育厅会同其他领导机构成员,在核定的中小学教师编制总额内,提前安排接收免费师范毕业生编制和进人计划。明确免费师范生就业实行双向选择,按协议主要面向全省基层中小学就业。在规定时限内未落实就业岗位的,原则上由生源所在地的县(市、区)教育局统筹安排,到师资紧缺地区的中小学任教,并确保有编有岗。为让免费师范生及时掌握全省教师需求信息,省教育厅积极搭建平台,相关部门收集了 1 万多条需求信息在网上公布。此外,相关部门对云南省免费师范生生源所在地、所学专业分类汇编成册,提供给各中小学用人单

① 首届免费师范生全部到中小学任教 [N]. 中国教育报,2011 – 06 – 18.
② 人民教师,一份光荣的担当 [N]. 光明日报,2012 – 07 – 18. 转引自教育部网站:http://www.moe.gov.cn/publicfiles/business/htmlfiles/moe/s6646/201207/139782.html.

续表

位参考。3 月初，云南省组织的免费师范生双向选择专场招聘会，邀请 6 所部属师范院校现场指导，300 多个用人单位与免费师范生双向选择。昆明、昭通、西双版纳等州市主动与毕业生联系，积极吸纳免费师范生。其中，五华区专门下达 20 个编制。

教育部、人力资源和社会保障部督查组对云南省制定和采取的措施给予充分肯定，并要求云南省按照国家确定的签约时间表，抓落实、重创新、做调研，切实确保免费师范生就业有编有岗，顺利就业。职能部门牵头，领导工作小组成员单位之间建立更紧密有效的工作机制，开展倒计时跟踪，切实落实签约率。继续创新编制工作机制，为免费师范生有编有岗提供保障。

（来源：根据教育部网站资料整理：http://www. moe. gov. cn/publicfiles/business/htmlfiles/moe/moe_601/201104/118870. html)

2."特岗计划"扩大实施

为进一步加强农村教师队伍建设，促进义务教育均衡发展，2006 年 5 月教育部、财政部、人事部、中央编办联合下发通知，决定实施"特岗计划"。该计划旨在通过公开招聘高校毕业生到西部地区"两基"攻坚县农村学校任教，提高农村教师队伍的整体素质，改善农村地区中小学教师的结构性短缺问题。

2006—2008 年，共招聘特岗教师 5.9 万多人，覆盖 400 多个县、6000 多所农村学校。2009 年教育部等部门《关于继续组织实施"农村义务教育阶段学校教师特设岗位计划"的通知》（教师［2009］1 号）要求各地中小学教师补充应全部采取公开招聘的办法，同等条件下优先聘用高校毕业生，不得再以其他方式和途径自行聘用教师。2012 年教育部、财政部办公厅又发出《关于做好 2012 年农村义务教育阶段教师特设岗位计划有关实施工作的通知》（教师［2012］2 号），扩大"特岗计划"的实施范围，计划招聘特岗教师约 6 万名。

专栏

山里娃拿起谱子唱起了歌

——特岗教师为湖南新邵县农村教育注入新活力

"没得陈老师,这事我可想都不敢想。"最近,湖南省邵阳市新邵县洪溪学校九年级学生刘胜泉告诉记者,现在他能对歌曲进行识谱视唱了,去年还参加了邵阳市中小学生"三独"(独唱、独舞、独器)比赛。"为了帮我比赛,陈老师足足 5 个周末没好好休息。"

刘胜泉说的陈老师叫陈赞,2009 年 6 月毕业于怀化学院音乐学专业,当年 7 月,成为特岗教师,9 月到新邵县洪溪学校任音乐教师。陈赞说,他和其他普通教师一样,享受学校各种待遇,绩效工资比其他教师还多,年底还多 200 多元特岗补助,现在基本工资尽管只有 815 元,但加上绩效工资,每月达 1600 多元了。学校还给了他们 500 元安家费,并且每年报销两次往返交通费。"当时学校房子非常紧张,但我们一到校报到,校长就帮我们解决了住房问题。"

2009 年,新邵县共招特岗教师 72 人,2010 年又招了 69 人。根据协议,工作满 3 年后,他们可自由选择职业,也可留下成为正式教师。记者问坪上镇的部分特岗教师有何打算时,他们说,等合同期满就继续当正式在编的教师。

为什么对特岗教师这么好?新邵县教育局副局长龙剑锋说:"县里缺人才啊!全县农村中小学校缺编学校占 70% 以上,缺少教师 400 多人。这两年特岗教师的到来,让县里尝到了甜头,往后还要引进更多特岗教师和免费师范生。"

的确,特岗教师给新邵县农村教育输入了新活力。2009 年以前,洪溪学校有教师 67 人,其中小学部 23 人中只有 2 人年龄在 30 岁以下,对照新课程的要求,一些老龄教师无法胜任主课教学,音乐、美术、体育和计算机等课程又非常缺少专业教师。

洪溪学校八年级学生刘佳路说:"听陈赞老师的课是一种享受,我们时而在京剧大海中遨游,时而在美声中领略音乐魅力。"陈赞还于去年 11 月组建了校园合唱团,将一所安静的乡村学校"吵"得热热闹闹。来自株洲市的刘瑶老师是美术专业毕业生,来到洪溪学校后,马上成立书画社。3 个月之后,学校就举办了一次学生作品展览。一位来参观的家长说:"想不到我的娃儿还有当画家的潜力呢!"

(来源:中国教育报,2011 年 4 月 13 日)

续表

宁夏 5 年招 9600 名农村特岗教师 惠及 680 所农村中小学

宁夏今年新增 2000 名特岗教师,5 年来全区已为 24 个市、县(区)的 680 多所农村中小学累计招聘特岗教师达 9600 多人,有效提高了民族地区农村教师学历层次,改善了农村教师学科结构。

据了解,今年宁夏的特岗教师招考工作实行"零收费",还采用全程资格审查和社会公示,先后在网上发布 9 次公示公告,解答投诉 20 余件次,广泛接受社会监督。目前,宁夏今年所招聘的国家"特岗计划"1800 名、地方"特岗计划"200 名教师已经全部到岗。全区自 2006 年以来招聘的 9600 多名农村特岗教师中,已有 2592 名 3 年服务期满考核合格后转正入编,在一定程度上缓解了宁夏农村地区教师数量不足和结构性短缺的矛盾。

(来源:中国教育报,2011 年 11 月 4 日)

3."硕师计划"扩大规模

为提高农村教师质量,促进农村教育质量的提高,2004 年教育部发出《教育部关于做好为农村高中培养教育硕士师资工作的通知》,开始试点实施"硕师计划",2006 年开始全面实施。农村学校教育硕士培养实行"3 + 1 + 1"的方式,即获得入学资格的学生先到农村学校任教 3 年,再脱产学习教育硕士专业学位研究生课程,第 5 年返回任教农村学校,在职继续课程学习,完成论文答辩。

2010 年,教育部调整了"硕师计划"政策,进一步扩大"硕师计划"规模。农村教育硕士的培养方式由 5 年制改为"3 + 1"4 年制。此外,还将"硕师计划"的实施范围由中西部 21 个省份扩大到全国 31 个省份,同时与"特岗计划"相结合,录取为"硕师计划"研究生的同时也应聘为特岗教师。培养教育硕士的高校也从 30 所增加到 73 所,"硕师计划"规模不断扩大。7 年来,采取推荐免试方式招收了近 7000 名教育硕士,为农村学校培养补充高素质骨干教师[①]。

---

① 中小学教师队伍建设有关情况.[EB/OL][2012 - 08 - 15].http://www.moe.gov.cn/publicfiles/business/htmlfiles/moe/s5875/201109/123974.html(教育部新闻发布会材料).

专栏

"农村学校教育硕士师资培养计划"扩大规模

2004—2011 年 7 年间，国家采取免费方式招收了近 7000 名教育硕士，为农村学校培养补充高素质骨干教师。从去年开始，"硕师计划"规模进一步扩大，和"特岗计划"结合实施取得了很好的效果。多省份先后启动"硕师计划"，吸引了优秀生源投身教育。

在河南省，"硕师计划"于 2004 年开始试点实施，2006 年开始全面实施，2010 年教育部又进一步扩大规模。2012 年度"硕师计划"名额供不应求，一些小学科如地理、物理等名额严重短缺。2012 年度河南省共有"硕师"名额 200 名，其中河南师范大学 150 名，河南大学 20 名，信阳师范学院 30 名，签约会上共吸引了近 400 名毕业生。

2012 年贵州省将招聘 11079 名特岗教师，到务川、正安等 62 个县的农村中小学任教（其中国家"特岗计划"7574 名，县级"特岗计划"3505 名）。据了解，今年国家"特岗计划"的报考人员与报考学科必须一致（学前教育、幼儿教育专业不能报考），年龄均要求在 30 岁以下（1982 年 5 月 1 日后出生）。对已取得 2012 年"硕师计划"研究生免推资格的 44 名贵州大学、贵州师范大学应届本科毕业生，由省教育厅统筹考虑，推荐到今年"特岗计划"部分实施县，"硕师计划"指标含在实施县的国家"特岗计划"初中岗位指标中。

（来源：教育部 2011 年 9 月 6 日新闻发布会；郑州晚报，2011 年 10 月 25 日；贵州日报，2012 年 6 月 25 日）

第四节　普通高中教育经费投入状况

伴随着我国经济的快速发展，国家对教育的投入不断增大，普通高中教育经费状况也有所改善。本节主要从普通高中教育总投入、生均教育经费和教育公平几个方面，描述、分析普通高中教育经费投入状况。

一、普通高中教育总投入西部地区增长较快

1. 普通高中教育经费财政投入力度加大

作为非免费义务教育，普通高中教育经费来源相对比较多样化。除国

家财政性教育经费外，事业收入、民办学校中举办者投入和社会捐赠经费等均占有一定比例。2010 年度普通高中教育经费总收入达到 2003.4 亿元。其中，预算内教育经费 1175.9 亿元，占 58.7%；各级政府征收用于教育的税费 141.0 亿元，占 7.0%；其他国家财政性教育经费 5.0 亿元，占 0.2%；民办学校中举办者投入 9.9 亿元，占 0.5%；社会捐赠经费 18.2 亿元，占 0.9%；事业收入 610.5 亿元，占 30.5%；其他收入 42.9 亿元，占 2.1%。前两项国家财政性教育经费合计 1316.9 亿元，占 65.7%（见图 1 – 55）。由此可见，财政拨款是普通高中教育经费的主要来源。

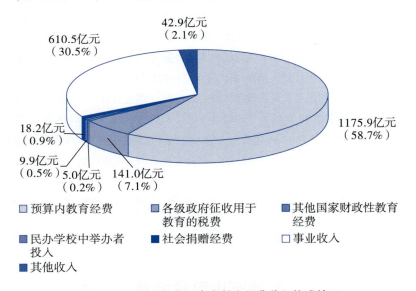

图 1 – 55　2010 年普通高中教育经费收入构成情况

按照国家"加快普及高中阶段教育"的总体部署，普通高中教育经费投入近几年不断加大，各类教育经费总额迅速增加。国家财政拨款增长相对较快，占普通高中教育总经费比重不断增大。2010 年，普通高中教育总经费比上年增加 223.9 亿元，增长 12.58%。其中，国家财政性教育经费比上年增加 212.49 亿元，增长 19.16%；预算内教育经费比上年增加 190.49 亿元，增长 19.33%；各级政府征收用于教育的税费比上年增加 22.22 亿元，增长 18.71%（见图 1 – 56）。但是，企业办学中的企业拨款、校办产业和社会服务收入用于教育的经费以及社会捐赠经费均出现不同程度的减少。另外，学杂费和民办学校中举办者投入也有不同程度的增加。

图 1-56 普通高中教育经费投入变化情况

从普通高中预算内教育经费的比重来看，预算内教育经费占普通高中教育总经费和国家财政性教育经费的比重呈现上升趋势。2001 年普通高中预算内教育经费仅为其教育总经费的 45.4%，2010 年该比例则上升到 58.7%，同时，预算内教育经费占国家财政性教育经费的比例也从 2001 年的 80.2% 上升到 2010 年的 89.0%，说明普通高中财政投入力度不断加大，实现了"两个增长"（见图 1-57）。

与其他教育阶段经费投入状况相比，尽管普通高中经费投入总额在不断增大，但其在全国各级各类学校教育经费投入中的份额，自 2005 年到达峰值后呈现逐年减少的趋势，这与进入 21 世纪后国家加大"两基"攻坚力度增加经费投入密切相关。2010 年度普通高中教育经费占全国教育总经费的 10.2%，比上年降低 0.54%，普通高中国家财政性教育经费占国家财政性教育总经费的 9.0%，比上年降低 0.06%，普通高中预算内教育经费占国家预算内教育总经费的 8.7%，比上年提高 0.09%（见图 1-58）。普通高中预算内教育经费比重的提高，说明国家在加快普通高中教育方面做出了更大的努力。

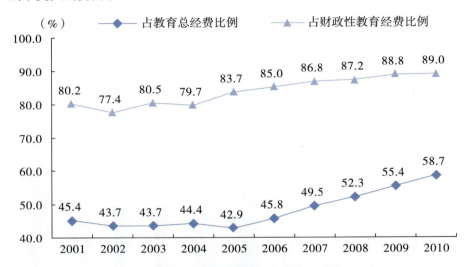

图 1-57　普通高中预算内教育经费比重年度变化情况

（占高中教育总经费和财政性教育经费的比重）

图 1-58　普通高中教育经费在全国教育经费中的比重年度变化情况

2. 西部地区普通高中预算内教育事业费增长最快

长期以来，东部地区普通高中预算内教育经费总额远远高于中部和西部地区，但近几年西部地区增长相对较快。2010 年普通高中预算内教育经费，东部地区达到 593.3 亿元，中部为 264.5 亿元，西部地区为 318.0 亿元，东部地区比中西部地区加起来还要多（见图 1－59）。

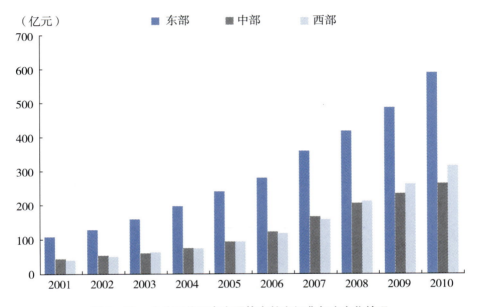

图 1－59　分地区普通高中预算内教育经费年度变化情况

从各地区普通高中预算内教育经费增长情况看，近 10 年来，东、中、西部地区均呈现快速增长的趋势，2006 年以来西部地区增长速度基本高于东部地区或与其不相上下。2010 年，普通高中预算内教育经费，东部地区增长 21.9%，中部地区仅增长 12.2%，西部地区增长 20.9%，地区差异显而易见（见图 1－60）。

从普通高中预算内教育事业费情况看，东部、中部、西部地区间的差异依然十分明显，东部最多，中部最少。长期以来，这种地区差异基本没有太大的变化，改变这种状况任重道远。2010 年东部地区普通高中预算内教育事业费持续增长，达到了 510.5 亿元，中部地区增加到 232.2 亿元，西部地区增加到 266.2 亿元（见图 1－61）。

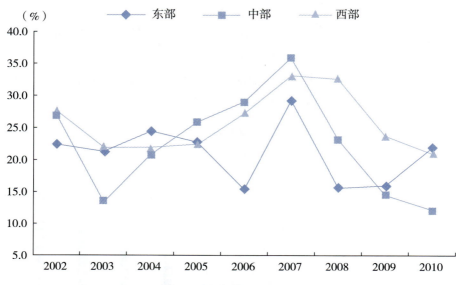

图 1 – 60　分地区普通高中预算内教育经费年度增长情况

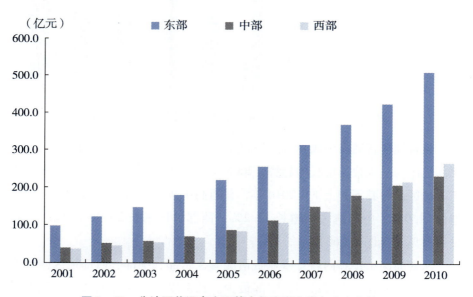

图 1 – 61　分地区普通高中预算内教育事业费年度变化情况

　　从各地区普通高中预算内教育事业费增长情况看，近些年来由于国家不断加大对中西部地区的教育投入力度，中部和西部地区增长速度总体上高于东部地区。但是，2010 年中部地区增长速度大幅放缓，而东部地区增长加速。2010 年东部地区普通高中预算内教育事业费增长 20.34%，中部地区增长 11.37%，西部地区增长 23.38%。相比之下，西部地区增长最快（见图 1 - 62）。

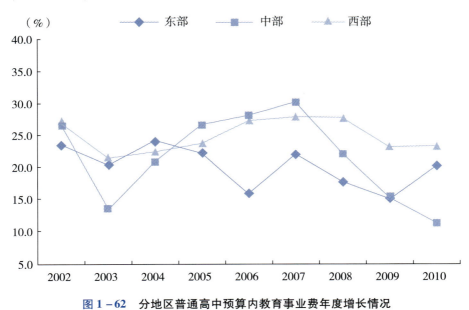

图 1 - 62 分地区普通高中预算内教育事业费年度增长情况

二、普通高中生均教育经费快速增长

1. 普通高中生均预算内教育事业费增速高于生均教育总经费

近 10 年来普通高中生均教育总经费逐年稳步增长，10 年间翻了一番还多。生均教育总经费呈现出逐年加速增长的趋势。2010 年生均教育总经费达到 8120.05 元，比上年增加 1042.26 元，增长 14.73%。同时，普通高中生均教育事业费也大幅增加，但增幅略低（见图 1 - 63）。

普通高中生均预算内教育事业费保持快速增长势头，10 年间生均预算内教育事业费增长了两倍多。2010 年度普通高中生均预算内教育事业费达到了 4509.54 元，比上年增加 751.94 元，增长 20.01%。其中，生均个人部分为 3437.76 元，生均公用部分为 1071.78 元，分别较上年增长

17.49%和28.88%，公用部分增长较快，教育经费使用结构有所改善（见图1-64、图1-65）。

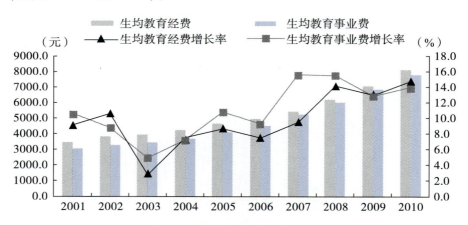

图1-63 普通高中生均教育经费和教育事业费年度变化情况

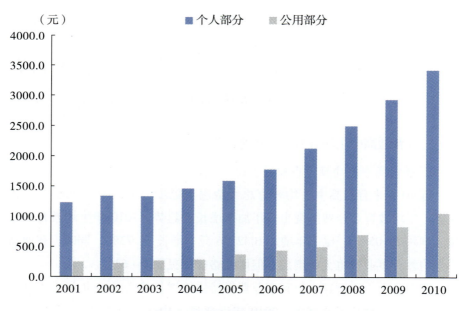

图1-64 普通高中生均预算内教育事业费年度变化情况

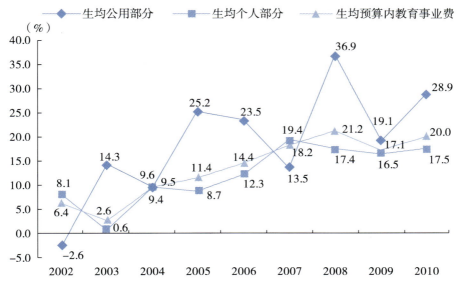

图 1 – 65　普通高中生均预算内教育事业费年度增长情况

2. 普通高中生均预算内教育事业费西部地区增速高于东部地区

从普通高中生均预算内教育事业费情况看，近 10 年来东部地区生均拨款额度一直远远高于中部和西部地区，中部地区最低。2010 年普通高中生均预算内教育事业费，东部地区为 5511.94 元，中部地区为 2865.58 元，西部地区为 3854.27 元。东部地区几乎是中部地区的两倍，可见地区经济发展水平对普通高中发展投入的影响较大（见图 1 – 66）。

从各地区普通高中生均预算内教育事业费增长情况看，近 10 年来各地普通高中生均预算内教育事业费基本呈现持续增长的趋势，2002—2007 年各地区基本保持了加速增长的势头，以 2007 年为拐点，生均预算内教育事业费由加速增长转变为减速增长。尤其是 2005—2009 年，国家对中西部地区的教育投入不断加大，中部和西部地区增长速度基本高于东部地区。2010 年东部地区普通高中生均预算内教育事业费增长 20.16%，中部地区增长 14.38%，西部地区增长 20.95%（见图 1 – 67）。

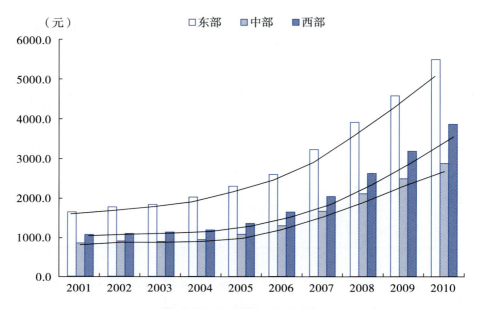

图1-66 分地区普通高中生均预算内教育事业费年度变化情况

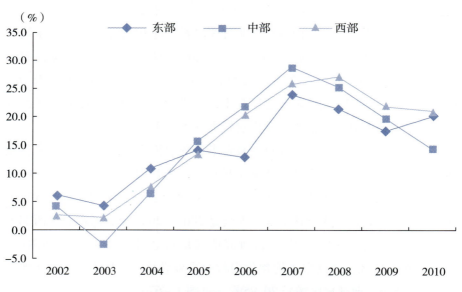

图1-67 分地区普通高中生均预算内教育事业费年度增长情况

三、普通高中学生资助体系逐渐完善

1. 普通高中助学金不断增加，且以财政性教育经费投入为主

为帮助家庭经济困难学生，进一步促进教育公平，用于普通高中学生奖贷助学金的经费总额不断增加，2010 年度更是大步前进。2010 年度普通高中助学金总额达到了 39.7 亿元，比上年增加 18.9 亿元，翻了近一番（见图 1 - 68）。

（亿元）

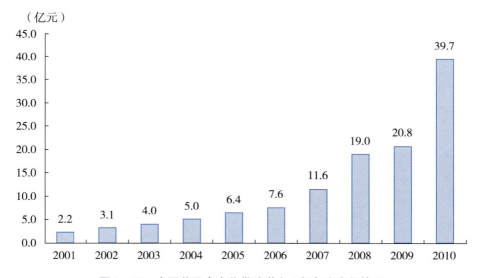

图 1 - 68　全国普通高中奖贷助学金总额年度变化情况

注：2001—2006 年为"高级中学"和"完全中学"奖贷助学金数据之和。

从地方普通高中奖贷助学金支出情况看，财政预算内奖贷助学金支出总额近 5 年来增长迅速，占奖贷助学金支出总额的比例也迅速提高。2010 年财政预算内奖贷助学金支出总额 30.7 亿元，比上年增加 17.4 亿元，占奖贷助学金支出总额的 77.64%，而 2005 年时仅占 41.53%，说明用于奖贷助学金的财政预算内经费增长较快（见图 1 - 69）。

2. 生均预算内奖贷助学金支出西部地区最高

从生均经费角度看，近几年东部、中部、西部地区普通高中生均预算内奖贷助学金支出快速增长，西部地区生均预算内奖贷助学金支出最高。

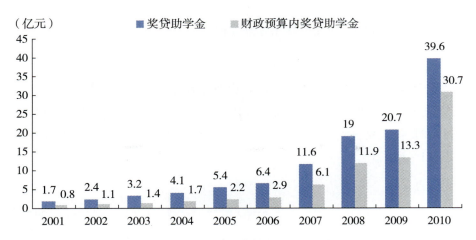

图1-69 地方普通高中奖贷助学金和财政预算内奖贷助学金年度支出情况

2010年，东部地区普通高中生均预算内奖贷助学金支出77.7元，中部地区96.9元，西部地区227.2元（见图1-70）。相比之下，西部地区最高，这种状况完全符合奖贷助学金主要用于支持和帮助弱势群体的政策导向，体现了实现教育公平的工作重点。

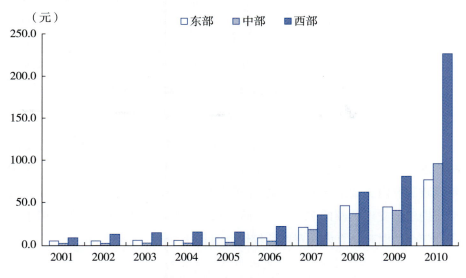

图1-70 分地区生均预算内奖贷助学金支出年度变化情况

从生均预算内奖贷助学金支出增长情况来看，西部地区一直保持增长态势，而东部和中部地区偶有下降。2010 年东部地区生均预算内奖贷助学金支出增长 68.13%，中部地区增长 130.31%，西部地区增长 178.35%，中西部地区增长速度远高于东部地区（见图 1－71）。

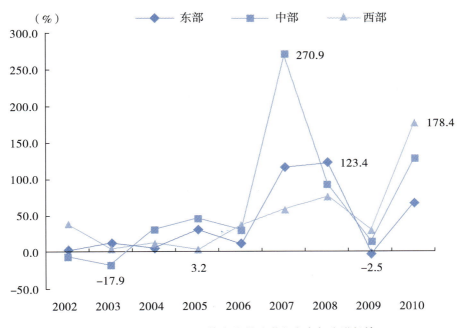

图 1－71　分地区生均预算内奖贷助学金支出年度增长情况

3. 普通高中家庭经济困难学生资助范围逐渐扩大

伴随着普通高中教育普及程度的不断提高、国家对教育投入力度的不断加大，针对普通高中家庭经济困难学生的资助政策措施也日趋完善，建立了以政府为主导，国家助学金为主体，学校减免学费等为补充，社会力量积极参与的学生资助政策体系。

2010 年 9 月，财政部、教育部联合出台《关于建立普通高中家庭经济困难学生资助制度的意见》（以下简称《意见》），强调建立健全普通高中家庭经济困难学生资助政策体系的重大意义，并设立了普通高中贫困学生资助的基本办法和框架。《意见》确立了国家助学金制度、学费减免制度、鼓励社会捐资助学三个方面的资助内容。其中，国家助学金要覆盖全国在校生的 20%，根据地区差异又进一步明确划定，东部为 10%，中部为 20%，西部为 30%。国家助学金所需经费由中央和地方按比例共同分担，分担比例按照各地方经济发展水平确定。

《意见》出台当年的秋季学期，普通高中国家助学金便惠及了 482 万名普通高中家庭经济困难学生，约占高中在校生总数的 20%，资助金额约 48 亿元，其中中央财政投入 22.56 亿元。[①]

2011 年是普通高中家庭经济困难学生资助全面实施的一年，共资助普通高中学生 809.2 万人次，资助总金额达到 108.69 亿元，比上年增加 72.69 亿元，增长 1.02 倍。其中：普通高中国家助学金首次全年实施，共资助学生 480 万人，金额 72 亿元；地方政府设立的其他资助政策资助学生 17.58 万人次，金额 2.97 亿元；学校利用提取事业收入资金资助学生 205.76 万人次，金额 15.36 亿元；社会企事业单位、个人等捐资资助学生 37.73 万人次，金额 11.58 亿元；其他资助 68.12 万人次，金额 6.78 亿元。[②]

2012 年 7 月 20 日，《国家基本公共服务体系"十二五"规划》将"建立普通高中家庭经济困难学生国家资助制度"纳入国家基本公共教育保障措施，进一步促进了教育公平的发展。随后，教育部《国家教育事业发展第十二个五年规划》提出"完善学生资助政策"，"扩大资助覆盖面、加大资助力度"，"落实和完善普通高中家庭经济困难学生资助政策"，为普通高中学生资助制度的切实落实提供了必要的政策保证。

第五节　普通高中办学条件状况

办学条件是实现教育现代化，推进教育改革和发展的基本保障。2011

---

① 2010 年我国家庭经济困难学生资助成效显著（教育部 2011 年第 5 次新闻通气会材料）[EB/OL].（2011 – 03 – 01）[2012 – 07 – 26]. http://www.moe.gov.cn/publicfiles/business/html-files/moe/s5165/201103/115412.html.

② 2011 年资助金近千亿元　家庭经济困难学生上学有保障（教育部 2012 年新闻通气会材料）[EB/OL].[2012 – 08 – 14]. http://www.moe.edu.cn/publicfiles/business/htmlfiles/moe/s6686/201208/140366.html.

年是落实《教育规划纲要》的第一年，也是我国"十二五"规划开局之年。随着各级政府加大投入力度，普通高中办学条件继续得到改善，但地区差距仍然较大。

一、普通高中生均校舍建筑面积总体有所增加

校舍是教育事业发展的必要条件。学校平均校舍面积与房屋的质量，在一定程度上反映一个区域办学条件的优劣。就全国而言，2011年，全国普通高中共有校舍40827.29万平方米，普通高中生均校舍建筑面积为16.6平方米，比上年增加0.2平方米。分地区看，东部地区普通高中生均校舍建筑面积最高，平均为19.3平方米，比上年增加0.2平方米；中部地区为15.3平方米，比上年增加0.5平方米；西部地区最低，为14.7平方米，比上年增加0.1平方米（见图1-72）。

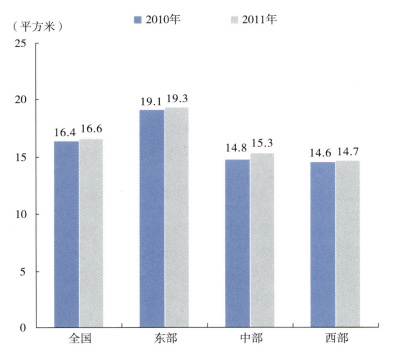

图1-72　2010年和2011年全国普通高中生均校舍建筑面积变化情况

分省看，北京、西藏、江苏、青海、天津5省份比上年增加1平方米

以上。海南、山东、江西、吉林、云南、新疆、湖南、重庆、福建等省份均比上年有所减少。除湖南外，其余省份在校生规模均比上一年有不同程度的增加。

从生均校舍建筑面积来看，7 年来一直保持增长态势（见图 1－73）。

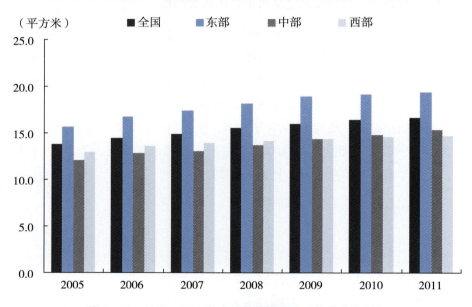

图 1－73　2005—2011 年全国普通高中生均校舍建筑面积

【资料来源】教育部发展规划司. 2010 年和 2011 年简明统计分析（内部资料）.

二、普通高中仪器设备配置水平西部地区增幅较大

在办学条件中，我国统计的仪器设备方面的主要指标有生均仪器设备值、体育运动场（馆）面积达标率、音乐器械配备达标率、美术器械配备达标率、实验仪器达标率、校园网建设达标率等。

2011 年，各类设施设备配备达标的学校比例分别为：音乐器材 77.56％，体育器械 80.29％，美术器材 77.67％，理科实验仪器 82.11％，体育运动场（馆）76.86％。建有校园网的学校比例为 77.55％，比上年有所提高。

2011 年，我国普通高中生均仪器设备值大幅度增长，达到 1954.7 元，比 2010 年增加 350.8 元，增长 21.9％。分地区看，西部地区生均仪器设备值

增长最快，比上年增长 30.1%，达到 1580.5 元；东部地区比上年增长 20.2%，为 2697.1 元；中部地区比上年增长 18.8%，为 1429.6 元，增幅低于东部和西部，区域差距进一步扩大（见图 1－74）。

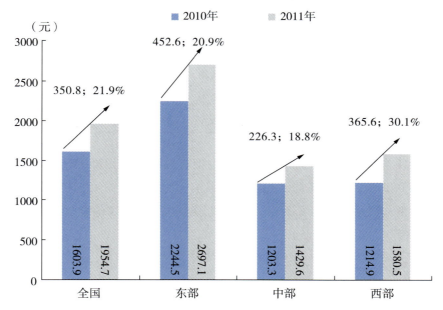

图 1－74　2010 年和 2011 年全国普通高中生均仪器设备值变化情况

分地区看，除吉林下降 7.3% 外，其他省份普通高中生均仪器设备值均有不同程度提高，陕西、西藏、北京、青海、湖北、内蒙古 6 省份增幅均超过 50%，其中陕西达到了 89.3%。

三、普通高中信息化建设有了进一步提高但发展很不均衡

1. 普通高中建网学校比例继续提高，每百名学生拥有教学用机台数继续增加，省际差距较大

进入 21 世纪，随着"以教育信息化带动教育现代化"国家战略的确立，教育信息化迎来了快速发展时期。2011 年，普通高中建网学校比例进一步提高，达到 77.6%，比上年提高 0.9 个百分点。东部地区建网学校比例最高，达到 89.0%，西部地区最低，仅为 69.2%（见表 1－5）。分省份看，全国仍有西藏、新疆、云南 3 省区建网学校比例低于 60%。与 2010 年相比，四川、

西藏、山西、河北、湖北、河南、云南7省份建网学校比例有所下降。

表1-5　**2010—2011年全国普通高中建网学校比例变化情况**

（单位：%）

地区	2010年	2011年	比上年增长
全国	76.7	77.6	0.8
东部	88.5	89.0	0.5
中部	72.8	72.9	0.1
西部	66.3	69.2	1.9

2011年，全国普通高中每百名学生拥有教学用计算机11.0台，比上年增加0.1台。分地区看，东部地区最高，为14.5台，比上年减少0.1台；中部地区最低，为8.5台，比上年增加0.3台；西部地区为9.2台，与上年持平（见图1-75）。

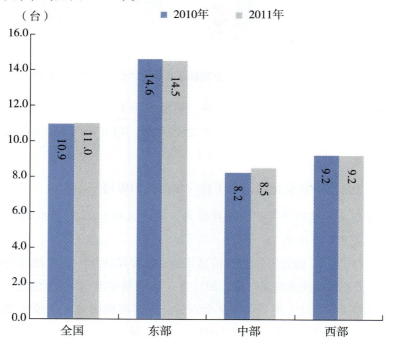

图1-75　**2010年和2011年全国普通高中每百名学生拥有教学用计算机台数变化情况**

分省份看，省际差距较大。河南、贵州、湖北、西藏4省份不足8台，北京、上海超过40台。

2. 全国普通高中每百名学生拥有多媒体教室座位数地区差异较大

2011年，全国普通高中每百名学生拥有多媒体教室座位36.9个，比上年增加6.6个。分地区看，东部地区最高，为53.6个；中部地区最低，为24.2个；西部地区为29.6个（见图1－76）。

分省份看，西藏、河南、黑龙江、贵州、吉林、四川6省份不足20个。与2010年相比，青海、西藏、广西3省份每百名学生拥有多媒体教室座位数有所减少。就西藏和广西的情况而言，在校生数增加是一个重要原因。

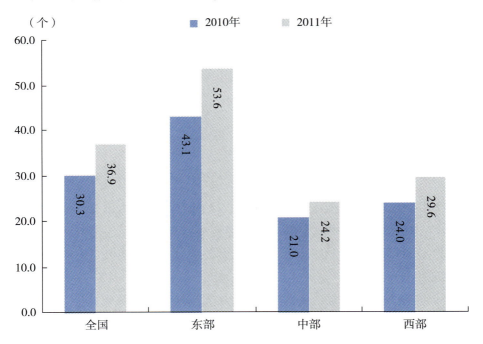

图1－76　**2010年和2011年全国普通高中每百名学生拥有多媒体教室座位数变化情况**

3. 普通高中校均信息技术教师数和专任教师信息化培训机会地区间仍存差异

2011年，全国普通高中校均拥有信息技术教师2.8人，比2010年增加0.1人。分地区看，东部地区最高，为3.2人，中部和西部地区均为

2.5 人（见图 1 – 77）。

分省份看，山东、江苏、宁夏、河北、广东 5 省份校均信息技术教师数均超过 3 人，不足 2 人的有北京、天津 2 个省份。

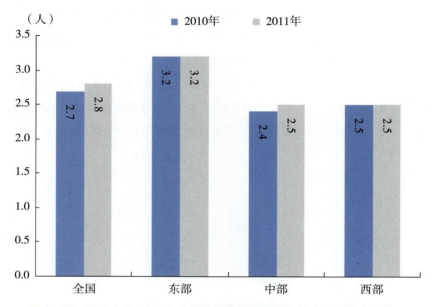

图 1 –77   2010 年和 2011 年全国普通高中校均信息技术教师数变化情况

2011 年，全国普通高中专任教师数与信息化培训人次比为 1.6 : 1，与 2010 年持平。分地区看，中部地区普通高中专任教师信息化培训机会最少，专任教师数与信息化培训人次之比为 2.1 : 1，东部地区为 1.4 : 1，西部地区为 1.6 : 1。

4. 10 年来教育信息化建设设备量有了大幅度提高，但教育信息化效果十分有限

2001—2011 年的 10 年间，我国普通高中建立校园网的学校比例由 24.9% 增加到 77.6%，增长了 2.1 倍（见图 1 – 78）。

虽然学校网站增长较快，但东西部差异较大，相差 10 个百分点，而且，在西部有 30% 多的学校还没有校园网，这说明这些学校开展教育信息化工作还存在相当大的困难，很难满足学校教育教学需要。信息技术的应用在许多学校处于浅层应用，不能支持课堂教学方式变革。

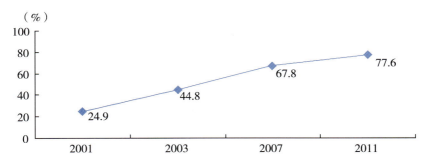

图 1 - 78　我国普通高中建设校园网情况历史变化（2001—2011）

四、图书与电子图书配备量小幅提升

普通高中生均图书和电子书册（盘）数 2010 年比 2009 年均有小幅增加。电子图书拥有量的变化情况，可以从一个侧面反映教育信息化情况，从图 1 - 79 中可见，我国 2010 年普通高中学生人均拥有电子书 0.6 盘。这表明普通高中教育信息资源比较匮乏，远远没有满足实际教学的需要。

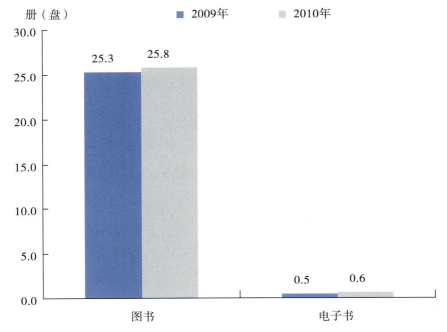

图 1 - 79　2009 年和 2010 年普通高中生均图书和电子书册（盘）数

五、普通高中设施设备逐年缓慢改善

1. 普通高中设施设备配备达标的学校有所增加，但总体变化不大

教学仪器设备和实验室是学校基本的办学条件之一，是学校建设的重要组成部分，是教育、教学的主要活动场所和重要的课程资源，是全面实施课程标准，引导学生进行自主探究、合作和综合性学习，培养学生的动手能力和创新精神，提高学生科学素养的重要条件、场所和科学启蒙园地。随着课程改革的深入推进，对实验室的条件和环境提出了新的要求。改变传统的教学模式，广泛运用现代教育技术，创建新型的教学活动方式，营造适于学科发展的实验环境，已成为新时期实验室装备的目标。

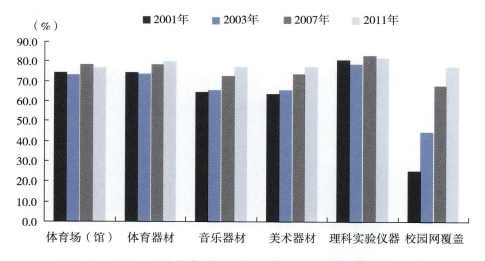

图 1 – 80　2001—2011 年我国普通高中教学设备设施达标情况历史变化

从图 1 – 80 可见，我国普通高中教学设备设施达标情况，10 年来除了学校校园网建设变化较大以外，在体育场（馆）、体育器材和理科实验设备方面只有很小的变化。10 年来，学校校园网建设有了突飞猛进的发展，覆盖率增长了约 53%。其他几项指标中，体育场（馆）和理科实验设备达标率的增幅在 2% 左右；体育器材的增幅在 6% 左右；而音乐器材、美术器材的增幅在 13% 以上（见表 1 – 6）。

表1－6　　2001—2011年我国普通高中教学设备设施达标情况历史变化

（单位:%）

年份	体育场（馆）	体育器材	音乐器材	美术器材	理科实验设备	校园网覆盖
2001	74.26	74.23	64.34	63.46	80.51	24.93
2003	73.48	74.07	65.87	65.63	78.73	44.76
2007	78.39	78.31	72.61	73.31	82.82	67.80
2011	76.86	80.29	77.56	77.67	82.11	77.55

一般来说，在影响教育质量的主要因素中，除了教育的现有基础外，办学条件也是一个重要因素。伴随着普通高中的规模扩张，办学条件不足、教育资源紧张日益成为影响高中教育质量提高的一个重要因素，各高中必须根据课程改革的要求改善办学条件。尽管我国普通高中在大幅度扩大招生的同时，也在努力改善和提高办学的基本条件，但办学条件的改善始终未能跟上招生数的快速增长。

2. 生均图书、电子书册（盘）数和生机比10年间几乎没有大的变化

我国普通高中生均图书册数从2001年的28.5本到2010年的25.8本，减少了近3本；生均电子书盘数从2001年的0.4盘到2010年的0.5盘，只增加了0.1盘；生机比从2001年的11.2到2010年的9.2，只减少了2个百分点（见图1－81）。

从2004年秋季学期开始，我国普通高中进入了新一轮课程改革，涉及课程结构、设置、内容、实施以及教学方式方法等各个方面。办学条件是教育教学变革的基础，为了保障课程能有效实施，更具有个性，新课程方案要求学校加强课程资源建设，提高办学条件。不过，从10年来我国普通高中与教学直接相关的办学条件的改善情况来看，很难让人将其与被誉为"基础教育革命"的新一轮课程改革联系起来。

3. 教育信息化与国外发达国家相比差距较大

普通高中是我国基础教育中信息化水平最高的一个阶段，但与世界发达国家相比，其信息化的发展速度、规模和质量都存在较大差距。据美国

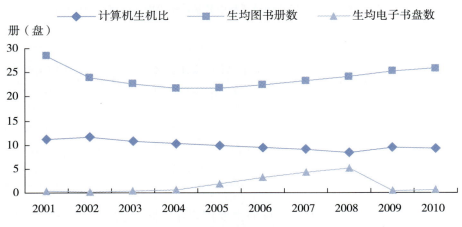

图 1–81　普通高中生均图书、电子书册（盘）数和生机比年度变化情况

国家教育统计中心 2003 年 10 月的调查结果，2002 年美国公立学校学生与联网计算机之比达到 4.8；公立学校的联网率达到 99%，教室联网率为 92%。仅就美国公立中小学信息技术环境来看，我国普通高中 2010 年时的生机比（9.2）只相当于美国公立中小学 1999 年的水平（9.1），两者相差 11 年；我国普通高中 2011 年校园网接入率为 77.5%，相当于美国公立中小学 1997 年的水平（77%），两者相差 14 年。[①]

———————

① 参见：北京市中小学教育信息化与发达国家（地区）的比较及中小学教育信息化评估指标体系研究［R/OL］.［2006 – 07 – 07］. http：www. cqjy. com/xxzx/syxxck/xxjsjy/200607/829. asp.

第二章

普通高中多样化发展改革

第一节　普通高中多样化发展改革

《国家中长期教育改革和发展规划纲要（2010—2020年）》提出了"推动普通高中多样化发展"的新要求，这是党中央、国务院在新世纪新阶段首次对普通高中发展方式做出的重大政策定向。

一、普通高中多样化发展的宏观背景和阶段特点

新中国成立后，1951年中央人民政府政务院《关于改革学制的决定》规定中学修业六年，分初、高两级。改革开放之初，1985年《中共中央关于教育体制改革的决定》要求调整中等教育结构，大力发展职业技术教育，大体确立了我国教育分流体系。1995年《中华人民共和国教育法》（以下简称《教育法》）的"教育基本制度"一章，确定了国家实行中等教育的学校制度，未对高中阶段包括普通高中做出细致规定。而且此前的《中华人民共和国义务教育法》覆盖了小学、初中教育，此后又有《中华人民共和国职业教育法》和《中华人民共和国高等教育法》，但都不涉及普通高中教育。对于普通高中教育，除中央文件和教育部门规章文件外，至今还没有专门的国家法律法规做出规定。

从统计指标来看，我国一直有普通高中学校数、师生、经费等项指

标，但高中阶段毛入学率是从 20 世纪 90 年代开始计算的，1990 年这一指标仅为 26%，因为其中还含中等职业学校，当年普通高中在校生为 717.3 万人，占高中阶段总人数的 54.3%，所以能升入普通高中的学生占同龄人口的比例也就是 13% 左右，比现在进入高校就读还要"精英"。1994 年《国务院关于〈中国教育改革和发展纲要〉的实施意见》提出："普通高中可根据各地的需要和可能适量发展。到 2000 年普通高中在校生要达到 850 万人左右。"而到 2000 年，全国实际普通高中在校生达到了 1201.3 万人，占高中阶段在校生的 53.3%，当年毛入学率提高到了 42.8%，推算普通高中学生占同龄人口的比例，略升至 20% 左右。事实表明，当普通高中只能容纳少数人就学，带有典型的"精英"阶段特点时，升入高校的路径指向非常清晰，社会对其多样化发展的需求并不会很大，只有随着普及水平的提升，来自普通高中系统内外的多样化需求才会形成足够的压力。

我国普及高中阶段教育，是在世纪之交义务教育基本普及后，从城市和发达地区起步的。就在 2000 年"两基"（基本普及九年义务教育，基本扫除青壮年文盲）目标如期实现之际，1999 年《中共中央国务院关于深化教育改革全面推进素质教育的决定》提出："要在确保'两基'的前提下，积极发展包括普通教育和职业教育在内的高中阶段教育，为初中毕业生提供多种形式的学习机会。在城市和经济发达地区要有步骤地普及高中阶段教育。"同年，国务院批转教育部《面向 21 世纪教育振兴行动计划》提出到 2010 年，城市和经济发达地区有步骤地普及高中阶段教育。进入新世纪以来，2001 年《国务院关于基础教育改革与发展的决定》进一步提出："大力发展高中阶段教育，促进高中阶段教育协调发展。有步骤地在大中城市和经济发达地区普及高中阶段教育。"2002 年党的十六大报告确定了到 2020 年全国"基本普及高中阶段教育"的目标，2007 年党的十七大报告强调"加快普及高中阶段教育"。

基于以上我国高中阶段教育发展政策和实际状况的分析，就会发现我国高中阶段教育进入新世纪以来正从局部拓展到全国，进入一个普及攻坚的新阶段。据 2009 年统计，全国普通高中学校数相比 2000 年并没有明显增长，但在校生数却翻了一番，达到 2434.3 万人，尽管总规模呈现连年减少态势，占高中阶段在校生总数的比例依然为 52.5%，同年高中阶段教育毛入学率达到 79.2%，普通高中如按贡献率一半计，就能为 40% 的 15—18 岁青少年提供就学机会。同年，普通高中毕业生为 823.7 万人，当年普通高校本专科招生 639.5 万人，升学率为 77.6%，与 1990 年（27.3%）相比有明显提高，但与 2000 年（73.2%）相比，实际上处于相对平稳的状态。

按照中央"加快从教育大国向教育强国，从人力资源大国向人力资源强国迈进"的重大战略部署，《教育规划纲要》明确提出："加快普及高中阶段教育……到 2020 年，普及高中阶段教育，满足初中毕业生接受高中阶段教育需求。"综观世界 210 个国家和地区的大中小学在校生结构，呈现正梯形乃至柱形结构的约占 1/3，呈现金字塔形状的往往是欠发达国家。按照《教育规划纲要》的目标蓝图，2020 年我国小学、初中、高中阶段教育和高等教育总规模将分别达到 1.1 亿人、5500 万人（九年义务教育总规模将达到 1.65 亿人）、4700 万人和 3550 万人，基本完成从金字塔形向正梯形转型，这也可视为进入人力资源强国行列的标志之一。因学龄人口减少因素影响，全国普通高中在校生届时将稳定在 2350 万人，低于目前已有规模，高中阶段教育毛入学率将提高到 90%。这种情况为今后探索和推动普通高中多样化发展创造了较为宽松的环境。

二、普通高中多样化发展的政策要点

1. 普通高中多样化发展政策的演进

关于普通高中如何发展的问题，我国曾出台过一系列的政策措施，但收效不很平衡。早在 1993 年，《中国教育改革和发展纲要》第一次提出了"普通高中的办学体制和办学模式要多样化"的要求。1994 年《国务院关于〈中国教育改革和发展纲要〉的实施意见》提出到 2000 年"每个县要面向全县重点办好一两所中学。全国重点建设 1000 所左右实验性、示范性的高中"。1995 年全国普通高中教育工作会议将普通高中分为"升学预备教育、综合高中、侧重就业预备教育高中和特色高中"四种办学模式。但近 10 年来，在全国范围内实验性、示范性的高中远远超过预期规模。据估计，在 1.46 万所普通高中里，约有 70% 以上的学生在省和地市两级示范高中就读①。从相当长一段时期看，普通高中实行非均衡发展，加强重点高中覆盖能力，将是各地扩大优质教育资源，努力满足社会需求的必要举措（但在欠发达地区，却又同财政经费短缺、负债过多、大班额乃至应试倾向严重等问题密切相关）。

在探索普通高中多样化发展的政策方面，还有两个文件值得注意。一是 2001 年的《国务院关于基础教育改革与发展的决定》，该文件提出"挖掘现有学校潜力并鼓励有条件的地区实行完全中学的高、初中分离，扩大高中规模。鼓励社会力量采取多种形式发展高中阶段教育。保持普通高中与中等职业学校的合理比例，促进协调发展。鼓励发展普通教育与职业教育沟通的高级中学。支持已经普及九年义务教育的中西部农村地区发展高中阶段教育"。二是 2004 年国务院批转教育部《2003—2007 年教育振兴行动计划》，该文件再次强调"多种形式积极发展普通高中教育，扩大规模，提高质量。加大对农村高中的支持力度，引导示范性高中建设，加快基础薄弱校的建设，扩大高中优质教育资源供给能力"。在国家坚持普通高中与中等职业学校保持合理比例的普及途径前提下，当前，普通高中发展的多样化，需要聚焦在办学体制、培养（或办学）模式两大方面。

2. 普通高中办学体制的多样化

普通高中办学体制的多样化，有两个基本视角，即城乡区域和隶属举办关系。

2009 年，全国共有独立普通高中 6476 所，完全中学 8131 所，共计 14607 所。其中，城市、县镇、农村的高中分别为 5675 所、7314 所、1618 所；教育部门和集体办 11695 所，民办 2670 所，其他部门办 242 所。若从全国 2434.3 万普通高中在校生分布状况来看，在城市、县镇、农村就读的比例分别为 35.6%、57.3%、7.2%；在教育部门和集体办、民办、其他

---

① 张力. 推动普通高中多样化发展的政策要点 [J]. 人民教育，2011（1）：6.

部门办高中就读的比例分别为 89.6%、9.5%、0.9%。初步推测，随着城镇化的推进，未来 10 年部分地区农村普通高中将出现减少态势，特别是在民族地区、贫困地区，寄宿制普通高中不仅将越来越集中到县，而且在人口密度小的荒漠、草原、深山区及边境地区甚至将集中到地（市）。与此相关，国家政策曾经"鼓励有条件的地区实行完全中学的高、初中分离"，应是基于完全中学比重高达 55.7% 的现状，但尚未形成刚性要求。若从《教育规划纲要》确定的缩小校际差距着力解决择校问题，进而缩小城市区域差距的义务教育均衡发展大局出发，特别是考虑到国家事业单位分类改革对义务教育学校师资经费管理制度的精确定位，尽管目前部分地区重点高中出现复设初中部现象，但仍然可以预料，今后我国完全中学的高、初中分离将会出现新的推进格局。

此外，按照《教育规划纲要》确定的新政策方向（包括"改进非义务教育公共服务提供方式，完善优惠政策，鼓励公平竞争，引导社会资金以及多种方式进入教育领域"，"大力支持民办教育……支持民办学校创新体制机制和育人模式，提高质量，办出特色，办好一批高水平民办学校"），今后民办普通高中依然有较好的生存空间，强化以质量特色吸引生源，守住 10% 左右的在校生规模应无问题。但受高中阶段学龄人口减少影响，加上《教育规划纲要》鼓励公办学校深化办学体制改革，开展联合办学和委托管理等试验，民办学校与公办学校之间、民办学校与民办学校之间的竞争势必升温，民办普通高中规模及比例尚不会显著扩大，一些民办学校有可能形成优质或特色品牌。

3. 普通高中培养模式的多样化

普通高中培养模式或办学模式的多样化，越来越成为区域普及的高中阶段教育的重点领域。《教育规划纲要》明确指出："高中阶段教育是学生个性形成、自主发展的关键时期，对提高国民素质和培养创新人才具有特殊意义。注重培养学生自主学习、自强自立和适应社会的能力，克服应试教育倾向。"这是迄今为止国家教育政策对于高中阶段教育培养目标最为全面系统的定位，在应试教育之风弥漫各级各类教育的情况下，把"克服应试教育倾向"专门锁定在高中阶段教育，具有十分深刻的导向意义，不仅再次确认了高中阶段教育不完全是升学教育，而是分流教育的适切性，而且给创新普通高中培养模式指出了方向。全面贯彻党的教育方针，全面实施素质教育，坚持德育为先、能力为重、全面发展，攻坚克难的领域将逐渐集中到普通高中教育。按照《教育规划纲要》对推动普通高中多样化发展的总体要求，"推进培养模式多样化，满足不同潜质学生的发展需要"，可以进一步分为课程改革多样化和考试评价多样化两大主要途径以及多种提供方式。

第二节　课程改革多样化：深入推进普通高中课程改革

《教育规划纲要》指出："深入推进课程改革，全面落实课程方案，保证学生全面完成国家规定的文理等各门课程的学习。创造条件开设丰富多彩的选修课，为学生提供更多选择，促进学生全面而有个性的发展"。因此，探索和实践课程模式的多样化，深入推进普通高中课程改革，是推动普通高中多样化发展的重要举措和路径。

一、普通高中课程改革推进的过程与目标

1. 普通高中课程改革推进的过程

世纪之交，我国开始了新中国成立以来的第八次基础教育课程改革。这次课程改革是在全面建设小康社会、构建社会主义和谐社会的背景下，党中央、国务院高瞻远瞩，全面推进素质教育的一项重要举措，是历次课程改革中规模最大、力度最强的一次课程变革。普通高中课程改革是其中的重要组成部分，同时也是最为关键的部分。

普通高中课程改革的推进经过了充分的酝酿和准备。1998 年 12 月，国务院批转的《面向 21 世纪教育振兴行动计划》就对普通基础教育的课程改革进行了谋划，课程改革正式列入教育部的议事日程。1999 年 1 月，教育部基础教育司组织全国的课程专家、教研人员、中小学校长和教师以及关心课程改革的社会人士组成基础教育课程改革专家工作组，开始进行

课程改革国内外比较研究、现状调查研究等，正式启动了基础教育课程改革研究。2001 年，国务院做出了《关于基础教育改革与发展的决定》，并颁布了《基础教育课程改革纲要（试行）》，标志着新一轮课程改革正式开始。在这些重要举动和文件中，都涉及普通高中的课程改革问题，特别是《基础教育课程改革纲要（试行）》，对普通高中的课程改革精神、课程结构等做出了具体策划和安排。

普通高中课程改革将战略谋划与稳步推进紧密结合。2001 年 7 月，普通高中课程改革正式启动。经过一年多的紧张研究，2003 年 3 月，教育部颁布了《普通高中课程方案（实验）》和各学科课程标准（实验）。2004 年 9 月，山东、广东、海南、宁夏作为第一批省份进入实验；2005 年，江苏进入实验；2006 年，浙江、福建、辽宁、安徽 4 省和天津市进入实验；2007 年，北京、陕西、湖南、黑龙江、吉林 5 省份进入实验；2008 年，山西、江西、河南、新疆（包括生产建设兵团）4 省区正式开始实验；2009 年，河北、湖北、内蒙古、云南 4 省区进入实验；2010 年，贵州、青海、甘肃、重庆、四川、西藏等省区进入实验；2012 年，广西进入实验。至此，我国大陆地区所有省、自治区、直辖市都进入普通高中新课程实验。普通高中新课程实验从开始到在全国全部推开，整整用了 8 年时间，充分说明国家对这次课程改革的慎重和推进过程的稳妥与扎实。

2. 普通高中课程改革的目标

普通高中课程改革的目标既有普遍性，又有特殊性。所谓普遍性，是指它与新一轮基础教育课程改革的追求一致；所谓特殊性，是指它充分放大了促进学生全面而又个性化发展的要求，从而实现学校课程模式的多样化，促进普通高中的多样化发展。

普通高中的课程改革，首先要实现这次课程改革的具体目标。这就是：改变课程过于注重知识传授的倾向，强调形成积极主动的学习态度，使获得基础知识与基本技能的过程同时成为学会学习和形成正确价值观的过程。改变课程结构过于强调学科本位、科目过多和缺乏整合的现状，设置综合课程，以适应不同地区和学生发展的需求，体现课程结构的均衡性、综合性和选择性。改变课程内容"繁、难、偏、旧"和过于注重书本知识的现状，加强课程内容与学生生活以及现代社会和现代科技发展的联系，关注学生学习的兴趣和经验，精选终身学习必备的基础知识和技能。改变课程实施过于强调接受学习、死记硬背、机械训练的现状，倡导学生主动参与、乐于探究、勤于动手，培养学生搜集和处理信息的能力、获取新知识的能力、分析问题和解决问题的能力以及交流与合作的能力。改变课程评价过于强调甄别和选拔的功能，发挥评价促进学生发展、教师提高和改进教学实践的功能。改变课程管理过于集中的状况，实行国家、地方、学校三级课程管理，增强课程对地方、学校和学生的适应性。①

为了实现学生全面而有个性的发展，这次普通高中课程改革还有特殊目标。这就是：遵循时代性、基础性、选择性原则，重建高中课程内容，使课程内容与社会进步、科技发展、学生经验有机联系起来，把知识技能的学习与学生创新精神和实践能力的培养有机结合起来。增设适应时代需要的课程领域或课程门类，构建重基础、多样化、有层次、综合性的课程结构，为学生的自主选择和主动学习提供理想的课程环境，最大限度地发挥课程的发展功能。建立学生自定学习计划制度、学生选课指导制度、学分制管理制度，为学生自主选择课程提供制度保障。建立校本教学研究制度，为教师的专业发展提供制度保障。完善校本评价，优化外部评价，合理处理高中课程评价与大学入学考试的关系，建立符合素质教育要求的新的高中课程评价体系。赋予每一所学校合理而充分的课程自主权，使课程改革建基于每一所学校的成功、每一位学生的成功。② 总之，增强课程的选择性，实现学校课程模式的多样化，促进学生的个性化发展和学校的特色发展，是这次普通高中课程改革最为核心的目标。

---

① 教育部基础教育司.走进新课程——与课程实施者对话［M］.北京：北京师范大学出版社，2002：253－254.

② 钟启泉，崔允漷，吴刚平.普通高中新课程方案导读［M］.上海：华东师范大学出版社，2003：62－71.

二、普通高中课程改革推进的战略与举措

1. 普通高中课程改革推进的战略

战略是宏观性质的政策措施，它往往是一项事业成败的决定性因素。普通高中课程改革推进的战略也有这样的性质。2001 年以来，中国普通高中课程改革推进的战略主要表现为政府主导、整体推进、先立后破、上下联动等方面。

政府主导有力地保障了普通高中课程改革的顺利推进。改革伊始，国务院就颁布了指导这次课程改革的纲领性文件——《基础教育课程改革纲要（试行）》。党中央、国务院主要领导时刻关注课程改革的进展，将其作为大力推进素质教育、实现中华民族伟大复兴的重要举措。各省（自治区、直辖市）在普通高中课程改革推进之初，都成立了由主管副省长（副市长、副主席）为组长的课程改革工作协调小组，成立了由省（自治区、直辖市）教育厅、发改委、财政局、编制办、宣传部等部门参加的课程改革联席会议制度，通报并决定课程改革的重大事项。各区、县也建立了由主管副区长、副县长牵头的课程改革工作组。这种组织制度是深化普通高中课程改革认识、提供课程改革人力和物力资源、具体推进课程改革的实施以及舆论宣传等的重要保证，真正体现了教育是国家事业、人民福祉的真谛。

整体推进体现了普通高中课程改革的系统性。在国家层面，普通高中课程改革的推进与义务教育课程改革相协调、相配套。在省级层面，普通高中课程改革的推进是全省整体进入。上述省（自治区、直辖市）和区、县课程改革工作协调小组的建立，也是整体推进的重要体现。整体推进战略保证了这次课程改革的系统性，使之有条不紊地向前推进。

先立后破体现了普通高中课程改革的稳健性。迄今为止，全国普通高中课程改革的推进一直坚持"先实验、后推广"，"新的不立，旧的不破"的原则。从 2004 年广东、海南、山东、宁夏开始进入实验以来，一直到 2012 年广西进入实验，用了整整 8 年时间，新一轮普通高中课程改革才在全国全面推广开来，这在我国的课程改革历史上是绝无仅有的。与此同

时，这次改革对全国的教育行政管理干部、校长和广大教师，实行"先培训、后上岗，不培训、不上岗"的政策，尽可能地保证新课程实施的质量。所有这一切，都是为了对国家的教育质量负责，对广大人民群众的切身利益负责，充分体现了普通高中课程改革的稳健性。

上下联动是普通高中课程改革取得切实成效的关键措施。尽管这次课程改革是一场由政府主导、自上而下的改革，但是，在改革之初，政府就将其定位为自上而下和自下而上相结合、上下联动的变革性实践。在课程改革推进的过程中，教育部基础教育司组织和发动了全国性的校本教研、校本培训、校本管理研究与活动，深入推进课堂教学的变革。在改革推进的过程中，进一步加大了这方面的力度，将其定位为促进学校的自主发展、特色建设和教师的专业成长。特别是选修课分量的加大、校本课程的建设和综合实践活动课程的开设与开展，都为学校和教师的发展提供了广阔的舞台。正是在这些措施下，学校这个教育真正发生的地方更加充满活力，教师这个从事教育工作的主体得以不断更新，从而不断促进学生更加全面而有个性的发展。可以说，上下联动的机制，正在使普通高中课程改革的推进向不断取得成效的方向发展。同时，它与政府主导、整体推进、先立后破共同构成这次课程改革推进的宏观战略，为有关具体策略的实施提供了重要支持。

2. 普通高中课程改革推进的举措

举措是操作层面的政策。普通高中课程改革推进的举措包括课程实验制度体系的建立、各级各类大规模培训、学校课程建设、课堂教学改革、设施设备和人员配备、学生综合素质评价，以及广泛的社会舆论动员等。

积极创建课程实验制度体系，保障普通高中课程改革的顺利推进。这次课程改革开始之际，教育部除公布《普通高中课程方案（实验）》外，还专门下发了有关实验工作推进的意见。各省（自治区、直辖市）在实验之初，除建立实验的组织机构外，首先进行的就是实验制度建设。如甘肃省先后出台了关于课程建设和管理等的 17 个文件，包括《甘肃省普通高中新课程实验课程实施指导意见（试行）》、《甘肃省普通高中新课程选课指导意见（试行）》、《甘肃省普通高中课程资源开发与管理指导意见（试行）》、《甘肃省普通高中学校课程开发与实施指导意见（试行）》、《甘肃省普通高中新课程学分认定指导意见（试行）》等。河南省出台了《河南省普通高中新课程实验工作方案（试行）》、《河南省普通高中课程设置方案（试行）》等20多个文件。北京市出台了22个相关文件，涵盖高中学校管理、教学、学生评价、毕业升学等各个环节。与此同时，各省（自治区、直辖市）的区、县和学校都相继出台了对应的政策文件。这些政策文件的出台，为课程改革提供了强有力的政策支持和制度保证。

积极开展各级各类的大规模培训，大力提升广大干部管理课程实验的水平和教师实施课程的能力。教育部适时开展了不同类别的培训，例如，2005年5月中旬，针对实验中出现的新情况、新问题，组织了面向海南、广东、山东和宁夏4省区语文、数学、外语、物理和通用技术5个学科1344名骨干教师的专题培训；2005年上半年，组织了福建、江苏两省的国家级骨干教师通识培训。各省份组织的培训，从各级教育管理干部一直到学校校长、教师，坚持相关人员全员培训、"不培训、不上岗"的原则。例如，山东省在2004年开始实验之前，首批就培训教育行政管理人员、高中校长、骨干教师1万多人。甘肃省从2010年初开始，组织教育管理者培训、利用"国培计划"的实验教师远程培训、学科骨干教师的教学培训、新课程领导和管理能力专项培训以及各层次的跟进培训，累计培训3万多人。经过各种层次的培训，广大教师的人才观、教育观、课程观、教学观、评价观等正在发生转变，广大干部的管理模式也在悄然发生变化。

积极引导学校课程建设，为普通高中的多样化发展奠定基础。学校课程建设包括国家课程在学校的创造性实施、地方课程的开设和校本课程的建设，它是学校特色发展、多样化发展的主要途径和举措。各省份在推进普通高中课程实验的过程中，依据新课程改革的精神和普通高中课程实验方案，针对以往高中课程建设的薄弱环节，积极推进选修课程的开设和校本的建设，开足开齐国家课程，落实地方课程，加强综合实践活动、信息技术和通用技术课程的开发。正是这些不同课程的组合，为各校课程特色的形成和普通高中多样化的发展奠定了基础。

着力推进课堂教学改革。课堂教学是课程实施的关键环节。普通高中课程改革进入实验环节之后，各省份都想方设法推进课堂教学的变革。首先，各省份都制定了各学科的教学指南等指导性文件，引导和规范教师的教学。如河南省制定并印发了《普通高中新课程各学科教学指导》、《研究性学习》等教学指导性文件。其次，加强教学指导，推动课堂教学改革。各省份组织专业力量，深入学校、深入课堂，听课、评课、座谈，现场指导。通过开展"三优"（优质课、优秀论文、优秀课件）评选活动，促进教师研究课标，研究教材，研究教学，转变教育观念，改革教学方式，打造高效课堂。最后，组织普通高中新课程实验专项课题研究，为课堂教学改革提供有力的理论和实践支撑。

积极配备设施设备和相关教师。对于普通高中课程实验专用教室、实验室和相关教师不足的问题，各省份都积极予以解决。如北京市组织制定了《普通高中通用技术（必修）教学设备配置标准（试行）》，出台了《关于普通高中通用技术课程的实施意见》。要求有条件的普通高中根据本校实际，有选择地开设通用技术选修模块中的 1 个或若干个专业，首轮实验至少在高中三年开设一个选修模块，并逐年增加选修模块数量。对于课程资源缺乏的问题，要求各区统筹规划通用技术必修、选修模块教学场地的建设，用好已有的劳动技术教育中心、教学辅助中心、职业高中实习实训基地以及普通高中与其他单位共建的实践基地。可以统一建设通用技术教育基地（中心），或者邻近的几所学校分别建设不同选修模块专用教室，实行学生跨校选课制度。在通用技术课程必修模块专用教室尚未完善时，通用技术课程的教学实验可以利用物理实验室或计算机等专业教室进行。针对师资缺乏问题，要求通用技术课程必修模块每 5—6 个平行班配备 1 位专职教师；选修模块可配专职教师，也可聘请固定的兼职教师。各普通高中校可选派理科或劳动技术等学科的教师担任通用技术课程或实验的辅导教师。

积极探索综合素质评价的实施。评价是端正教育思想，全面推进素质教育的关键环节。它涉及高考改革、学业水平考试和学校开展的学生综合素质评价等内容。在普通高中课程改革推进过程中，各省份都在积极探索上述三个方面的改革。关于高考，不同的省份推出了有一定特色的方案，如山东的"3＋X＋1"模式，广东的"3＋文基/理基＋X"模式，海南的"3＋3＋基础会考"模式，江苏的"3＋学业水平考试"模式等，都在不同程度地引导学生的全面发展、个性化发展。各省份都坚持学业水平考试（会考），以绝对评价的方式保证教育质量和学生的全面发展。学校开展的学生综合素质评价是引导学生全面发展的一项重要举措，各省份一般按照德、智、体、美和心理健康等维度评价学生，并开发相关的电子化评价平台，如北京市制定了高中学生综合素质评价方案，研制了用于学生综合素质评价的电子化平台。目前，该电子平台2.0版已经完成升级。

开展广泛的社会舆论引导，为普通高中课程改革的推进营造良好的舆论氛围。课程改革是一项系统的社会工程，普通高中的课程改革关系着国家民族的未来，关系着广大人民群众的切身利益。为此，各省份在这次课程改革推进的过程中，都积极开展广泛宣传，进行舆论引导，让更多的力量来支持高中课程改革。例如，甘肃省在开展普通高中课程改革之际，建立了由各级党委宣传部门牵头，社会主流媒体参与、文化机构和社区支持的多元化的高中课改宣传网络。省课改领导小组定期举行新闻发布会，介绍高中课改的主要政策和方案、课改推进情况和取得的成功经验。对各市（州）课改成效及时通报，为新课程的实施营造一个宽松的环境。

三、普通高中课程改革推进的成效与存在的问题

1. 普通高中课程改革推进的成效

普通高中课程改革推进的成效主要表现在学校课程建设、教师教育教学理念和教学方式的转变、学生学习方式的转变、评价观念和方式的变化等方面。

学校课程建设已开始将学校引向特色化、多样化发展，促进学生个性化发展的轨道。全国普通高中大都全面落实了国家必修课程。各地积极开设选修课程，如山东省2008年提出省级规范化学校70%的选修模块开出率，市级规范化学校60%的开出率，一般学校50%的开出率。校本课程的

开设已不同程度地展开，特别是重点中学，往往能够开出几十门、上百门的校本选修课程。同时，由省、区、县开设的地方课程有力地充实了学校课程结构。在这样丰富多彩的课程面前，学校梳理和创设自己的教育理念、办学目标、培养目标，建构富有特色的课程结构，形成学校的办学特色。例如：北京汇文中学形成了"整体设计，有机衔接，分段落实，关注个性"的学校课程结构；上海格致中学建构了由公民教育类、文化科学类、身心意志类、创意技艺类 4 大类课程，民族历史和文化、科学知识和技能、人与自然和社会、艺术审美和体验、心智体能和意志、社会实践和社团、学科竞赛和实践、世界文化和交流 8 小类，共 120 多门课程组成的"格致课程群"；华东师大二附中以培养学生创新精神和实践能力为宗旨开设"小课题研究"课程，所有学生都积极参与，等等。① 多样化、特色化课程的开设与课程选修制的实施，以及行政班与教学班相结合的课程教学管理制度建设，已使一些学校的学生有了自己个性化的课程，着实促进了学生的个性化发展。

教师的教育教学理念发生了很大转变。一项调查表明：普通高中课程改革之前，74％的教师了解改革的核心理念；三年的推进工作之后，91％的教师感觉自己清楚核心理念，70％的教师庆幸自己经历了这场改革。另一项调查也表明：74％的教师认同"自主、合作、探究"的新课程改革理念，63％的教师认为自己所在的学校积极开展了相关活动（见图 2－1）。② 理念是行为的先导，教师教育教学理念的转变，为其教学行为的转变奠定了重要基础。这既是新课程改革以来不同层面培训的结果，也体现了广大教师积极参与新课程实验的成效。

教师的教育教学方式正在发生转变。一项调查表明：77.2％的教师很适应和基本适应新教材，51.9％的教师能够将部分理论联系实际，37.0％的教师能够经常根据实际情况开发、利用教材以外的课程资源。教师在课堂中尝试贯彻"以生为本"的课程理念，引导学生进行"自主、合作、探

---

① 浙江省基础教育研究中心. 高中课程改革调查研究与展望 ［Z］. 2012：249（内部资料）.
② 李孔珍. 高中新课程政策施行的路径转折 ［J］. 课程·教材·教法，2012（9）：5.

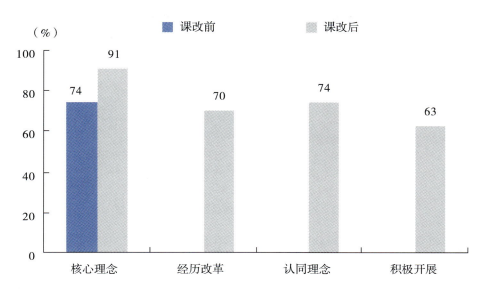

图 2-1 新课改前后教师教学理念的转变

究"学习，课堂教学组织形式丰富多彩；尝试创造性地使用教材，更有针对性地实施课堂教学；能够关注学生个体差异，激发学生自主学习的潜能；普遍能自觉使用多媒体等现代教学手段（见图 2-2）。① 与此同时，一线教师还积极创造切实可行的教学模式，例如，河南省在推进普通高中课程实验的过程中，涌现出了郑州中学以"问题探究，训练拓展"为主导的教学模式，郑州九中的分课型构建教学模式，郑州十一中的"五步教学法"课堂教学模式，南阳市西峡一高的"三疑三探"教学模式，信阳市新县高中和罗山周觉高中的"五环节教学法"，以及三门峡灵宝市提出的"惜时增效、轻负高效"理念及所进行的教学模式改革探索等。这些教学方式的转变和教学模式的创造都取得了初步成效，在一定区域内起到了示范引领作用。

---

① 董洪丹，卢志，李维明，等. 四川省普通高中新课程实施情况调研报告［J］. 教育教学论坛，2011（3）：14.

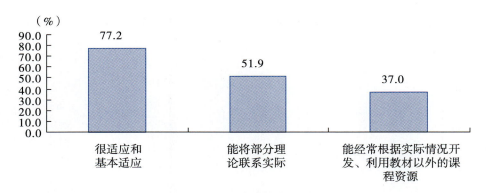

图 2 - 2　新课改实施后教师教育教学方式的转变

　　教师教育教学方式的转变促进了学生学习方式的变化。一项关于学生的调查显示，"74.2%的学生表示经常受到教师鼓励去思考探索问题，另有85.5%的学生感到老师教学对他们的情感、态度、价值观有积极影响，79.8%的学生感到与老师在对话中的关系是平等的"（见图 2 - 3）①。另外，一些地方和学校还探索在高校和科研院所建设研究基地，进行拔尖创新人才培养的实验。例如，北京市以25所高校、科研院所的108家重点实验室为基地，遴选23所示范性普通高中为"基地学校"，启动了数学、物理、化学、生物、信息技术、地理、人文与社会科学7个学科领域，让学生在科学家身边开展研究性学习，经历并体验科研的过程。② 学生学习方式的转变，非常有利于深化学习，开阔视野，强化创新精神和实践能力，从而提高课程实施的成效，这是普通高中课程改革不断取得成效的标志。

　　① 首都师范大学基础教育发展研究院 . 北京市普通高中课程改革［M］. 北京：首都师范大学出版社，2009：159.
　　② 罗洁 . 促进北京市普通高中多样化发展——北京市开展高中特色发展试验项目介绍［J］. 北京教育：普教版，2011（5）：2.

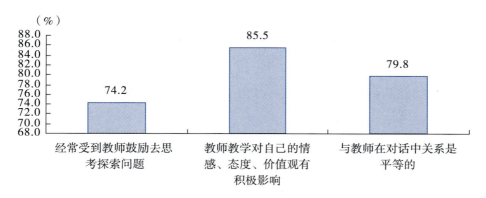

图 2 - 3 教师教育教学方式的转变对学生的影响

评价观念和评价方式正在发生积极的变化。一项调查表明：90%的学校通过教师自评、领导评价、学生评价、家长评价等多种渠道对教师进行评价；46.4%的教师反映，学校对其教学工作的评价通过教师自评、领导评价、学生评价、家长评价等多种渠道进行；认为学校主要看学生考试成绩的教师仅占27.9%（见图2 - 4）。学生问卷反映：父母对孩子最关心的是其身心发展，占47.0%，超过对考试成绩的关心（31.4%）；53.9%的学生反映学校要求对学生进行成长记录（见图2 - 5）。① 这些情况表明，对学生的评价不仅关注学生的学业成就，而且注意发现和发展学生多方面的潜能，了解学生发展中的需求，帮助学生认识自我，建立自信，促进学生在原有基础上的发展。特别是家长对学生身心健康的关注超过对学生学习成绩的关注，表明实施素质教育的社会氛围正在逐渐形成，这是一个非常好的征兆。对教师的评价，强调教师对自己教学行为的分析与反思，淡化了以往对学生学习成绩的关注，强调教师从多方面获得信息，不断提高教育教学水平，这也有利于素质教育的开展。

---

① 董洪丹，卢志，李维明，等. 四川省普通高中新课程实施情况调研报告［J］. 教育教学论坛，2011（3）：15.

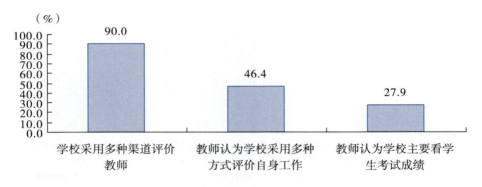

图 2－4　教师评价方式的变化

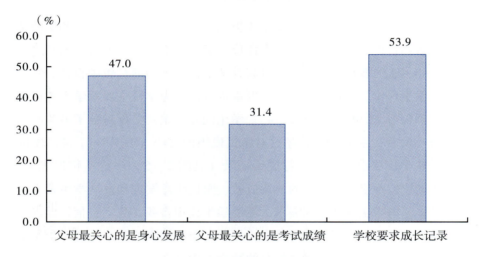

图 2－5　学生评价方式的转变

2. 普通高中课程改革推进存在的问题

普通高中的课程改革是一项真正的系统工程，其变革既需要教育系统的不断探索和艰苦努力，更需要整个社会的支持。目前，在这项改革过程中，还存在着以高考为中心的素质教育与应试教育的较量，它表现在课程结构、教育教学行为、课程评价等方方面面，另外还有政府和社会支持不够、校际差异和教师的差异等。

应试教育的模式在很大程度上主导着学校课程的实施。在高考的压力下，较大部分的学校没有严格实施国家《普通高中课程方案（实验）》，对各省份制定的普通高中课程设置方案的执行也打了折扣，随意增减课时的情况极为普遍。例如，四川省语文、数学、英语周课时占 6 节的居多（课程方案要求为 4 节），而信息技术大多开设 1 节（要求为 2 节）。① 至于这次普通高中课程改革占学分最多的综合实践活动课程，诸多学校以"做材料"的方式来"填补"巨大的课时缺口，主要利用节假日时间"集中"进行，教学过程往往形式重于实质。② 另有一项调查表明：有近 1/3 的学校没有开设足够的国家选修课程，一半以上的学校没有开设国家规定的校本选修课程，一些学校的艺术课、信息技术课和体育与健康课程也未开齐开足。③ 通用技术课程普遍比较薄弱。这些现象表明，在高考这一强大的社会压力下，学校课程建设还远没有转到实施素质教育的轨道上来，在很大程度上制约着学生全面而有个性的发展。

课堂教学改革仍旧困难重重。在强大的高考压力和教师以往教学的惯性下，相比于义务教育阶段的课堂教学改革，普通高中在课堂教学改革方面迈出的步子小了许多。虽然教师们的教学观念有了一些改变，但仍有 35% 的教师认为自己正在尝试新课程改革实验的要求，还在摸索阶段。因此，课堂教学中一味拔高教学难度、一讲到底的现象普遍存在，教学方式单一，教师与学生的互动不足，学生进行自主、合作、探究学习的机会少，即便有也往往是表面化、形式化的，很多课堂教学与几十年前的传统课堂教学并无二致。在试题讲评课上，教师选题不够精当，对试题的归类分析少，也缺乏针对性的个别辅导，试题讲评的效率不太高，学生的课业负担比课改前还重。④

---

① 董洪丹，卢志，李维明，等．四川省普通高中新课程实施情况调研报告［J］．教育教学论坛，2011（3）：15.

② 柯政．理解困境——课程改革实施行为的新制度主义分析［M］．北京：教育科学出版社，2011：24.

③ 邓翠菊，邹联克．以高中新课程改革推进基础教育的均衡发展——基于贵州省普通高中新课程改革实验调查分析［J］．贵州师范学院学报，2011（7）：77，79.

④ 万伟．普通高中新课程实验的进展、矛盾分析及建议——基于江苏省实验区的调查研究［J］．当代教育科学，2009（2）：21.

评价模式依旧单调，而且存在形式化问题。一项调查表明，对学生的评价尽管出现了多元化现象，但仍然以考试成绩为主，而且不管是城市还是农村中学，都具有高度的一致性。由于理解上的误区或管理上的不到位，"成长记录袋"评价的运用不是过于泛化就是流于形式，没有能够发挥应有的作用。同样，对教师的评价也呈现出以学生考试成绩为主的现象，一项调查表明，超过一半的学校仍然将考试成绩作为评价学生和教师的主要依据。① 另外，开发了学生综合素质评价平台的地方，在开展这项工作时，要求学生填写的东西太多，而学生又不得不应付，导致学生学习气氛浮躁，评价的形式化色彩浓厚。②

政府和社会的支持不够，致使条件性和素材性课程资源都难以支撑普通高中课程的全面实施。普通高中课程改革自进入实验阶段以来，所有的调查都反映出条件性和素材性课程资源严重不足的问题，特别是通用技术与艺术课程的教师和教室，以及所有学科落实新课程理念的素材等都严重不足。例如，按照国家的教师编制要求，2010 年，甘肃省的普通高中教师缺编达到 16160 名，其中通用技术教师就缺编 797 名。课程改革是真正的系统工程，如果没有全社会特别是政府的全力支持，就会困难重重。

校际和教师之间的差别明显，直接制约着课程实施的成效。在新课程政策施行过程中，校际和教师之间存在很大差异。重点学校在落实国家课程方案、开展课程改革中积极主动，学校师资力量雄厚，有能力开足开齐选修课，开设丰富的校本课程，开展研究性学习，并形成了自己的学校课程特色。但是，一些相对薄弱的学校则积极性不高，采取应付的态度，同时教师力量薄弱，在推行新课程的很多方面都存在困难。有些教师很认同新课程改革并有能力采取积极行动，但另一些教师则依然运用传统的方式将主要精力用于应试教育，最大限度地保证高考升学率。这种差异严重影

---

① 陈玉华. 普通高中新课程改革的成效与缺失——以宁夏回族自治区课改一线的研究为例 [J]. 辽宁教育研究，2008（7）52 – 53.

② 李孔珍. 高中新课程政策施行的路径转折 [J]. 课程·教材·教法，2012（9）：6.

响着课程实施的成效。

第三节　考试评价多样化：实施高中综合素质评价

《教育规划纲要》的颁布实施，在促发普通高中多样化发展的同时，催发了高中考试评价制度的多样化发展。但是，普通高中的评价制度改革是一项系统工程，涉及方方面面，在推进实施过程中，虽取得了一些成绩，但仍面临新的问题与挑战。

一、高中综合素质评价发展进程

1. 探索阶段

为加快高中阶段教育发展，2001 年《国务院关于基础教育改革与发展的决定》提出，要扩大高中规模，鼓励社会力量采取多种形式发展高中阶段教育。2002 年《教育部关于积极推进中小学评价与考试制度改革的通知》，引发各地对普通高中评价与考试制度改革的探索。通知指出，现行考试评价制度与全面推进素质教育的要求还不相适应，要积极推进中小学评价与考试制度改革，评价的内容要多元，评价方法要多样，要建立以促进学生发展为目标的评价体系。要对中小学升学考试与招生制度进行改革，初中升高中的考试与招生中，要综合考虑学生的整体素质和个体差异，改变以升学考试科目分数简单相加作为唯一录取标准的做法。高中录取标准除考试成绩以外，可试行参考学生成长记录、社会实践和社会公益活动记录、体育与文艺活动记录、综合实践活动记录等其他资料，综合评价进行录取。积极探索建立招生名额分配、优秀学生公开推荐等制度。要开展普通高中会考制度的改革，继续深化高考改革，积极探索综合评价、择优录取的高等学校招生办法，高中应探索建立综合性的评价体系，增加反映学生在校期间参加研究性学习、社会公益活动及日常表现等真实、典型的内容，为高等学校招生工作提供更多的学生成长信息，逐步使中学对学生的评价记录成为高等学校招生择优录取的重要参考之一。此后，全国一些省（市）纷纷响应，依据教育部要求，建立了本省（市）中小学考试评价制度改革的具体措施，但此阶段的普通高中综合素质评价也仅是作为普通高校招生择优录取的参考，普通高中综合素质评价尚处在探索阶段。普通高中综合素质评价的实施细则和标准还不够完善，其评价结果仅是作为学生毕业升学的参考。

2003 年秋季，高中阶段的课程改革在广东、山东、海南、宁夏四省（区）正式启动。高中学校要逐步"建立发展性评价体系，改进校内评价，实行学生学业成绩与成长记录相结合的综合评价方式"。2004 年国务院批转教育部《2003—2007 年教育振兴行动计划》，再次强调要采取多种形式积极发展普通高中教育，扩大规模，提高质量。此后，普通高中多样化发展逐渐向办学体制、培养模式、考核方式等方面聚焦。《广东省普通高中学生综合素质评价方案》规定，从 2007 届普通高中毕业生开始实施综合素质评价，对普通高中学生进行综合素质评价的基本出发点是反映学生全面发展的情况。评价结果是学生综合素质的具体反映，学校要将评价结果通知学生及家长；评价结果是学生毕业的依据之一；评价结果也是高等学校录取或退档的依据之一。《北京市普通高中学生综合素质评价方案》提出，要建立发展性评价机制，实行学生学业成绩与成长记录相结合的综合评价方式，要将学生综合素质评价作为学校管理的核心业务，建立北京市普通高中学生综合素质评价指标体系。高中毕业学生综合素质评价的主要用途是"为学生和家长选择适宜于学生发展的高等院校或工作岗位提供参考；为高等学校选择适合的学生及入学后开展有针对性的教育提供参考，或为用人单位选择适合的人才提供参考；为开展教育教学效果评价、学校办学水平和办学效益评价以及区域教育质量的监控与评价提供依据"。

2007 年，黑龙江颁布《黑龙江省普通高中学生综合素质评价方案（试行）》，并于当年秋季新学期开始实施。该文件规定，普通高中学生综合素质从道德品质、公民素养、学习态度与能力、交流与合作能力、运动与健康、审美与表现方面进行评价。对于评价结果的使用，黑龙江省规定：学生综合素质评价各项均达到 C 级及以上方可高中毕业；学生综合素质评价结果是高校招生录取时必须提供的考生信息之一；综合素质评价获得相应等级的应届高中毕业生，可依据黑龙江省高校招生考试相关规定享受录取照顾政策；学生综合素质评价结果在全省普通高中之间相互承认。

2. 实质推进阶段

普通高中综合素质评价由探索建立标准进入实质推进阶段的转折点是 2008 年《教育部关于普通高中新课程省份深化高校招生考试改革的指导意见》（教学〔2008〕4 号）的颁布，该文件规定，要将高校招生考试改革与高中课程改革相结合，促进国家统一考试改革与高中综合评价改革相结合，促进考试改革与高校录取模式改革相结合，逐步建立和完善在国家统一考试录取基础上的全面、综合、多元化的考试评价制度和高等学校多样化的选拔录取制度。这份文件明确规定，要建立和完善对普通高中学生的综合评价制度，并逐步纳入高校招生选拔评价体系。普通高中综合素质评价的结果，由作为"高等学校招生择优录取的重要参考之一"变为"逐步纳入高校招生选拔评价体系"。普通高中综合素质评价改革由探索阶段进入实质推进阶段。

2009 年，黑龙江省印发的《关于印发黑龙江省普通高中学生综合评价管理暂行规定的通知》（黑教基〔2009〕271 号）指出，普通高中学生综合评价包括学业水平考试和学生综合素质评价。在评价结果的使用上规定，普通高中学生综合评价信息纳入考生电子档案，作为普通高校招生录取的参考依据；实行自主招生的重点高校可在高校自主考试基础上，自行规定学业水平考试成绩等级和学生综合素质评价等级要求；普通高校招生录取时，对学业水平考试成绩优秀、综合素质全面的普通高中应届学生在同等条件下优先录取；省内国家级示范性高职（专科）院校要探索实行单独招生录取方式。由招生院校自主规定考试科目、自主命题考试、自主招生录取；省内部分高职（专科）院校设置的适应当地经济建设的相关专业可采用国家统一考试部分科目成绩、学业水平考试相关科目成绩和学生综合素质评价结果相结合的录取方式。逐步实行以学业水平考试成绩和学生综合素质评价结果为依据的录取方式。

随着《教育规划纲要》的颁布，普通高中综合评价进入新的发展阶段。2010年，北京、上海、黑龙江、南京、江苏、新疆六省份的普通高中多样化发展列入国家教育体制改革试点。作为普通高中特色发展实验区，这些省份普通高中考试评价制度也被作为其中的一个重要方面，取得了实质性推进。

二、普通高中综合素质评价推进的新举措

1. 实施学业水平考试和综合素质评价是总体要求

为全面提升普通高中学生综合素质，《教育规划纲要》对教育质量评价提出明确要求，即"建立科学的教育质量评价体系，全面实施高中学业水平考试和综合素质评价。建立学生发展指导制度，加强对学生的理想、心理、学业等多方面指导"。

重点是改革考试制度。从改革高等学校考试招生制度入手，从以往"一考定终身"向关注学业水平考试和综合素质评价转变，引导普通高中评价方式的转变。《教育规划纲要》规定："完善高等学校招生名额分配方式和招生录取办法，建立健全有利于促进入学机会公平、有利于优秀人才选拔的多元录取机制。普通高等学校本科招生以统一入学考试为基本方式，结合学业水平考试和综合素质评价，择优录取。对特长显著、符合学校培养要求的，依据面试或者测试结果自主录取；高中阶段全面发展、表现优异的，推荐录取；符合条件、自愿到国家需要的行业、地区就业的，签订协议实行定向录取；对在实践岗位上作出突出贡献或具有特殊才能的人才，建立专门程序，破格录取。"

《教育规划纲要》第二十一章将考试招生制度改革作为其中的一个试点，对其作出如下规定："完善初中和高中学业水平考试和综合素质评价；探索实行高水平大学联考；探索高等职业学校自主考试或根据学业水平考试成绩注册入学；探索自主录取、推荐录取、定向录取、破格录取的具体方式；探索缩小高等学校入学机会区域差距的举措等。"

2. 北京市以人为本，建立科学考核体系

针对首都普通高中学校办学模式单一、人才培养模式趋同、缺乏办学特色，不能适应北京建设中国特色世界城市的需要和"人文北京、科技北京、绿色北京"建设对多样化人才特别是拔尖创新人才的需要的现状，北京市提出了促进普通高中多样化发展的六项任务和措施，其中第五项措施是"建立健全推动普通高中学校多样化发展的督导评价制度，突出对学校办学特色的评价，引导学校开展办学水平的良性竞争"。北京市将促进普通高中多样化发展的落脚点定位在满足学生和社会需求上，采取多项措施保障普通高中多样化，促进人才培养模式多样化。为此，北京市统筹协调政府规划和学校自主办学的关系，赋予校长更多自主权，此外，还建立了科学考核体系，引导学校营造学生多元发展环境。

北京市将学生个性的张扬和学校所提供的基本保证，作为考核高中多样化发展的核心指标。北京市认为，高中多样化发展的考核指标并不是为高中多样化而多样化，而是要真正落在学生和社会的需求上，即学生的个性是否得到了张扬和保证，具体呈现的指标是：学生在校内的生活是否有选择性，包括学生的学习、教育教学活动是否有选择权，学生的学习兴趣和主动性、校内生活的幸福感是否有所提升。另外，校长在办学过程中的动力是否更加强劲，校长的主动性和创造性是否得到了张扬也是重要的考核指标。目前很多校长缺乏创造力，高中多样化发展就是要制造差异，而差异正是学校发展的原动力。每个校长是否都生机勃勃、富有活力，这是考核高中多样化发展的另一个重要指标。[1]

在推进评价与考试制度改革方面，北京市的主要做法有：①全面实行学业成绩与成长记录相结合的综合评价方式，按照目标多元、方式多样、过程与结果并重的原则，建立综合性的、动态的学生成长记录手册，全面反映学生的成长历程，发挥评价对学生发展的促进作用。②推进高考和高

---

[1] 李奕. 尊重和敬畏教育规律　推进首都高中特色发展 [J]. 北京教育：普教版，2011 (6).

中会考改革，制定与课程改革相配套的高等学校招生考试方案和高中学业水平监控与测试方案，充分体现普通高中课程改革的要求与方向，合理设置考试科目，严格按照学科课程标准和市教委提出的课程安排指导意见确定考试范围，既要全面、公正地评价学生的高中学业成绩水平，又要有利于高等院校选拔新生和素质教育的全面实施。新的高校招生考试方案须经市政府同意，并报教育部核准备案后公布施行。③在明确学校进行学分认定的基础上，积极探索模块考核办法，建立区县和学校相结合的、公正有效的模块考核制度，及时了解学生的学习状况和学习效果，既要保证获得学分的真实可信，又要减轻学生过重的课业负担。④进一步建立自我评价与外部评价相结合的学校评价机制，引导学校围绕办学理念、发展规划、学校管理、课程实施、教师队伍建设、学生发展、办学条件等方面进行经常性、制度性的自我评价。市教委将结合新课程实施工作的推进，对示范性普通高中进行复评。

3. 上海市实行"分类指导，分类评估"

上海市在深入调研基础上，做好高中多样化发展的布局，即一小部分学校利用自身办学优势探索拔尖创新人才培养，一部分学校（市实验性示范性高中）研究高中学生创新素养培育实验项目，一部分高中（以区实验性示范性高中为主）探索特色办学，三管齐下，促进全市高中教育优质特色多样发展。针对此布局，上海市积极调整评价模式，采用多种评价。

对于高中拔尖创新人才培养，以课题研究为依托，制定拔尖创新人才培养与识别的指标体系。上海中学开展了"创新拔尖人才实验项目"试验，在对该校 2011 年毕业的首批创新实验班学生个案积累和分析的基础上，基于对创新实验班与其他班级学生的各方面的数据比较，形成了"聚焦志趣，激发潜能，促进志趣与潜能的匹配"的拔尖创新人才早期培养策略，提出了科技领域创新人才早期识别与培育的 4 个维度 8 个核心衡量指标（见表 2 - 1）。

表 2 – 1　科技领域创新人才早期识别与培育的指标

维　度	指　标
激活内动力	兴趣与潜能的匹配
	责任与思想境界
养成创新思维	思维的批判性、深刻性
	思维的跳跃性、缜密性
养成创新人格	钻研与痴迷
	坚忍性
基于聚焦志趣领域的发展指向性	个性化的知识构成
	基于一定领域发展的可持续性
	（学科悟性、发展指向性、专业智慧生成等）

对于高中学生创新素养培育实验项目，上海市突破了一般意义上的"尖子生"选拔再加工的模式，探索多种途径，整合多种资源，试验多种模式，挖掘学生各方面的潜能，培养学生的创新素养。目前，已经构建了高中学生创新素养培育目标体系，设计研发了配套的测评工具（创新人格问卷和创新思维测试），并组织开展了全市的抽样测试，以期建立相应量表，对测评工具做进一步完善（见表 2 – 2）。

表 2 – 2　高中学生创新素养评价指标

一级指标	二级指标	三级指标
创新人格	创新意识	问题意识、发现意识、怀疑意识、好奇心
	创新情感	创新激情、愉悦感、成功感
	创新意志	目标性、坚持性
创新能力	创新思维	流畅性、独特性、灵活性、精致性
	创新技能	基本技能：演绎、推理
		综合技能：信息加工能力、动手实践能力
	创新知识	相关的学科知识背景

上海市以课堂教学改革为突破口，各实验学校初步形成了多种培养模

式，并且建立了跟踪研究和评价机制。如上海市格致中学研发了促进学生个性成长的综合评价指标体系，包括道德素养、学习素养、心理素养、身体素养和创新素养5个维度，通过信息技术手段积累学生在各方面的成长经历，对学生的5个维度发展方向进行初步的综合评价。

对于特色高中建设项目，上海市力图形成普通高中多样化特色发展的政策思路，为启动上海市特色普通高中评估打下基础。目前已经完成了特色高中调查报告，下一步，将开展学校个案总结和典型经验的深度挖掘，形成一套可供操作的特色高中评估体系和特色高中评估方案，以评促建，以评估引领发展。

4. 江苏省积极研制适合学校多样化特色化发展的绩效评价体系

2011年8月，南京市政府下发《南京市推进普通高中多样化建设实施意见》。明确提出"十二五"期间实施"普通高中多样化特色化建设工程"，重点建设一批富有鲜明办学特征的高水平普通高中，即综合改革高中、学科创新高中、普职融通高中和国际高中，努力形成特色鲜明、课程丰富、资源开放、评价多元、育人全面的普通高中发展新局面。在评价方式上，力图突破高中传统的评价方式，鼓励项目学校多样化特色化发展。研制南京市高中多样化特色化学校建设标准体系，开展对项目实施的年度工作评估，在评价标准、评价内容和形式上不断创新，探索建立适合普通高中多样化特色化建设的综合绩效评价体系。建立和完善普通高中发展性、多样化评价机制，通过细化指标和调整权重来增加学校特色发展的动力。建立以促进学生自主发展、个性发展为价值取向的学校以及教师、学生多元评价体系；积极探索社会评价在推进普通高中发展中的作用，努力形成政府、专家和社会评价相结合的综合评价体系。

5. 浙江省以课程改革为突破口推进考试评价制度改革

浙江省以高中课程改革为突破口，其评价改革主要涉及学业水平考试制度、综合素质评价、高考招生制度等几方面。《浙江省深化普通高中课程改革方案（征求意见稿）》在谈到"深化普通高中课程改革的主要内容"时，明确提出要调结构、减总量、改评价、创条件，其中"改评价"主要包括以下三个方面。

一是建立普通高中学业水平考试制度。学业水平考试分为水平Ⅰ和水平Ⅱ考试。水平Ⅰ为必考，科目为语文、数学、外语、思想政治、历史、地理、物理、化学、生物、信息技术和通用技术11门必修课程，每年开考一次。

水平Ⅱ为选考，科目为语文、数学、外语、思想政治、历史、地理、物理、化学、生物9门知识拓展类选修课程。每年开考一次。学生选考科目最多不超过3门。

高中期间学生参加水平Ⅰ、水平Ⅱ考试，同一科目考试最多参加2次，成绩是否记入学生成长记录，由学生个人确定。学生参加语文、数学、外语学科水平Ⅱ考试，且考试合格，可以免予参加水平Ⅰ考试。

二是完善学生成长记录与综合素质评价制度。综合素质评价重在过程，重在导向。要坚持过程评价与终结性评价相结合，完善学生成长记录，全面、准确地将课程修习情况、个性特长发展情况记入学生成长记录。要坚持公开、公平、公正的原则，确保评价结果全面、客观、科学，真实反映学生的学习成果、发展状况。要改进综合素质评价标准与程序，力求简便、直观、可行，全面实行信息化管理。

三是完善高考招生制度。高考的考试内容限定在必修课程范围内。进一步完善高校招生制度，形成高考、学业水平考试、综合素质评价相结合的高校招生方式，选修课程纳入高校招生评价体系，作为高校录取的前置或必备条件。高校要根据学校办学方向和专业特点，对学生高中学业水平考试、综合素质评价、选修课程修习情况按专业提出要求，积极推进高校招生多样化进程。

浙江省深化高中课程改革的工作步骤是，2012年秋季，在全省普通高中全面实施深化普通高中课程改革，学校全面开设各类选修课程。2013年，进一步改革学生成长记录与综合素质评价制度，全面实行普通高中学业水平考试。

6. 新疆维吾尔自治区实施高中生综合素质评价细则

从2011年起，新疆高考将采取多元化的评价模式，即高考统考成绩＋普通高中学业水平考试成绩＋普通高中综合素质评价＋地方和学校考试

（考查）。

新疆普通高中学生综合素质评价的内容包括公民素养、道德品质、学习能力、交流与合作、运动与健康、审美与表现6个方面。评价时采取以学校为单位，对学生进行"等级评定、分级赋分"的方法。在评价方式上采取前5学期分别按等级评价赋分，最后对5个学期6个方面的赋分分别相加的办法，整个综合素质评价的内容均以电子档案的形式呈现。

综合素质评价以学生主要行为表现的实证材料为依据，按照各方面的评价标准，由学生本人、同班同学、任课教师共同完成。每学期学生自评权重为10%，学生互评权重为50%，教师评价权重为40%。每个方面的评定结果以等级方式呈现，其中公民素养和道德品质两个方面分为优秀、合格、尚待改进三个等级，其他四个方面均分为A、B、C、D四个等级。

学生互评应在学生小组内进行，每个学生小组的人数一般为10人或12人，如果需要在小组内进行表决，被评价者应回避。如果小组成员在对某一学生的评价上存在重大分歧，应提交班级评价小组进行审定。班主任应对担任小组长的学生进行培训，并制定评定规则和程序。教师评价小组由在该班授课不少于一年的班主任和任课教师组成，小组成员不得少于5人。综合性评语由班主任收集各方评价结果，与相关教师（不少于3人）共同研究写出。如果学生及其家长对评价结果有异议，可以书面形式在公示期间向学校综合素质评价工作领导小组提出申诉或复议申请，后者在收到申诉或复议申请之日起7日内给予书面答复。如学生及其家长对复议结果仍有异议，可向当地教育主管部门反映，由当地教育主管部门做出最终裁决。

除此之外，新疆维吾尔自治区教育厅要求，高中学校校长要向社会、家长、学生和上级主管部门做出诚信承诺，所有学生的综合素质评价结果要有校长签名。如果举报学校有弄虚作假、违法违纪的事件发生，经过调查证实，将做出如下处理：当事学生该等级记为D；当事学校领导和工作人员，由处理举报的教育行政部门建议学校的上级领导机构，视情节轻重分别给予相应的行政处分，直至依法追究法律责任。

7. 黑龙江省选择试点逐步推进

2011 年 2 月，黑龙江省教育厅下发《黑龙江省普通高中多样化、特色化发展试点工作方案》，规定被批准的实验区享有自行制定与普通高中多样化、特色化发展相适应的政策的权力。被批准的实验学校除享有相应的课程开发和设置权力外，还可以享有相应的学业水平考试政策支持。对于艺体特色学校的学生，学业水平考试省考科目由省考评办单独命题考试，单独划定等级和分数线。校考科目成绩等级分数线由学校自行划定。同时，对实验学校"给予相应的高考政策支持。为高二后学习职业教育的学生打通高考出口，逐步实行以学业水平考试成绩和学生综合素质评价结果为依据的录取方式，使学职业教育内容的学生也能有较大机会升入高等院校"。

黑龙江省规定，实验区、实验校的建设期一般为三年，实验区所在地政府或实验校所在地教育行政部门要按照已确定的实验规划，分步骤、分阶段积极稳妥地组织好实验区和实验校的各项工作。

三、普通高中综合素质评价推进的经验与问题

1. 经验

（1）普通高中考试评价制度改革必须将学生综合素质提升放在首位

作为基础教育中的重要一环，高中阶段的教育最终要落实到促进学生综合素质的全面提升上。因此，普通高中评价制度改革也必须将学生综合素质提升放在首位，这一点无论是在国家政策层面，还是在国家试点单位的改革中均有所体现。

（2）普通高中考试评价制度改革必须由政府进行顶层设计

纵观各省份高中评价制度改革，之所以能够在试点单位不断推进实施，一个重要原因在于各级政府部门主导作用的充分发挥。北京市明确提出，普通高中课程改革是政府行为。各级政府要整合各方面力量，依托市、区县、学校三级课程管理体系和教研、科研网络，充分发挥市及区县教学研究机构、教育科研机构和有关高等学校的专业优势，完善课程改革支撑服务体系。采用统一领导、专家引领和项目推进方式，分工协作，形

成合力，加强对实验工作的指导，及时解决问题，真正使学生、教师和学校受益。江苏省对普通高中多样化改革进行顶层设计，南京市政府及时下发了《南京市推进普通高中多样化建设实施意见》，这些均为高中评价制度改革的推进实施提供了有力支持。

（3）普通高中考试评价制度改革必须形成正确的舆论导向

《教育规划纲要》首次对高中的定位进行了清晰的描述，指出"高中阶段教育是学生个性形成、自主发展的关键时期，对提高国民素质和培养创新人才具有特殊意义"。普通高中综合素质评价改革事关学生个性养成和终身发展大计，因此，改革一定要形成正确的舆论导向，让学生和家长事先对改革的内容、方法、步骤有清晰的认识与了解。

2. 问题

（1）如何发挥综合素质评价的导向作用

有研究表明：多数高中教师对于评价首先想到的是评价具有导向作用，认为考试考什么，会在很大程度上影响教师的教和学生的学，这与"为考试而教"、"考什么，教什么"的学校文化有很大关系；四成左右的教师提到测验与评价具有检查、督促的功能；而意识到评价有助于诊断学生学习与发展中的问题，进而促进学与教的教师数量不多，还不到三成；几乎没有多少教师能够从多个方面比较全面地分析评价所具有的功能与作用。[1] 如何通过综合素质评价改革，在实际教学过程中引导教师和学生更多地关注学生实践品质和综合素质培养是本次评价改革的立足点，也是评价改革的最终目的。

（2）高考命题和高校招生制度如何同步推进

高考和高校招生制度改革利害关系重大，牵涉面很广，这些制度上的改革必须从全国以及各实验省份的实际出发，循序渐进，积极、稳妥地进行。高考命题不仅要考虑为高等学校选拔高素质的大学生，还要注重对学生多方面能力与素质的考查。高校招生也要逐步改变过去以分数为唯一录取依据的做法，根据新课程的要求做出相应的调整。配合高中学业水平考

---

[1] 赵德成. 对普通高中评价改革的几点认识［J］. 今日教育，2005（2）.

试和综合素质评价改革，高考命题和高校招生制度改革如何同步推进是改革中大家较为关注的问题，也是迫切需要解决的问题。

（3）如何建立科学有效的评价标准

传统评价中，评价者关注比较多的是学生的学业成绩和升学率，只需要使用作业、测验、考试等评价方法即可。但在评价改革中，由于评价内容多元化，在学生评价中要更多地关注学生创新精神与实践能力、搜索信息与处理信息的能力、获取新知的能力、情感态度与价值观等多方面的发展，在教师评价中要关注教师的读书与反思、在课堂教学中的师生互动、学习方式的转变等，再单纯依靠传统的相对比较单一的评价方法，已不能满足实践的需求。所以，高中综合素质评价改革中，除了考试或测验这些手段外，评价者还要在实践中根据实际情况，开发和使用观察、访谈、自我报告、成长记录、表现性评价等多种科学有效且简便易行的方法。

（4）如何建立和完善评价监控机制

在现阶段普通高中综合素质评价改革中，由于目前尚未建立完善的自我评价机制，各级评价主体自我监控的意识和能力比较弱，由此带来一些问题。如教师作为普通高中综合素质评价的主体，如何较少受个人主观因素干扰，客观公正地对学生进行评价，谁来对教师的评价负责，等等。因此，急需建立一套科学完整的评价监控机制。

第四节　五省市推动普通高中多样化发展的政策比较研究

一、五省市推动普通高中多样化发展的政策要点简述

1. 上海市推进普通高中多样化发展的主要思路和举措

上海市推进普通高中多样化发展的主要思路包括以下几点：一是坚持把学校推向发展前沿，引导学校提升自主发展能力；二是坚持以课程多样化建设为载体，满足学生多元学习需求；三是坚持鼓励学校找准定位，特色办学，错位发展；四是坚持试点先行，通过试点和实验带动全市整体改

革和发展。①

根据上述思路，上海市主要采取了以下举措。一是激活区县主观能动性，以区域推进为高中发展新亮点，形成高中分类指导和多样化发展的良好生态。上海市一直把"两级政府两级管理"作为基础教育发展的一条重要经验，注重发挥区县的作用。长宁区倡导推进的"主题轴"综合课程，杨浦区依靠趣味优势建立高中高校联动机制，形成不同区域推进特色，都是发挥区县主观能动性的生动体现。二是以提升校长课程领导力为重要抓手，引导高中校长从关注课程改革这一核心切入探索学校特色发展和创新素养培育。为此，上海制定了"提高中小学校长课程领导力实施三年行动计划"，以此为导向引导校长聚焦课程改革这一核心地带，带动学校多样化、特色化发展。三是以创新素养、创新精神和实践能力培养为重点，探索创新人才培养的有效机制和创新人才孕育的环境创设。为此，上海市启动了"探索建立创新拔尖人才实验项目"和"上海市普通高中学生创新素养培育实验项目"，探索各具特色的学生创新素养培育经验。② 前者主要依托上海中学等4所优质高中，以实验班的形式开展实验，聚焦学生志趣，突破现有的课程结构，为学生量身定制培养方案，为不同发展倾向的学生提供多样化的课程；后者则以项目学校整体为实验单位，面向校内全体学生，突破一般意义上的"尖子"选拔再加工的培养模式，目前上海市已有22所普通高中参与了该实验项目。

上海市为参与"上海市普通高中学生创新素养培育实验项目"的实验学校提供招生、课程设置和经费等政策保障。比如，实验学校享有自主遴选、招收参与实验的学生的权利，可突破上海市二期课改高中课程方案的课程安排要求，市教委对实验学校给予一定的启动经费支持。持续配套经费由学校和所在区县教育局共同投入。在项目学校的资质和申报条件方

---

① 上海市教育委员会. 上海市普通高中多样特色发展实验项目工作汇报 [Z]. 上海：2011 – 04 – 21.

② 上海市教育委员会关于开展"上海市普通高中学生创新素养培育实验项目"的通知（沪教委基［2010］31 号）［EB/OL］.［2010 – 04 – 09］. http://www.shmec.gov.cn/html/xxgk/201004/402162010001.php.

面，坚持高起点、高标准、严要求。以项目实施的"保障措施"为例，要求申报单位在"导师团队"方面，"有高校、科研机构的专家、教授与学校教师共同构成的导师团队……与高校或科研机构合作的课题研究或开发项目中涉及的指导教师，来自高校和研究机构的比例不低于50%"。在"教学资源"方面，学校要"具备开设自创课程和学生参与课题研究或创意项目开发所需要的各种教学资源，包括与国家重点实验室、国家人文社会科学重点研究基地、国家重点一级学科或高校、科研机构、企业博士后流动站等机构三年以上合作培养创新型人才的项目与协议"。另外，要求申报单位"有面向社会的'上海市普通高中学生创新素养培育实验项目'专题网页，及时发布培养方案、进程、活动、成效等动态信息，每学期、每学年的成果展示，以便得到社会的关心与支持。"这项措施不仅扩大了对实验项目的宣传，提高了学校的影响力，而且也有利于加强社会监督。

2. 南京市推动普通高中多样化特色化发展的主要思路和举措

南京市作为国家教育体制改革试点地区之一，承担"以普通高中多样化建设促进素质教育创新发展"的试点任务。南京市教育局于2011年8月启动了普通高中多样化特色化建设工程。根据《南京市教育局关于启动普通高中多样化特色化建设工程的通知》（宁教中〔2011〕21号），南京市推动普通高中多样化特色化建设的思路可以概括为：坚持整体规划、分类推进、政策激励、自主发展的原则，注重顶层设计，整体规划，体现政府统筹与学校自主发展的结合；注重面向全体，尊重个性，体现特色建设与课程建设的结合；注重分类推进，政策激励，体现方向引领与机制保障的结合。通过项目试点，实现全市所有普通高中学校滚动推进。

按照上述思路，南京市将全市60所普通高中规划为四类办学模式，即综合改革高中，学科创新高中、普职融通高中和国际高中。其中，综合改革高中以培养基础宽厚、全面发展的学生为基本目标；学科创新高中需要在数理、人文、科技、体育、艺术等方面有明显的学科优势，学生有明显的学科兴趣或特长；普职融通高中兼顾升学预备教育和职业技能教育；国际高中以接纳外籍学生和开展国际课程教学为主。① "南京将高中分为四类，是让初中升高中的孩子们从'攀校'的非理性化转为根据自身特点的合理择校。"② 针对上述四种类型中的每一类学校，南京市教育局从办学条件（主要是硬件水平）、课程建设、队伍建设、管理水平、办学绩效五个维度分别制定了比较具体的创建标准。

为了保障南京市普通高中多样化特色化建设工程的实施，南京市从加强组织领导、创新体制机制、加大经费投入、优化课程设置、加强队伍建设、健全评价体系六个方面制定了保障措施。

3. 黑龙江省推进普通高中多样化特色化发展的主要思路和举措

作为国家教育体制改革领导小组批准实施"开展普通高中多样化、特色化发展试验"项目的试点省份，为做好普通高中多样化、特色化发展试点工作，黑龙江省教育厅于 2011 年 2 月印发了《黑龙江省普通高中多样化、特色化发展试点工作方案》，研究制定了《黑龙江省普高中多样化、特色化发展试点实验区、实验学校管理办法（试行）》。

黑龙江省推进普通高中多样化特色化发展的总体思路是："在进一步明确落实普通高中培养目标的前提下，以创新人才培养模式为核心，以办学体制多样化、办学模式多样化和评价体系多样化为支撑，深化管理体制改革，探索建立加快推进普通高中多样化、特色化发展的制度机制。"③ 围绕上述思路，黑龙江省确立了统筹规划、整合资源，因地制宜、注重实效，明确责任、统一管理的工作原则，将选择性、多样化的课程作为普通高中多样化、特色化发展的核心和载体，把试点工作与深化课程改革、推动普通高中达标、促进学校内涵建设结合起来，把整体部署和局部试点结合起来，把制度规范和学校自主发展结合起来。同时，确定了试点工作的五个具体目标：一是核心制度突破——人才培养模式多样化；二是办学模

---

① 吴晓茅. 以普通高中多样化建设促进素质教育创新发展［EB/OL］.（2011－06－26）. http://www. jse. gov. cn/art/2011/06/26/art_3945_14987. html.

② 唐娟. 南京承担全国高中改革试点 5 年 2 亿创 20 所特色高中［EB/OL］.（2011－06－27）. http://www. chinanews. com/edu/2011/06－27/3139669. shtml.

③ 牧童. 在全省普通高中多样特色化发展试点工作启动会议上的讲话［EB/OL］.（2011－11－08）. http://hlje. net/d/file/jcjyec/kcgg/wjtz/2011－11－08/6b675e8036fdbf9f5382le22dlc26ec8. doc.

式突破——倡导学校类型多样化；三是评价制度突破——探索评价体系多样化；四是办学主体多元——坚持办学体制多样化；五是完善管理体制——鼓励普通高中办出特色。

黑龙江省推进普通高中多样化、特色化发展的具体举措包括以下几项。第一，按照全省普通高中多样化、特色化发展需要，规划设定了"综合高中"、"高二分流"、"艺体特色"、"外语特色"、"理科特色"、"人文特色"、"科技教育特色"、"创新型拔尖人才培养"8个试点类别供各地各校选择。第二，出台《黑龙江省普通高中多样化、特色化发展试点试验区、实验学校管理办法（试行）》，用制度推进试点工作。具体而言，设立实验区和实验学校两个层次，明确其权利和义务。比如：赋予实验区对区域内现有普通高中学校的布局、招生区域范围进行调整，自行制定与普通高中多样化、特色化发展相适应的政策等权利，同时规定其应承担相应的义务；赋予实验学校相应的课程开发和设置权力，给予相应的学业水平考试和高考政策支持，允许一批办学水平较高、试点项目实施成效显著的普通高中拥有招生录取、人事聘用、考试评价等方面更大的自主权。建立过程指导、动态管理和对实验区、实验学校工作表彰等制度。第三，提前告知试点单位项目验收工作的主要内容和要求，以便让实验区和实验学校瞄准目标早做安排，体现了明确的目标导向。

在试点工作保障方面，黑龙江省确立了加强组织领导、精心组织试点、强化专业指导、加大经费投入、强化资源建设、加强培训交流、搞好宣传推广7项保障机制。

4. 浙江省推动普通高中多样化特色化发展的主要思路和举措

为推动普通高中多样化特色化发展，浙江省教育厅于2011年11月下发了《关于印发〈浙江省普通高中特色示范学校建设标准（试行）〉的通知》（浙教基〔2011〕157号），决定以创建课程特色为主要内容，开展浙江省普通高中特色示范学校建设评估工作。浙江省将普通高中特色示范学校分为一级和二级两个级别，并设立不同的评估标准，重点审查学校的课程体系、选课制度、学分制度和育人特色情况。根据省教育厅的工作部署，在2014年年底前，普通高中学校在达到标准后可直接申报相应等级的普通高中特色示范学校，从 2015 年开始需逐级申报。

浙江省推动普通高中多样化特色化建设的主要思路是依托普通高中新课程和普通高中特色示范学校评估，以课程的多样化为核心，以调整各类选修课程的结构为重点，以普通高中特色示范学校评估取代以往的普通高中示范学校评估，将"特色"要素注入学校评估的指标体系，推动普通高中多样化特色化发展。[①] 具体表现是：通过出台《浙江省普通高中特色示范学校建设标准（试行）》（以下简称《建设标准》）明确普通高中特色示范学校建设重点，突出符合本校学生发展需要且富有特色的学校课程体系建设以及与之相配套的选课制度、学分制度、弹性学时制度和评价制度构建，以课程的多样化和选择性体现课程特色，以课程特色彰显学校特色，进而彰显普通高中教育多样化。

《建设标准》完整体现了上述建设思路。其评估内容包括办学理念和方向、学校课程体系、育人模式、组织与管理、办学绩效 5 个一级指标，一级指标下设办学指导思想、发展规划、必修课程、校内选修课程、校外选修课程、质量保证、选课体系、教育教学改革、学分制、师生和家长评价、规范办学、师资建设、条件保障、学生成长、辐射引领和学校发展 16 个二级指标，评估指标体系可谓比较全面。许多二级指标特别是针对选修课程的二级指标，从选修课程开设门类、课时比例、各类选修课程比例构成等方面设立了量化的、刚性的"达标要求"，既便于考核评估，更有助于发挥规范和引导作用。

在对特色示范学校的管理方面，浙江省将建立周期性审查制度，并对已被认定的特色示范学校实行动态调整，促使学校保持持续的发展活力，避免学校一经认定便产生一劳永逸的想法和"吃老本"现象的发生。

---

① 北京市基础教育考察团. 北京市基础教育考察团沪、苏、浙三省市普通高中学校特色发展考察报告［R］. 北京：2011；方红峰. 关于普通高中多样化发展的思考［EB／OL］.（2011 - 05 - 31）. http://www. ourschool. com. cn／IneduPortal／Components／news／infoshow. aspx？id = 493&Newsid = 3159.

5. 大连市推进普通高中特色学校建设的主要思路和举措

大连市为落实《教育规划纲要》精神，践行"特色立校，特色强校"的发展理念，于 2011 年 3 月印发了《大连市推进普通高中特色学校建设工作意见（征求意见稿)》（以下简称《工作意见》），同时印发了《大连市普通高中特色学校建设评估考核办法》和《大连市普通高中特色学校评估考核细则》，决定从 2011 年开始，建立普通高中特色学校评选工作机制，开展特色高中学校评选活动。3 年内，原则上每年开展 1 次特色高中学校评选活动。

从《工作意见》可见，大连市将课程支撑作为创建特色学校的一条重要原则，以《大连市普通高中特色学校建设评估考核办法》和《大连市特色高中学校评估考核细则》规范、引领、推动普通高中特色学校建设工作，突出体现了其以评选活动促进特色学校建设，以评估考核办法和细则规范、引领特色学校建设的思路。

大连市普通高中特色学校建设评估考核重过程，重发展，重内涵建设。评估考核内容主要包括组织管理、工作制度、课程建设、特色队伍建设、校园文化、特色成效 6 项"评估要素"，由"评估要素"构成一级指标；每项评估要素包含若干项"评估内容和标准"，由"评估内容和标准"构成二级指标，二级指标共 30 项。从《大连市特色高中学校评估考核细则》可以明显看出，其评估重点更侧重于"课程建设"和"特色成效"两个要素。

从推进措施来看，大连市教育行政和业务部门主要是通过组织专题培训、交流研讨、现场观摩等活动，提高校长推进特色学校建设的自主意识和能力。从保障措施来看，大连市将强化组织管理、加强特色师资队伍建设、完善招生政策、设立特色发展专项资金、建立特色高中学校评估制度作为推进普通高中特色学校建设的政策和制度保障。

二、五省市推动普通高中多样化发展的政策比较与分析

综观上海市、南京市、黑龙江省、浙江省和大连市推动普通高中多样化特色化发展的工作思路和政策举措可以发现，它们之间既有共性又有区

别，各具特色。

上海市的突出特点主要表现在以下几个方面。一是把学校推向发展前沿，引导学校提升自主发展能力。这符合上海市普通高中整体发展水平较高、校长群体整体素质较高的市情和校情。二是发挥区县主观能动性，形成区县推进的良好态势。三是采取实验班与学校整体实验相结合的形式，重点探索创新型人才培养模式。这既契合了创新型国家建设对拔尖人才的迫切需求，也充分利用了上海市全面优质高中数量多、学校整体办学条件优越、教育资源丰富的优势条件。四是抓住"校长"和"课程"这两个影响学校特色发展、决定学生素质的关键要素，着力提升校长课程领导力，为普通高中多样化发展提供队伍保障，可谓抓住了学校特色发展的核心要素。

从南京市项目推进的思路和措施来看，其突出特点是注重顶层设计和统筹规划，通过制定4种不同类型学校创建标准，引导全市普通高中自主选择一种办学模式，实现分类发展。

黑龙江省的突出特点之一与南京市相似，从顶层规划设计了8种不同类型的学校供各地各校选择，同时又不限制学校在规划的8种类型之外形成自己学校的特色。二是注重制度建设，通过出台《黑龙江省普通高中多样化、特色化发展试点实验区、实验学校管理办法（试行）》明确实验区、实验学校的权利和义务，提供配套政策支持，体现试点单位权利和义务的统一，达到用制度推进项目、用政策保障项目的目的。三是提前告知项目验收工作要求，目标导向非常明确。

浙江省的突出特点表现在三个方面。一是通过开展普通高中特色示范学校建设评估活动促进学校多样化特色化发展。二是以《浙江省普通高中特色示范学校建设标准（试行）》（以下简称《建设标准》）引导学校多样化特色化发展。三是以学校课程体系建设为核心，以调整选修课程结构为重点，着力打造学校课程特色，以此彰显学校办学特色，进而彰显普通高中教育多样化。

从浙江省出台的《建设标准》可以看出，此次浙江省设立的普通高中特色示范学校并不是对以往的普通高中示范学校的否定，而是一种对后者的继承和发展。它是针对教育发展的需求和未来普通高中发展趋势做出的方向调整。这对于引导普通高中学校继续推进素质教育，推动育人模式多样化，加快普通高中多样化特色化发展，促进学生全面而有个性的发展具有深远的意义，也必将产生长远的影响。

大连市的突出特点与浙江省相似，通过开展特色高中学校评选活动达到"以评促建"的目的，用《大连市普通高中特色学校建设评估考核办法》和《大连市特色高中学校评估考核细则》来规范、引领普通高中特色学校建设工作。

上海市、南京市、黑龙江省、浙江省和大连市五省市的共性做法主要体现在以下几个方面。一是在管理上，注重制度建设，注重发挥各种管理办法与建设标准的规范和引导作用，并对实验项目学校与评估达标学校实行过程管理和动态管理。二是配套政策方面，注重合理授权和配套政策跟进，特别是在招生、课程设置、考试（包括高中会考和高考）、资金等方面有配套的政策支持。三是在保障措施方面，除上述配套政策之外，各地普遍重视组织机构建设、校长教师队伍建设和科研支撑。在拔尖创新人才培养方面，普遍重视基于学生兴趣、聚焦学生志趣的人才培养模式的探索。在具体操作上，举办各种类型的"特色实验班"成为各地学校的普遍做法。正因为如此，上海市设立的以学校整体为单位进行实验、面向校内全体学生的"上海市普通高中学生创新素养培育实验项目"显得更具探索价值，也更值得特别关注。

第三章

普通高中发展水平省际比较

随着我国社会经济的快速发展，特别是进入新世纪以来，我国的普通高中教育稳步发展，普通高中的普及程度、投入水平、师资队伍水平、办学条件等都有了明显提高。但是由于各省份社会经济条件及各地领导重视程度、财政投入力度、管理水平等差异巨大，各省份普通高中发展形成了不同的特点。本章将从普通高中的规模、普及程度、教师队伍状况、投入水平和办学条件等方面，客观呈现各省份普通高中教育发展的状况与特点，分析我国普通高中教育发展的地区性水平与差异①。

第一节　普通高中规模与普及状况的省际比较

普通高中的规模与格局是反映各省份普通高中均衡发展及内涵发展水平的重要指标之一。普及状况是反映一个国家或地区高中教育发展水平的主要指标，一定程度上体现了国家或地区对高中教育的重视程度。本研究重点从各省份普通高中的学校和班级数量、学校规模以及办学格局等方面，对普通高中的规模与格局进行讨论和分析；从普通高中在校生数、招生数、毕业生数、男女学生比例等方面，对普通高中的普及状况进行分析。

---

①　本研究对东中西部的划分标准依据国家统计局（2011）的划分标准：东部地区包括北京、天津、河北、辽宁、上海、江苏、浙江、福建、山东、广东、海南11个省（直辖市）；中部地区包括山西、吉林、黑龙江、安徽、江西、河南、湖北、湖南8个省；西部地区包括内蒙古、广西、重庆、四川、贵州、云南、西藏、陕西、甘肃、青海、宁夏、新疆12个省（自治区、直辖市）。

一、省域普通高中学校和班级数量差异悬殊

学校和班级数量是反映各省份办学格局的重要指标之一。本研究发现：各省份普通高中学校和班级数量差异悬殊，且普通高中学校和班级主要集中在东、中部人口大省；2010 年与 2006 年相比，各省份普通高中数量普遍减少而班级数增减各半。

1. 普通高中学校和班级主要集中在东、中部人口大省

2010 年全国普通高中总数为 14058 所，平均每个省份有 453 所。其中广东最多，共有 1026 所；而西藏最少，只有 29 所。2010 年学校数最多的 5 个省份分别是广东、河南、四川、安徽、江苏，最少的 5 个省份分别是西藏、宁夏、海南、青海、天津。学校数在平均学校数以上的省份有 15 个，而在平均学校数以下的省份有 16 个（见图 3－1）。

2010 年全国普通高中班级数为 428941 个，平均每个省份有 13863 个班级。其中广东最多，共有 36358 个班级；而西藏最少，只有 778 个班级。2010 年普通高中班级数最多的 5 个省份分别是广东、河南、山东、江苏、四川，最少的 5 个省份分别是西藏、青海、宁夏、海南、天津。在平均班级数以上的省份有 13 个，而在平均班级数以下的省份有 18 个。

2. 各省份普通高中学校数量普遍减少

2010 年同 2006 年相比，总体来说普通高中学校数由 16153 所减少到了 14058 所，减幅为 12.97%。其中广东增幅最大，由 1005 所增加到了 1026 所，增幅为 2.98%；而西藏减幅最大，由 45 所减少到了 29 所，减幅为 35.56%。增幅较大的 5 个省份分别是广东、云南、海南、安徽、重庆，减幅最大的 5 个省份分别是西藏、宁夏、山东、河北、江西。减幅在平均线以上的省份有 16 个，而在平均线以下的省份有 15 个（见图 3－2）。

2010 年同 2006 年相比，总体来说普通高中班级数量由 430472 个减少到了 428941 个，减幅为 0.36%。其中广东增幅最大，由 29281 个增加到了 36358 个，增幅为 24.17%；而上海减幅最大，由 6280 个减少到了 4760 个，减幅为 24.20%。增幅较大的 5 个省份分别是广东、重庆、云南、贵州、海南，减幅最大的 5 个省份分别是上海、湖南、北京、天津、山东。减幅在平均减幅以上的省份有 14 个，而在平均减幅以下的省份有 17 个（见图 3－3）。

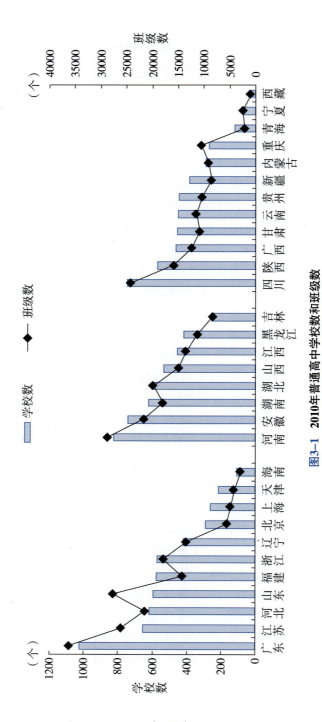

图3-1 2010年普通高中学校数和班级数

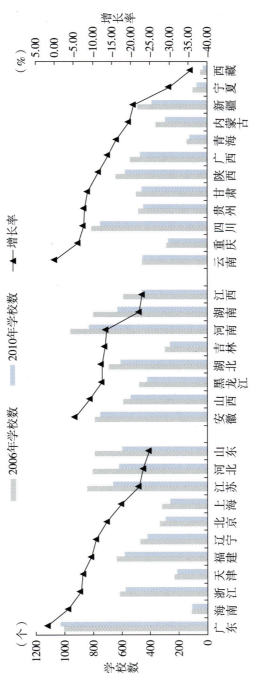

图3-2　2006年和2010年普通高中学校数

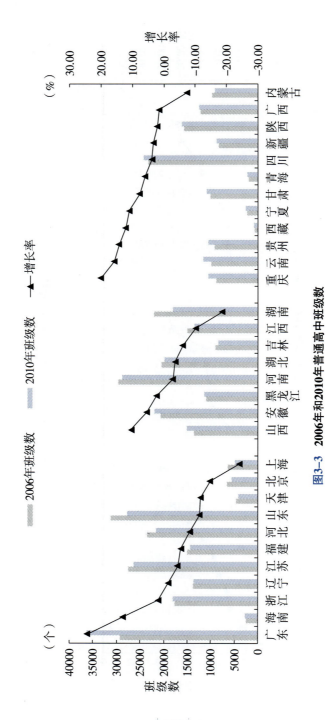

图3-3 2006年和2010年普通高中班级数

二、省域普通高中学校规模有所扩大

办学规模是反映各省份普通高中学校的格局、形式和范围的重要指标。统计分析发现：各省份普通高中学校和班级规模差异悬殊，办学规模较大的省份主要是东部的几个人口大省；各省份普通高中学校规模有所扩大，而班级规模略有缩减。

1. 各省份普通高中学校和班级规模差异悬殊

办学规模是衡量一所学校办学质量的重要指标之一。国家教委《示范性普通高级中学评估验收标准》第三条规定："学校高中班数一般不低于18 个，每班学生不超过 50 人。"2010 年普通高中校均在校生人数为 1726人。其中山东省校均在校生数最多，达到 2576 人；而上海最少，只有 647人。2010 年校均学生数最多的 5 个省份分别是山东、重庆、河南、江苏、河北，最少的 5 个省份分别是上海、北京、天津、青海、新疆。校均学生数在平均值以上的省有 11 个，而在平均值以下的省份有 20 个（见图 3-4）。各省份校均学生数和班均学生数的状况，与全国人口省域分布的特征基本一致。

班级规模指的是班级人数的多少，它是课堂教育教学展开的人际环境基础，不仅影响到课堂教学管理，也影响到教学效果，是影响教育效果的重要因素。2010 年全国普通高中班均学生数为 56 人。其中河南最多，达到 67 人；而上海最少，只有 35 人。2010 年全国班均学生数最多的 5 个省份分别是河南、湖北、广西、四川、陕西，最少的 5 个省份分别是上海、北京、天津、新疆、浙江。班级学生数在全国平均数以上的省份有 13 个，而在全国平均数以下的省份有 18 个（见图 3-4）。

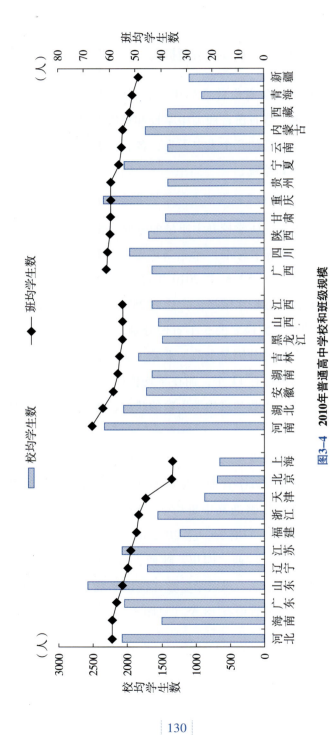

图3-4 2010年普通高中学校和班级规模

2. 省域普通高中学校规模有所扩大

2010 年同 2006 年相比，全国校均学生数由 1556 人增加到了 1726 人，增加了 10.92%。其中西藏增幅最大，由 837 人增加到了 1404 人，增幅达到 67.74%；而上海减幅最大，由 857 人减少到了 647 人，减幅达到 24.49%。增幅最大的 5 个省份分别是西藏、宁夏、重庆、新疆、贵州，减幅最大的 5 个省份分别是上海、北京、天津、湖南、福建。增幅在平均增幅以上的省份有 17 个，而在平均增幅以下的省份有 14 个（见图 3 - 5）。

2010 年同 2006 年相比，普通高中校均班级数由 26 个增加到了 30 个，增幅为 14.39%。其中西藏增幅最大，由 15 个增加到了 26 个，增幅为 73.95%；而上海减幅最大，由 19 个减少到了 18 个，减幅为 0.94%。增幅较大的 5 个省份分别是西藏、宁夏、新疆、重庆、青海，减幅较大的 5 个省份分别是上海、天津、北京、湖南、福建。增幅在平均增幅以上的省份有 19 个，而在平均增幅以下的省份有 12 个（见图 3 - 6）。

3. 省域普通高中班级规模略有减小

许多研究和实践都证明，班级规模越小，越有利于学生的发展和教育质量的提升。各省份都在努力控制班级规模，例如《山东省省级规范化学校评估标准与实施细则》规定，学校规模以 24—28 个班级，班额不大于 50 人为宜，但是各省份由于人口经济发展状况不同，班级规模差异较大。2010 年同 2006 年相比，普通高中班均学生数由 58 人减少到了 56 人，减幅为 3.12%。其中重庆增幅最大，由 58 人增加到了 60 人，增幅 3.11%；而上海减幅最大，由 43 人减少到了 35 人，减幅为 17.98%。增幅较大的 5 个省份分别是重庆、广东、海南、贵州、新疆，减幅较大的 5 个省份分别是上海、山东、北京、湖南、江苏。增幅在平均增幅以上的省份有 18 个，而在平均增幅以下的省份有 13 个（见图3 - 7）。

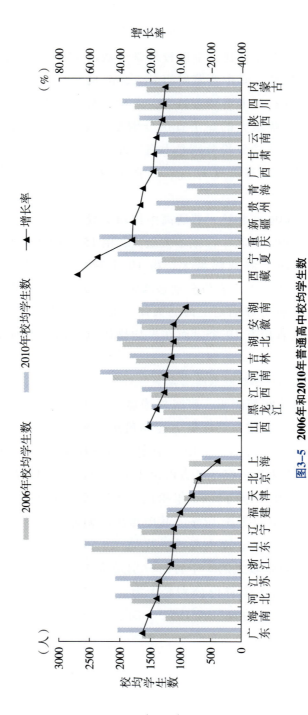

图3-5 2006年和2010年普通高中校均学生数

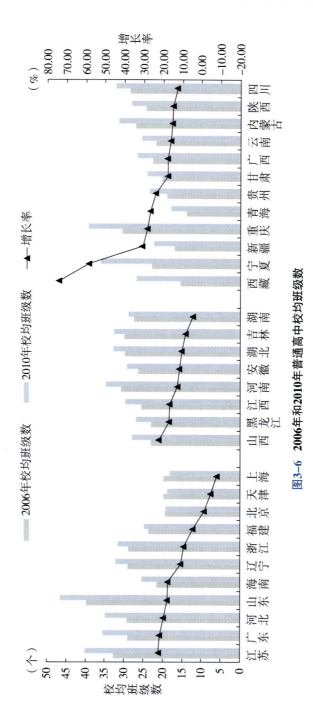

图3-6 2006年和2010年普通高中校均班级数

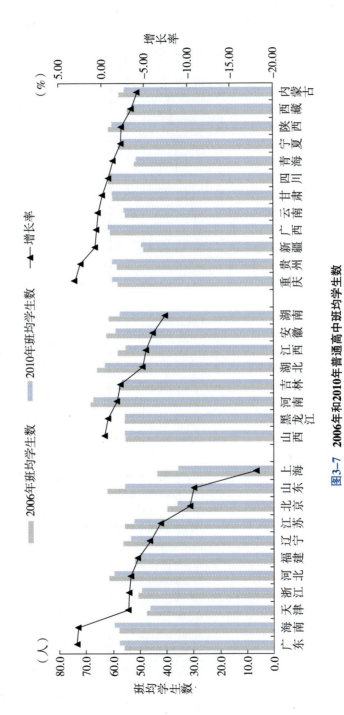

图3-7　2006年和2010年普通高中班均学生数

三、省域普通高中学校格局差异明显

近年来，各省市都在积极探索高中教育布局调整，高中教育的多元化办学格局初步形成。本研究发现：各省份普通高中不同类型的学校有所差异；省域高级中学有增有减，完全中学在减少。

1. 各省份普通高中不同类型学校有所差异

2010 年我国高级中学和完全中学的数量分别为 6461 所和 7957 所，两者所占比例分别为 45.96％ 和 54.04％。其中高级中学最多的 5 个省份是河南、湖北、浙江、山东、河北，最少的 5 个省份是海南、重庆、西藏、青海、宁夏。完全中学最多的 5 个省份是广东、四川、安徽、福建、云南，最少的 5 个省份是西藏、宁夏、青海、吉林、辽宁。

2010 年高级中学比例最高的 5 个省份分别是辽宁、浙江、湖北、山东、河南，其中辽宁省高级中学的比例达到了 78.99％；高级中学比例最低的 5 个省份分别是重庆、海南、北京、四川、福建，其中重庆的比例只有 4.85％。高级中学比例在平均水平以上的省份有 16 个，而在平均水平以下的省份有 15 个（见图 3 - 8）。由此可见，高级中学和完全中学的比例各省份有所差异。

2. 省域高级中学有增有减，完全中学在减少

2010 年同 2006 年相比，全国高级中学学校数由 6494 所减少到了 6461 所，减幅为 0.51％。其中青海增幅最大，由 18 所增加到了 35 所，增幅为 94.44％，增幅较大的 5 个省份分别是青海、西藏、云南、甘肃、四川；而北京减幅最大，由 67 所减少到了 48 所，减幅为 28.35％，减幅最大的 5 个省份分别是北京、海南、江西、湖南、山东。增幅在平均增幅以上的省份有 14 个，而在平均增幅以下的省份有 17 个（见图3 - 9）。

2010 年同 2006 年相比，全国完全中学数量由 9659 所减少到了 7597 所，减少了 21.35％。其中海南由 99 所减少到了 98 所，减少得最少，减幅为 1.01％，减幅较小的 5 个省份分别是海南、广东、重庆、天津、北京；而西藏减少得最多，由 31 所减少到了 9 所，减幅为 70.97％，减幅最大的 5 个省份分别是西藏、宁夏、山东、江苏、河北。减幅在平均减幅以上的省份有 13 个，而在平均减幅以下的省份有 18 个（见图 3 - 9）。

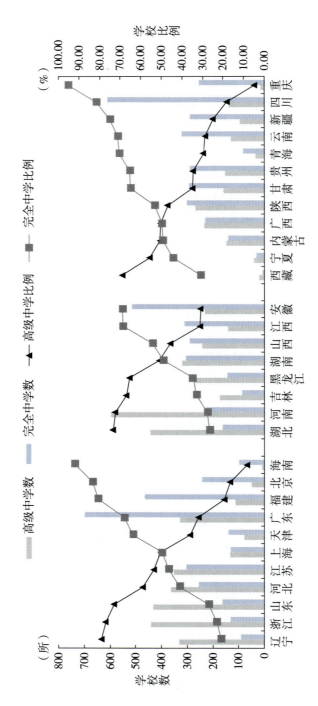

图3-8 2010年普通高中不同类型学校数量和比例

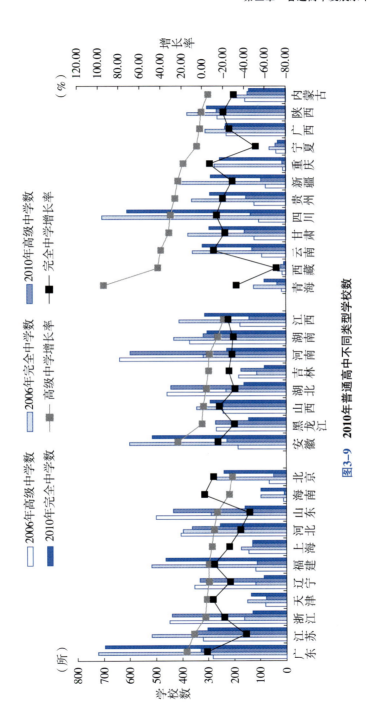

图3-9 2010年普通高中不同类型学校数

四、省域普通高中在校生数差异明显

2010 年普通高中在校生数为 2427.33 万人，平均每个省份有在校生 78.30 万人。其中广东最多，达到 208.94 万人，在校生数最多的 5 个省份分别是广东、河南、山东、四川、江苏；而西藏最少，只有 4.07 万人，在校生数最少的 5 个省份分别是西藏、青海、宁夏、海南、上海。在校生数在平均水平以上的省份有 15 个，而在平均水平以下的省份有 16 个（见图 3－10）。

2010 年同 2006 年相比，普通高中学生数由 2514.49 万人减少到了 2427.33 万人，减幅达到 3.47%。其中广东增加得最多，由 163.46 万人增加到了 208.94 万人，增幅达到了 27.82%，增幅较高的 5 个省份分别是广东、重庆、贵州、海南、云南；而上海的减幅最大，由 27.16 万人减少到了 16.88 万人，减幅达 37.84%，减幅较大的 5 个省份分别是上海、湖南、北京、山东、江西。增幅在平均增幅以上的省份有 17 个，而在平均增幅以下的省份有 14 个（见图 3－10）。

五、省域普通高中招生数有所减少但毕业生数有所增加

2010 年普通高中招生数为 836.23 万人，平均每省招生 26.97 万人。其中广东招生最多，达到 75.58 万人，招生数最多的 5 个省份分别是广东、河南、山东、四川、江苏；而西藏招生数最少，只有 1.51 万人，招生数最少的 5 个省份分别是西藏、青海、宁夏、上海、海南。招生数在平均数以上的省份有 15 个，而在平均数以下的省份有 16 个。

2010 年同 2006 年相比，全国普通高中招生数由 871.20 万人减少到了 836.23 万人，减幅为 4.01%。其中广东增加得最多，由 60.77 万人增加到了 75.58 万人，增幅为 24.37%，增幅较大的 5 个省份分别是广东、重庆、贵州、西藏、云南；而湖南减少得最多，由 48.96 万人减少到了 37.05 万人，减幅为 24.33%，减幅较大的 5 个省份分别是湖南、上海、江苏、内蒙古、江西。增幅在平均增幅以上的省份有 16 个，而在平均增幅以下的省份有 15 个。

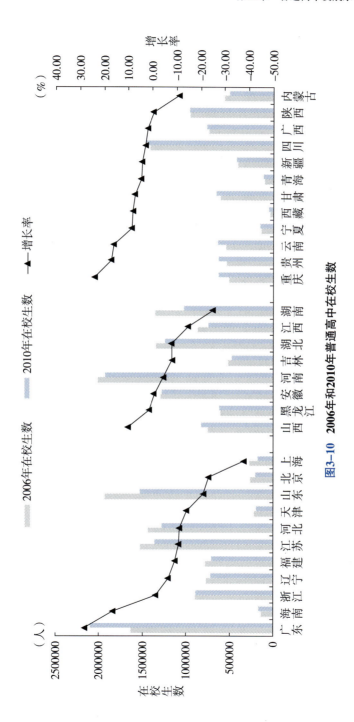

图3-10 2006年和2010年普通高中在校生数

2010 年普通高中毕业生数为 794.43 万人，平均每个省份有毕业生 25.62 万人。其中河南最多，共有 70.43 万人，毕业生数最多的 5 个省份分别是河南、广东、山东、江苏、四川；而西藏毕业生数最少，只有 1.21 万人，毕业生数最少的 5 个省份分别是西藏、青海、宁夏、海南、北京。毕业生数在平均数以上的省份有 12 个，而在平均数以下的省份有 19 个。

2010 年同 2006 年相比，全国普通高中毕业生数由 2006 年的 727.06 万人增加到了 2010 年的 794.43 万人，增幅为 9.27%。其中海南增幅最大，由 3.24 万人增加到了 5.05 万人，增幅为 55.82%，增幅较大的 5 个省份分别是海南、云南、安徽、广东、贵州；而上海减幅最大，由 10.22 万人减少到了 6.23 万人，减幅为 38.90%，减幅最大的 5 个省份分别是上海、北京、山东、浙江、天津。毕业生数在平均数以上的省份有 17 个，而在平均数以下的省份有 14 个（见图 3 – 11）。

六、省域普通高中男女生比例略有差异

2010 年普通高中在校生中男生为 1247.19 万人，女生为 1180.14 万人，女生占到 48.6%。从各个省份的情况来看，广东省的女生最多，达到 100.81 万人，西藏最少，只有 2.19 万人；在校生中女生最多的 5 个省份是广东、河南、山东、四川、河北，最少的 5 个省份是西藏、青海、海南、宁夏、上海。广东省的男生也最多，达到 108.12 万人，西藏最少，只有 1.88 万人；在校生中男生最多的 5 个省份是广东、河南、山东、四川、江苏，最少的 5 个省份是西藏、青海、宁夏、上海、海南。

2010 年普通高中在校生中男生相对较多，占到 51.38%，女生相对较少，占到 48.62%。从各个省份的情况来看，新疆的女生比例较高，达到 54.22%；江西的女生比例最低，只有 41.09%。女生比例较高的 5 个省份是新疆、西藏、河北、上海、北京，女生比例较低的 5 个省份是江西、安徽、海南、甘肃、湖北（见图 3 – 12）。

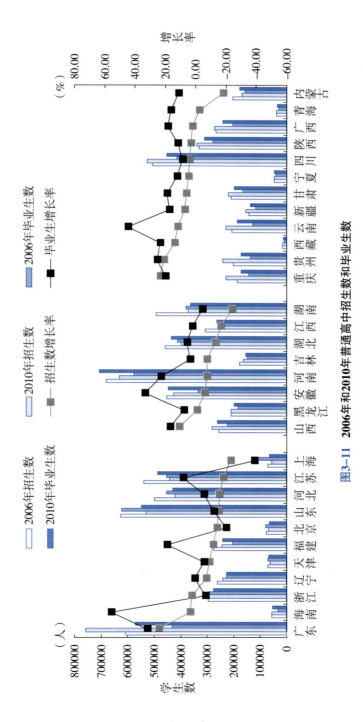

图3-11 2006年和2010年普通高中招生数和毕业生数

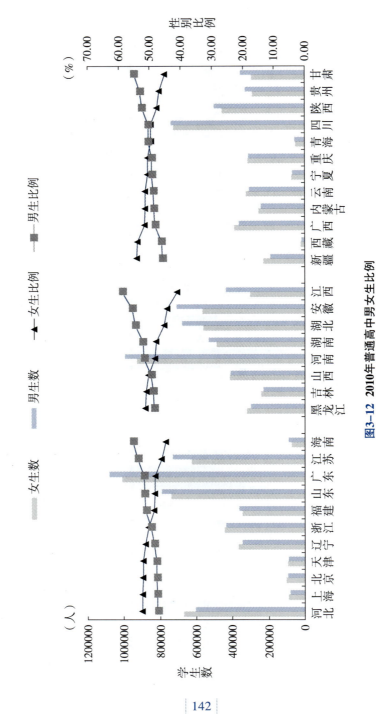

图3-12 2010年普通高中男女生比例

第二节　普通高中教师队伍状况的省际比较

高中师资队伍的结构和质量是影响高中教育质量的重要因素和条件，教师队伍建设是普通高中内涵发展的重要指标和体现。本研究对普通高中教师队伍状况的分析主要从普通高中教师队伍数量情况、专任教师学历情况、专任教师职称情况、专任教师男女比例、生师比等方面进行。

一、教职工数东多西少

2010 年普通高中教师总数为 151.81 万人。其中广东教师数最多，共有 12.51 万人，高中教师数量最多的 5 个省份分别是广东、山东、河南、江苏、河北；而西藏高中教师数量最少，只有 0.31 万人，高中教师数量最少的 5 个省份分别是西藏、青海、宁夏、海南、天津。

2010 年同 2006 年相比，全国普通高中专任教师数量由 138.78 万人增加到了 151.81 万人，增加了 13.03 万人，增幅为 9.39%。其中西藏增幅最大，由 0.21 万人增加到了 0.31 万人，增幅为 50.78%；而上海减幅最大，由 1.80 万人减少到了 1.67 万人，减幅为 7.22%。增幅较大的 5 个省份分别是西藏、广东、海南、云南、安徽，减幅较大的 5 个省份分别是上海、湖南、北京、江西、天津。增幅在平均增幅以上的省份有 17 个，而在平均增幅以下的省份有 14 个（见图 3-13）。

二、省域普通高中专任教师本科学历者占比最高

《中华人民共和国教师法》规定，取得高级中学教师资格应当具备高等师范院校本科或者其他大学本科毕业及其以上学历。从目前我国高中教师学历情况来看，我国高中教师的学历涵盖了研究生、本科、专科、高中及高中以下学历等各个学历段，本研究将高中教师学历分为研究生学历、本科学历和专科及以下学历三类进行统计分析。

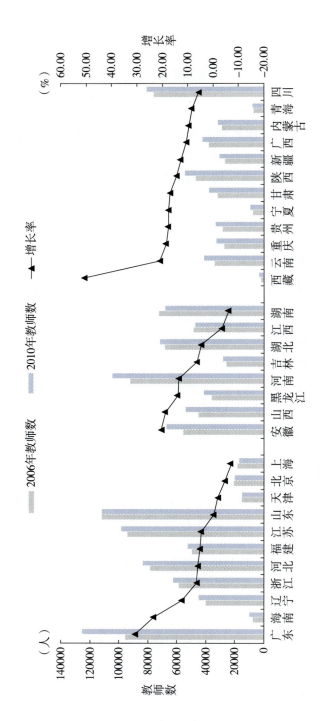

图3-13 2006年和2010年教师队伍数量情况

研究生学历教师中，广东人数最多，达到 6431 人；而西藏人数最少，只有 85 人。研究生学历教师最多的 5 个省份是广东、江苏、河南、湖北、山东，最少的 5 个省份是西藏、青海、海南、贵州、新疆。

本科学历教师中，广东人数最多，达到 111610 人；而西藏人数最少，只有 2928 人。本科学历教师最多的 5 个省份是广东、山东、河南、江苏、河北，最少的 5 个省份是西藏、青海、宁夏、海南、天津。

专科及以下学历教师中，广东人数最多，达到 7028 人，专科及以下学历教师最多的 5 个省份是广东、江西、河南、四川、河北；而上海人数最少，只有 61 人，专科及以下学历教师最少的 5 个省份是上海、西藏、北京、宁夏、天津（见图 3 - 14）。

三、省域普通高中专任教师中学一级以上职称者超过半数

我国普通高中教师职称分为中学高级、中学一级、中学二级、中学三级和未评职称五类。据统计，2010 年我国普通高中教师职称中中学高级、中学一级、中学二级、中学三级和未定职称教师分别有 37.03 万人、53.10 万人、50.19 万人、1.68 万人、9.79 万人，所占比例分别为 24.39%、34.98%、33.06%、1.11%、6.45%（见表 3 - 1）。

中学高级教师中，江苏人数最多，达到 2.62 万人；而西藏人数最少，只有 259 人。中学高级教师最多的 5 个省份是江苏、广东、山东、四川、湖北，最少的 5 个省份是西藏、海南、青海、宁夏、上海。

中学一级教师中，广东人数最多，达到 4.84 万人；而西藏人数最少，只有 1047 人。中学一级教师最多的 5 个省份是广东、山东、江苏、河南、河北，最少的 5 个省份是西藏、宁夏、海南、青海、天津。

中学二级教师中，山东人数最多，达到 4.65 万人；而西藏人数最少，只有 1410 人。中学二级教师最多的 5 个省份是山东、河南、广东、江苏、河北，最少的 5 个省份是西藏、青海、宁夏、海南、天津。

中学三级教师中，河南人数最多，达到 0.31 万人；而上海人数最少，为 16 人。中学三级教师最多的 5 个省份是河南、山西、安徽、河北、湖北，最少的 5 个省份是上海、天津、西藏、海南、北京。

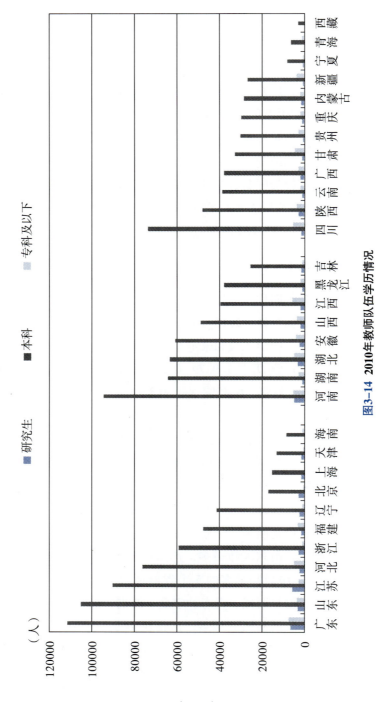

图3-14 2010年教师队伍学历情况

未评职称教师中，广东人数最多，达到 1.40 万人；而上海人数最少，为 352 人。未评职称教师最多的 5 个省份是广东、山西、河南、安徽、河北，最少的 5 个省份是上海、天津、青海、西藏、海南。

表 3-1　**2010 年普通高中专任教师队伍不同职称教师最多与最少的 5 个省份**

（单位：人）

	中学高级		中学一级		中学二级		中学三级		未评职称	
最多的5个省份	江苏	26181	广东	48376	山东	46511	河南	3090	广东	14005
	广东	25138	山东	36510	河南	42498	山西	1563	山西	6562
	山东	22729	江苏	35052	广东	36913	安徽	1340	河南	6185
	四川	21742	河南	32630	江苏	32243	河北	1335	安徽	5653
	湖北	20397	河北	30990	河北	29481	湖北	1100	河北	5372
最少的5个省份	上海	5297	天津	5603	天津	3480	北京	58	海南	803
	宁夏	2595	青海	2839	海南	3389	海南	41	西藏	433
	青海	2545	海南	2837	宁夏	2442	西藏	22	青海	383
	海南	2433	宁夏	2820	青海	1692	天津	19	天津	374
	西藏	259	西藏	1047	西藏	1410	上海	16	上海	352

各省份高中学生数量和生师比的不同，使得不同省份之间教师数量出现显著差异（见图 3-15）。例如广东、山东、河南、江苏、河北等人口大省的教师数量显著多于西藏、青海、宁夏、海南等省份。同时，由于我国高中教育管理一直遵循"地方负责，分级管理"的原则，各地方行政部门具有较大的自主权，因而我国普通高中教育事业发展的状况和水平具有很大的地方依赖性。各省份对高中教师职称评聘的重视程度以及评聘标准存在差异，从而导致我国不同职称高中教师的比例也出现了明显的省际差异。

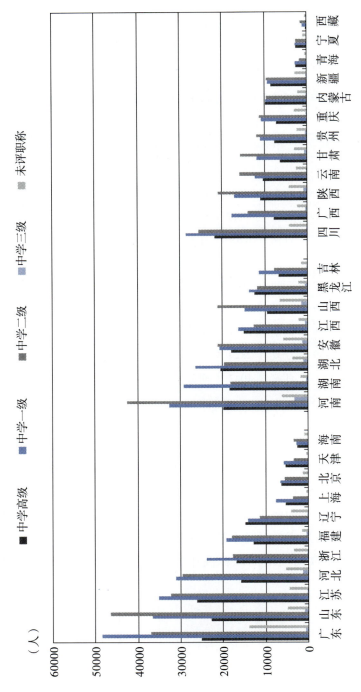

图3-15 2010年普通高中专任教师队伍职称情况

四、省域普通高中专任教师男女比例大体平衡

近年来，中小学教师的性别比例问题引起了人们的关注和重视。中小学教师的性别比例失衡会对教育产生一定的影响，甚至会带来严重的社会问题。据统计，2010 年普通高中专任教师共计 151.81 万人，其中男教师 79.46 万人，女教师 72.35 万人。从各个省份的情况来看，广东的女教师最多，达到 6.14 万人，女教师最多的 5 个省份是广东、山东、河南、江苏、河北；西藏的女教师最少，只有 0.13 万人，女教师最少的 5 个省份是西藏、青海、宁夏、海南、天津。广东的男教师也最多，达到 6.35 万人，男教师最多的 5 个省份是广东、山东、河南、江苏、四川；西藏的男教师最少，只有 0.17 万人，男教师最少的 5 个省份是西藏、青海、宁夏、天津、海南（见图 3-16）。

2010 年普通高中学校中男教师相对较多，占到 52.34%，女教师相对较少，占到 47.66%。从各个省份的情况来看，北京的女教师比例较高，达到 70.35%，女教师比例较高的 5 个省份是北京、天津、辽宁、上海、吉林；安徽的女教师比例最低，只有 34.55%，女教师比例较低的 5 个省份是安徽、江西、甘肃、湖北、湖南。

五、省域普通高中生师比差异不大且总体逐渐降低

生师比是在校学生数与专任教师数之比。2010 年普通高中的生师比为 15.99。其中重庆的比例最高，达到 19.45：1，生师比较高的 5 个省份分别是重庆、安徽、贵州、河南、四川；而上海的生师比最低，为 10.1：1，生师比较低的 5 个省份分别是上海、北京、天津、西藏、福建。生师比高于平均水平的省份有 15 个，而低于平均水平的省份有 16 个。

2010 年同 2006 年相比，总体来说普通高中生师比由 18.13 下降到了 15.99，降幅达 11.80%。其中上海的降幅最大，由 15.07 下降到了 10.1，降幅达 33%，降幅最大的 5 个省份分别是上海、西藏、山东、湖南和北京；而重庆却略有上升，由 18.6 上升到了 19.45，升幅达 4.54%。其他省份均有所下降，降幅在平均降幅以上的省份有 16 个，而在平均降幅以下的省份有 15 个（见图 3-17）。

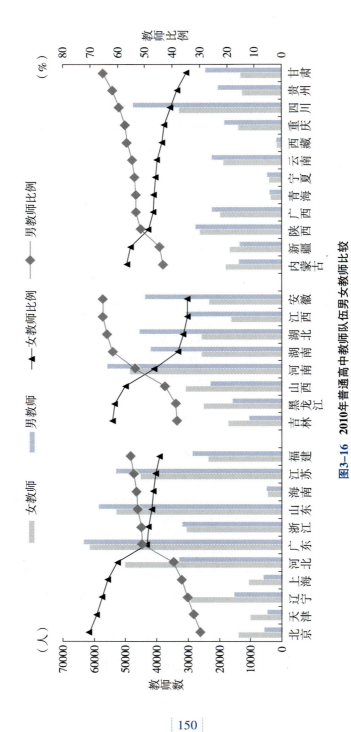

图3-16 2010年普通高中教师队伍男女教师比较

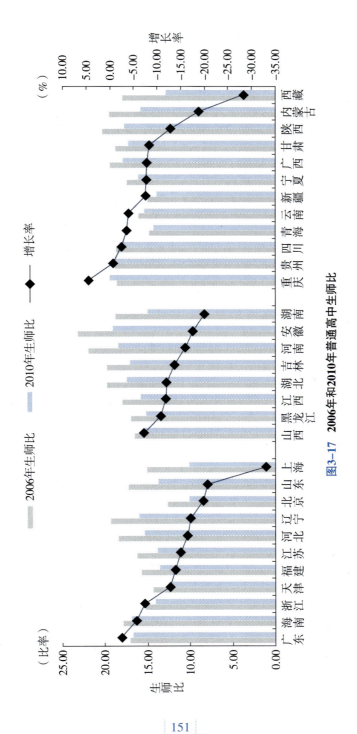

图3-17　2006年和2010年普通高中生师比

第三节　普通高中教育经费投入情况的省际比较

普通高中教育经费是普通高中教育事业发展和质量提升的基础性保障条件，也反映了国家和地区对高中教育的重视程度。基于我国普通高中教育的投入情况，本研究对普通高中教育经费状况的分析主要从普通高中教育经费的投入情况、生均教育经费投入情况、教育经费投入的增长情况及学杂费情况等方面进行。

一、省域普通高中教育经费投入差异明显

教育经费投入在一定程度上反映了各地区对教育的重视程度。统计分析发现，各省份普通高中教育投入量东高西低，投入的相对量也存在差异。

1. 普通高中教育投入量东高西低

2010 年普通高中教育经费总投入为 20033460 万元，其中国家财政性教育经费 13218350.1 万元，预算内教育经费 11758579.6 万元。

如图 3 - 18 所示，从普通高中教育经费总投入来看，广东最多，达到 2113821.8 万元；而西藏最少，只有 46869.3 万元。2010 年高中教育经费总投入最多的 5 个省份分别是广东、江苏、浙江、山东、四川，最少的 5 个省份分别是西藏、宁夏、青海、海南、天津。

从普通高中财政性教育经费投入来看，广东最多，达到 1383359.1 万元；而西藏最少，只有 43772.1 万元。2010 年高中教育财政性经费投入最多的 5 个省份分别是广东、江苏、浙江、山东、河北，最少的 5 个省份分别是西藏、宁夏、青海、海南、贵州。

从普通高中预算内教育经费投入来看，广东最多，达到 1295566.9 万元；而西藏最少，只有 43772.1 万元。2010 年高中教育经费总投入最多的 5 个省份分别是广东、江苏、山东、北京、河北，最少的 5 个省份分别是西藏、宁夏、海南、青海、贵州。

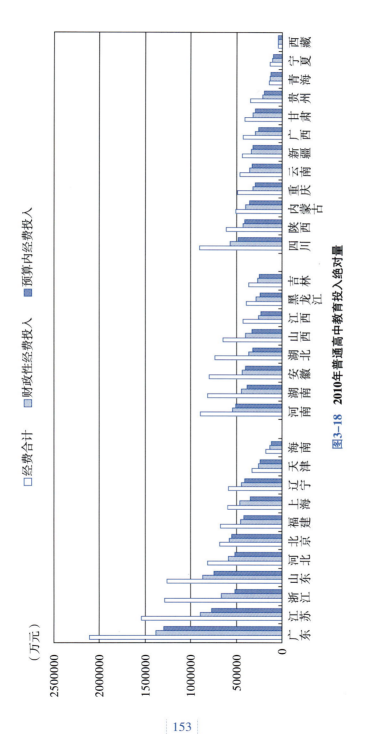

图3-18 2010年普通高中教育投入绝对量

2. 各省份普通高中教育投入相对量存在差异

2010 年普通高中教育经费占总教育经费的比例为 10.4%，其中普通高中国家财政性教育经费占国家财政性教育经费的 9.19%，普通高中预算内教育经费占国家预算内教育经费的 8.91%。

如图 3 - 19 所示，从普通高中教育经费总投入的相对量来看，山西最高，达到 14.1%；而北京最低，只有 6.48%。2010 年高中财政性教育经费占财政性教育经费的比例最高的 5 个省份分别是山西、广东、青海、宁夏、安徽，最低的 5 个省份分别是北京、西藏、上海、黑龙江、云南。

从普通高中财政性教育经费投入的相对量来看，青海最高，达到13.16%；而北京最低，只有 5.83%。2010 年高中财政性教育经费投入占教育经费总投入的比例最高的 5 个省份分别是青海、广东、宁夏、山西、甘肃，最低的 5 个省份分别是北京、西藏、贵州、广西、湖北。

从普通高中预算内教育经费投入的相对量来看，青海最高，达到13.22%；而贵州最低，只有 6.63%。2010 年高中预算内教育经费投入占预算内教育经费投入的比例最高的 5 个省份分别是青海、广东、宁夏、河南、海南，最低的 5 个省份分别是贵州、上海、北京、四川、广西。

3. 各省份普通高中教育投入与 GDP、地方财政收入差异显著

2010 年全国普通高中教育经费占 GDP 的比例为 0.46%，其中普通高中国家财政性教育经费占 GDP 的比重为 0.30%，普通高中预算内教育经费占 GDP 的比重为 0.27%。

如图 3 - 20 所示，从普通高中教育经费投入占 GDP 比重来看，青海最高，达到 1.03%，比例最高的 5 个省份分别是青海、甘肃、西藏、海南、新疆；而辽宁最低，只有 0.32%，比例最低的 5 个省份分别是辽宁、山东、上海、天津、江苏。

从普通高中国家财政性教育经费投入占 GDP 比重来看，青海最高，达到 0.96%，比例最高的 5 个省份分别是青海、西藏、甘肃、海南、新疆；而江苏最低，只有 0.22%，比例最低的 5 个省份分别是江苏、山东、湖北、河南、辽宁。

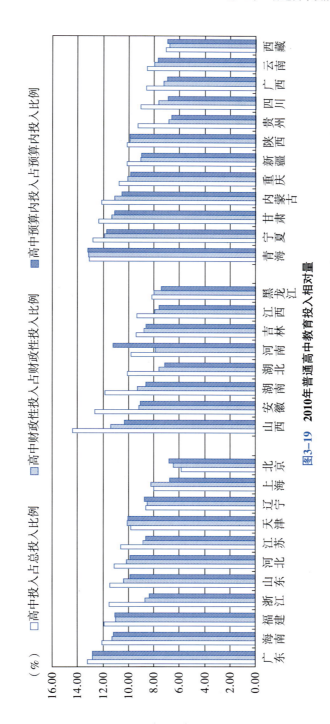

图3-19 2010年普通高中教育投入相对量

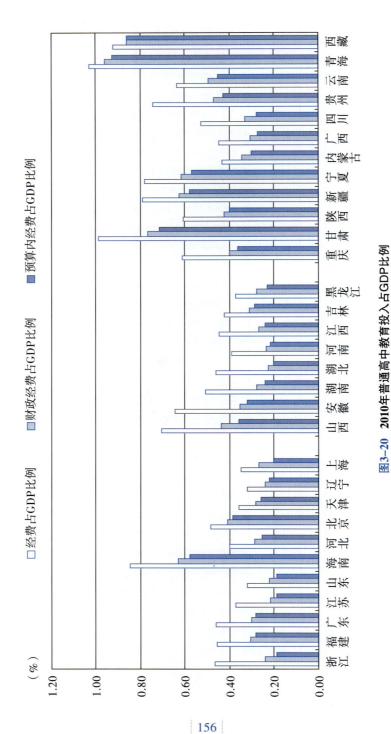

图3-20　2010年普通高中教育投入占GDP比例

从普通高中预算内教育经费投入占 GDP 比重来看，青海最高，达到 0.93%，比例最高的 5 个省份分别是青海、西藏、甘肃、新疆、海南；而浙江最低，只有 0.19%，比例最低的 5 个省份分别是浙江、江苏、山东、湖北、上海。

2010 年普通高中教育经费占地方财政支出的比例为 2.71%，其中普通高中国家财政性教育经费占财政支出的比重为 1.79%，普通高中预算内教育经费占财政支出的比重为 1.59%。

如图 3-21 所示，从普通高中教育经费投入占财政支出比重来看，浙江最高，达到 4.02%，比例最高的 5 个省份分别是浙江、福建、广东、山西、江苏；而西藏最低，只有 0.85%，比例最低的 5 个省份分别是西藏、黑龙江、上海、辽宁、青海。

从普通高中财政性教育经费投入占财政支出比重来看，福建最高，达到 2.66%，比例最高的 5 个省份分别是福建、广东、海南、甘肃、北京；而西藏最低，只有 0.79%，比例最低的 5 个省份分别是西藏、黑龙江、江西、四川、贵州。

从普通高中预算内教育经费投入占财政支出比重来看，福建最高，达到 2.45%，比例最高的 5 个省份分别是福建、广东、海南、北京、甘肃；而西藏最低，只有 0.79%，比例最低的 5 个省份分别是西藏、上海、黑龙江、四川、江西。

二、省域普通高中生均经费投入京沪领先

2010 年普通高中生均教育经费为 8253.27 元，其中生均财政性经费为 5445.62 元，预算内经费为 4844.23 元。

如图 3-22 所示，从普通高中生均教育经费投入来看，上海最多，达到 35346.05 元；而河南最少，只有 4666.279 元。2010 年高中生均教育经费最多的 5 个省份分别是上海、北京、天津、浙江、青海，最少的 5 个省份分别是河南、贵州、广西、江西、湖北。

图3-21 2010年普通高中教育投入占财政支出比例

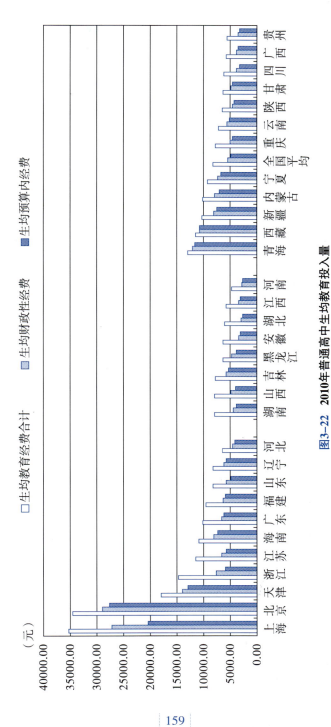

图3-22　2010年普通高中生均教育投入量

从普通高中生均财政性教育经费投入来看，北京最多，达到 29028.84 元；而河南最少，只有 2803.06 元。2010 年普通高中生均财政性教育经费投入最多的 5 个省份分别是北京、上海、天津、青海、西藏，最少的 5 个省份分别是河南、湖北、安徽、江西、贵州。

从普通高中生均预算内教育经费投入来看，北京最多，达到 27612.35 元；而湖北最少，只有 2583.71 元。2010 年普通高中生均预算内教育经费投入最多的 5 个省份分别是北京、上海、天津、青海、西藏，最少的 5 个省份分别是湖北、河南、江西、安徽、贵州。

三、省域普通高中经费投入增幅西高东低

随着国家和地区经济的快速发展，国家和地区对高中教育的投入也在逐渐增加。本研究选择 2006 年和 2010 年不同省份对普通高中教育投入的情况进行对比分析，结果发现各省份普通高中教育投入的增幅呈现西高东低的趋势。

1. 普通高中教育投入绝对量的增幅西高东低

2010 年同 2006 年相比，总体来说普通高中教育经费投入由 11181976 万元增加到了 20033460 万元，增加了 79.16%。其中西藏增幅最大，由 15006.7 万元增加到了 46869.3 万元，增加了 212.32%；而上海增加最少，由 450666.1 万元增加到了 596991.2 万元，增加了 32.47%。增幅较大的 5 个省份分别是西藏、青海、海南、甘肃、陕西，增幅较小的 5 个省份分别是上海、天津、山东、湖南、江苏。增幅在平均增幅以上的省份有 22 个，而在平均增幅以下的省份有 9 个。

2010 年同 2006 年相比，总体来说普通高中预算内教育经费投入由 5282923.8 万元增加到了 11758579.6 万元，增加了 122.58%。其中海南增幅最大，由 25071.9 万元增加到了 119102 万元，增加了 375.04%；而上海增加最少，由 233475.2 万元增加到了 345189.3 万元，增加了 47.85%。增幅较大的 5 个省份分别是海南、西藏、青海、内蒙古、陕西，增加幅度较小的 5 个省份分别是上海、浙江、湖南、湖北、河南。增幅在平均增幅以上的省份有 18 个，而在平均增幅以下的省份有 13 个（见图 3 - 23）。

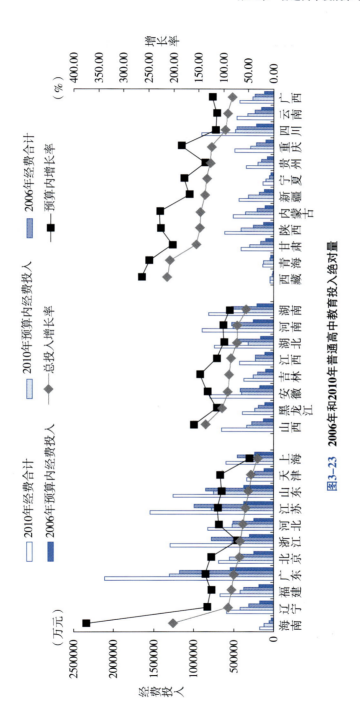

图3-23　2006年和2010年普通高中教育投入绝对量

2. 普通高中教育投入相对量的增幅西高东低

2010 年同 2006 年相比，全国普通高中教育经费占教育总经费的比例由 12.58% 下降到了 10.4%，下降了 2.18 个百分点。其中西藏增幅最大，由 5.42% 增加到了 7.08%，增加了 1.66 个百分点，增幅较大的 5 个省份分别是西藏、青海、山西、甘肃、黑龙江；而天津减少最多，由 14.59% 减少到了 9.83%，减少了 4.76 个百分点，减幅较大的 5 个省份分别是天津、湖南、山东、河北、江苏。增幅在平均增幅以上的省份有 19 个，而在平均增幅以下的省份有 12 个。

2010 年同 2006 年相比，全国普通高中预算内教育经费占预算内教育总经费的比例由 9.92% 下降到了 9.05%，下降了 0.87 个百分点。其中海南增幅最大，由 8.52% 增加到了 11.16%，增加了 2.64 个百分点，增幅较大的 5 个省份分别是海南、陕西、河南、西藏、甘肃；而湖南减少最多，由 11.15% 减少到了 8.61%，减少了 2.94 个百分点，减幅较大的 5 个省份分别是湖南、上海、四川、江西、天津。增幅在平均增幅以上的省份有 19个，而在平均增幅以下的省份有 12 个（见图 3 - 24）。

3. 普通高中生均教育投入增幅西高东低

2010 年同 2006 年相比，全国普通高中生均教育总经费由 4420.20 元增加到了 8253.27 元，增加了 86.72%。其中青海增幅最大，由 4406.52 元增加到了 12909.71 元，增加了 192.97%；而广东增加最少，由 7189.35 元增加到了 10116.58 元，增加了 40.72%。增幅较大的 5 个省份分别是青海、西藏、内蒙古、海南、陕西，增幅较小的 5 个省份分别是广东、云南、天津、浙江、江苏。增幅在平均线以上的省份有 22 个，而在平均线以下的省份有 9 个。

2010 年同 2006 年相比，全国普通高中生均预算内教育总经费由 2082.12 元增加到了 4844.234 元，增加了 132.66%。其中海南增幅最大，由 1817.15 元增加到了 7422.49 元，增加了 308.47%；而浙江增加最少，由 3364.11 元增加到了 5890.94 元，增加了 75.11%。增幅较大的 5 个省份分别是海南、内蒙古、西藏、青海、陕西，增幅较小的 5 个省份分别是浙江、云南、广东、贵州、四川。增幅在平均线以上的省份有 22 个，而在平均线以下的省份有 9 个（见图 3 - 25）。

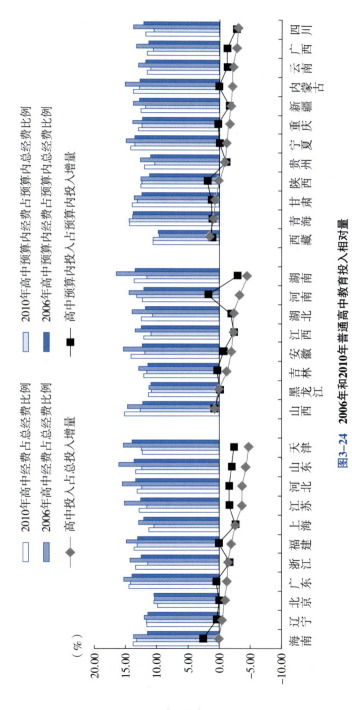

图3-24　2006年和2010年普通高中教育投入相对量

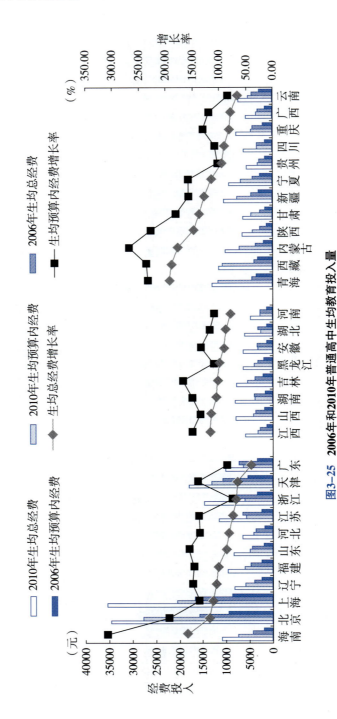

图3-25　2006年和2010年普通高中生均教育投入量

四、省域普通高中学杂费普遍有所增加

2010 年普通高中学杂费总收入为 4071947.9 万元。其中广东最多，达到 507195.5 万元；而西藏最少，只有 2766.6 万元。2010 年高中学杂费总收入最多的 5 个省份分别是广东、江苏、浙江、山东、湖南，最少的 5 个省份分别是西藏、青海、宁夏、海南、天津。学杂费总收入在平均数以上的省份有 12 个，而在平均数以下的省份有 19 个。

2010 年同 2006 年相比，全国普通高中学杂费收入由 2535451.1 万元增加到了 4071947.9 万元，增加了 71.86%。其中海南增幅最大，由 7665.9 万元增加到了 30986.1 万元，增幅为 304.21%；而山东增幅最小，由 234069.6 万元增加到了 239748.2 万元，增幅为 2.43%。增幅较大的 5 个省份分别是海南、山西、重庆、新疆、贵州，增幅较小的 5 个省份分别是山东、上海、西藏、湖南、湖北。增幅在平均增幅以上的省份有 19 个，而在平均增幅以下的省份有 13 个（见图 3 - 26）。

2010 年普通高中生均学杂费为 1797.78 元。其中上海最多，达到 4945.04 元；而青海最少，只有 623.23 元。2010 年高中人均学杂费最多的 5 个省份分别是上海、浙江、江苏、北京、广东，最少的 5 个省份分别是青海、西藏、四川、甘肃、宁夏。生均学杂费在平均数以上的省份有 10 个，而在平均数以下的省份有 21 个。

2010 年同 2006 年相比，全国普通高中生均学杂费由 1008.54 元增加到 1797.78 元，增加了 78.26%。其中海南增加幅度最大，由 555.60 元增加到 1931.07 元，增加了 247.56%；而西藏增加最少，由 607.56 元增加到 679.29 元，增幅为 11.81%。增幅较大的 5 个省份分别是海南、北京、山西、江西、江苏，增幅较小的 5 个省份分别是西藏、山东、湖北、甘肃、云南。增幅在平均增幅以上的省份有 14 个，而在平均增幅以下的省份有 17 个（见图 3 - 27）。

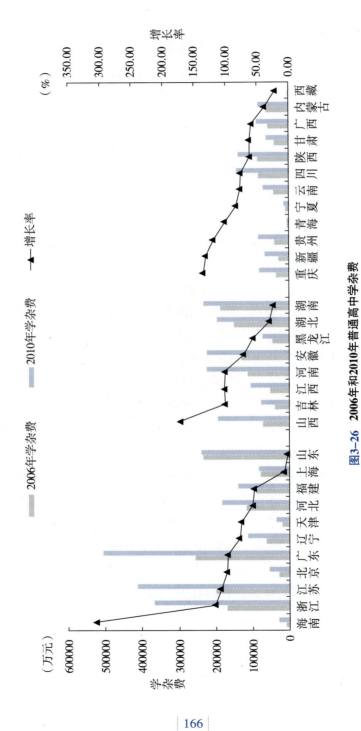

图3-26 2006年和2010年普通高中学杂费

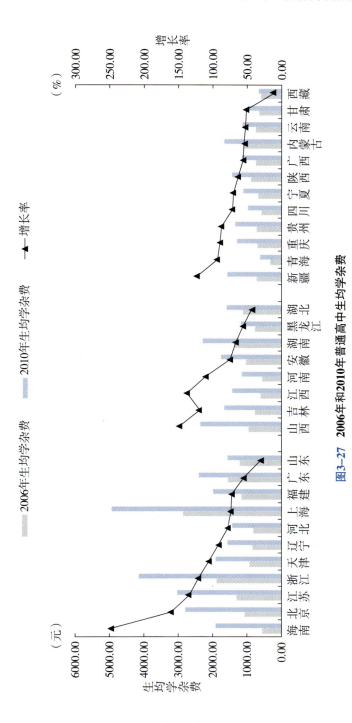

图3-27 2006年和2010年普通高中生均学杂费

第四节　普通高中办学条件的省际比较

学校办学条件是学校各项既得资源中表现最为直观的一项，它反映的是学校间教育资源存量的差异。办学条件是影响普通高中教育质量的重要因素，直接影响着高中生的生活学习和发展。本研究对普通高中办学条件的分析主要从普通高中学校占地面积和建筑面积、各种用房面积、图书情况、固定资产情况等方面进行。研究发现，随着社会经济的发展，特别是普通高中标准化建设进程的加快，各个省份都非常重视对普通高中办学条件的改善，省域普通高中学校占地面积和建筑面积以及各种用房、图书资源、固定资产等均在逐渐增加，并呈现出东高西低的特点。

一、省域普通高中学校占地面积和建筑面积有所增加

学校占地面积和建筑面积是学校办学条件的重要体现，统计分析发现各省份普通高中学校占地面积和建筑面积东部省份多于西部省份，八成省份普通高中学校生均占地面积和建筑面积均有增加。

1. 普通高中学校占地面积和建筑面积东部省份多于西部省份

由于各省份普通高中学生和教师数量差异巨大，因此各省份学校占地面积和建筑面积也表现出巨大的差异。2010 年普通高中学校占地面积为 9034.18 万平方米，平均每省占地 291.43 万平方米。其中广东最多，共占地 788.71 万平方米；而西藏最少，只占地 22.67 万平方米。2010 年学校占地面积较多的 5 个省份分别是广东、山东、河南、江苏、安徽，最少的 5 个省份分别是西藏、青海、宁夏、天津、海南。占地面积在平均数以上的省份有 14 个，而在平均数以下的省份有 17 个。

2010 年普通高中学校建筑面积为 3982.18 万平方米，平均每个省份拥有建筑面积 128.46 万平方米。其中广东最多，建筑面积共 384.80 万平方米；而西藏最少，建筑面积只有 7.79 万平方米。2010 年学校建筑面积较多的 5 个省份分别是广东、江苏、山东、河南、四川，最少的 5 个省份分

别是西藏、青海、宁夏、海南、天津。建筑面积在平均数以上的省份有 13
个，而在平均数以下的省份有 18 个（见图 3 - 28）。

《城市普通中小学校校舍建设标准》规定的规划指标中，高级中学的
生均建筑面积不少于 8.9 平方米。各地也根据当地情况制定了适宜本地区
的高级中学学校办学条件评估标准。例如，北京规定普通高中生均建筑面
积不少于 12.5 平方米。陕西省规定城市生均占地面积达 25 平方米以上，
县城及县城以上生均占地面积达 30 平方米以上；建筑面积城区生均在 12
平方米以上，县城及以下学校在 10 平方米以上。江西规定生均占地面积不
少于 25 平方米，建筑面积不少于 8.66 平方米。但是，由于各地经济发展
水平和地理环境条件的制约，各省份生均占地面积和建筑面积出现了显著
的省际差异。

2010 年普通高中生均占地面积为 37.22 平方米。其中北京最多，生均
占地 63.28 平方米；而陕西最少，生均只占地 23.87 平方米。生均占地面
积较多的 5 个省份分别是北京、上海、海南、新疆、西藏，最少的 5 个省
份分别是陕西、吉林、甘肃、辽宁、湖北。占地面积在平均数以上的省份
有 19 个，而在平均数以下的省份有 12 个。

2010 年普通高中生均建筑面积为 16.41 平方米。其中北京最多，生均建
筑面积共 37.33 平方米；而吉林最少，生均建筑面积只有 11.22 平方米。生
均建筑面积较多的 5 个省份分别是北京、上海、浙江、海南、福建，最少的
5 个省份分别是吉林、甘肃、贵州、黑龙江、陕西。建筑面积在平均数以上
的省份有 13 个，而在平均数以下的省份有 18 个（见图3 - 29）。

2. 各省份普通高中学校生均占地面积和建筑面积均有增加

2010 年同 2006 年相比，全国普通高中学校占地面积由 9009.04 万平
方米增加到了 9034.18 万平方米，增幅为 0.28%。其中云南增幅最大，由
258.66 万平方米增加到了 312.24 万平方米，增幅为 20.71%；而西藏减幅
最大，由 37.62 万平方米减少到了 22.67 万平方米，减幅为 39.75%。增幅
较大的 5 个省份分别是云南、重庆、广东、宁夏、山西，增幅较小的 5 个
省份分别是西藏、青海、新疆、吉林、江西。增幅在平均增幅以上的省份
有 14 个，而在平均增幅以下的省份有 17 个。

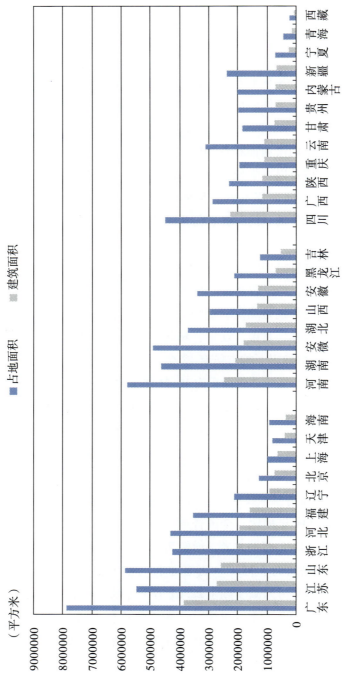

图3-28 2010年普通高中占地面积和建筑面积

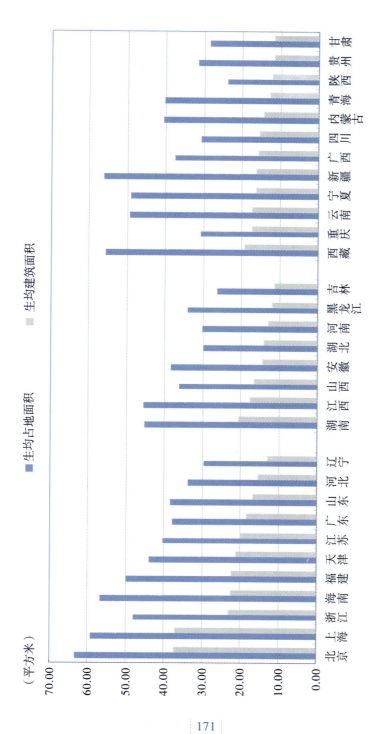

图3-29　2010年普通高中生均占地面积和建筑面积

2010 年同 2006 年相比，全国普通高中学校建筑面积由 3650.22 万平方米增加到了 3982.18 万平方米，增加了 9.09%。其中宁夏增幅最大，由 17.53 万平方米增加到了 23.18 万平方米，增幅为 32.22%；而西藏减幅最大，由 10.04 万平方米减少到了 7.79 万平方米，减幅为 22.33%。增幅较大的 5 个省份分别是宁夏、海南、云南、广东、山西，增幅较小的 5 个省份分别是西藏、青海、山东、上海、江西。增幅在平均增幅以上的省份有 14 个，而在平均增幅以下的省份有 17 个（见图 3-30）。

2010 年同 2006 年相比，全国普通高中生均占地面积由 35.83 平方米增加到了 37.22 平方米，增幅为 3.88%。其中上海增幅最大，由 37.79 平方米增加到了 59.42 平方米，增幅为 57.25%；而西藏减幅最大，由 99.86 平方米减少到了 55.65 平方米，减幅为 44.27%。增幅较大的 5 个省份分别是上海、湖南、北京、山东、福建，增幅较小的 5 个省份分别是西藏、青海、新疆、广东、海南。增幅在平均增幅以上的省份有 17 个，而在平均增幅以下的省份有 14 个。

2010 年同 2006 年相比，全国普通高中生均建筑面积由 14.52 平方米增加到了 16.41 平方米，增加了 13.01%。其中上海增幅最大，由 23.10 平方米增加到了 37.07 平方米，增幅为 60.51%；而西藏减幅最大，由 26.64 平方米减少到了 19.14 平方米，减幅为 44.27%。增幅较大的 5 个省份分别是上海、北京、湖南、内蒙古、山东，增幅较小的 5 个省份分别是西藏、青海、重庆、贵州、广东。增幅在平均增幅以上的省份有 16 个，而在平均增幅以下的省份有 15 个（见图 3-31）。

二、省域普通高中各种用房东部省份多于西部省份

普通高中的各种用房主要包括教学用房、行政用房、生活用房和其他用房等。本研究发现，各省份普通高中建筑用房、教学用房和办公行政用房等均为东部省份多于西部省份。

1. 普通高中建筑用房东部省份多于西部省份

2010 年普通高中各种用房中教学用房、行政用房、生活用房和其他用房面积分别为 1532.12 万平方米、343.02 万平方米、1779.23 万平方米、327.81 万平方米（见图 3-32）。

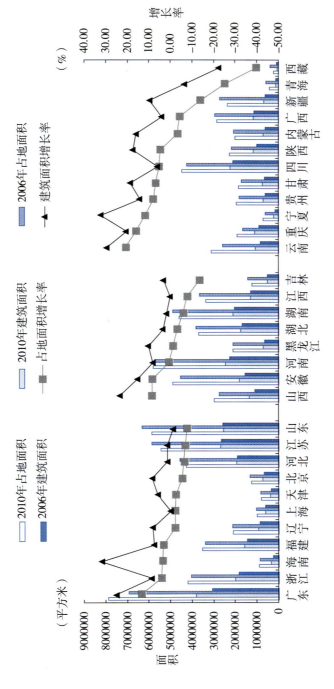

图3-30 2006年和2010年普通高中占地面积和建筑面积

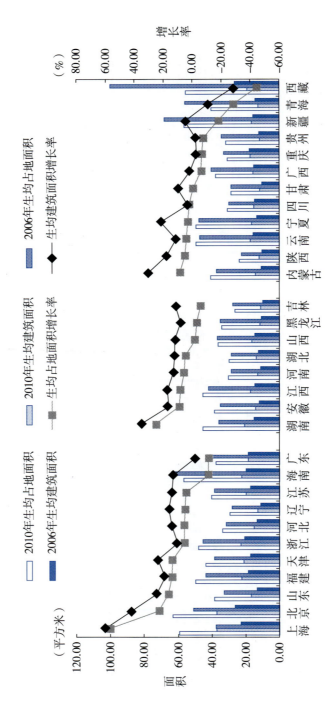

图3–31 2006年和2010年普通高中生均占地面积和建筑面积

　　教学用房广东最多，达到 152.08 万平方米；而西藏最少，只有 2.23万平方米。教学用房最多的 5 个省份分别是广东、江苏、山东、河南、四川，最少的 5 个省份分别是西藏、青海、宁夏、海南、天津。

　　行政用房广东最多，达到 28.49 万平方米；而西藏最少，只有 0.96 万平方米。行政用房最多的 5 个省份分别是广东、江苏、山东、河南、河北，最少的 5 个省份分别是西藏、青海、宁夏、海南、天津。

　　生活用房广东最多，达到 161.33 万平方米；而西藏最少，只有 3.83万平方米。生活用房最多的 5 个省份分别是广东、山东、河南、四川、江苏，最少的 5 个省份分别是西藏、青海、宁夏、天津、海南。

　　其他用房广东最多，达到 42.89 万平方米；而西藏最少，只有 0.77 万平方米。其他用房最多的 5 个省份分别是广东、江苏、北京、浙江、山东，最少的 5 个省份分别是西藏、青海、宁夏、甘肃、海南。

　　2010 年建筑用房中生均教学用房、生活用房和其他用房面积分别为6.31 平方米、7.33 平方米、1.35 平方米（见图 3-33）。

　　生均教学用房上海最多，达到 14.62 平方米；而吉林最少，只有 4.50平方米。生均教学用房最多的 5 个省份分别是上海、北京、福建、浙江、江苏，最少的 5 个省份分别是吉林、湖北、河南、陕西、贵州。在全国平均数以上的省份有 13 个，在全国平均数以下的省份有 18 个。

　　生均生活用房上海最多，达到 14.62 平方米；而黑龙江最少，只有3.73 平方米。生均生活用房最多的 5 个省份分别是上海、海南、北京、湖南、浙江，最少的 5 个省份分别是黑龙江、吉林、青海、甘肃、贵州。在全国平均数以上的省份有 17 个，在全国平均数以下的省份有 14 个。

　　生均其他用房北京最多，达到 10.33 平方米；而甘肃最少，只有 0.51平方米。生均其他用房最多的 5 个省份分别是北京、上海、天津、浙江、海南，最少的 5 个省份分别是甘肃、安徽、河南、四川、云南。在全国平均数以上的省份有 13 个，在全国平均数以下的省份有 18 个。

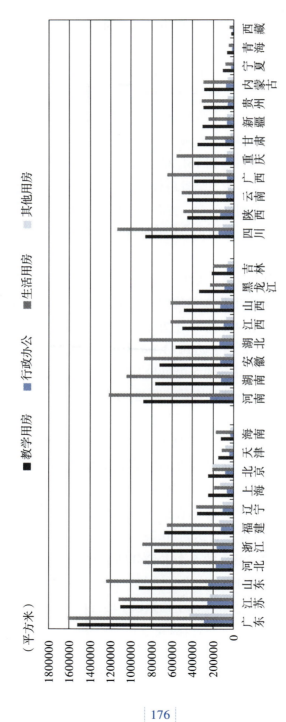

图3-32 2010年普通高中建筑用房面积

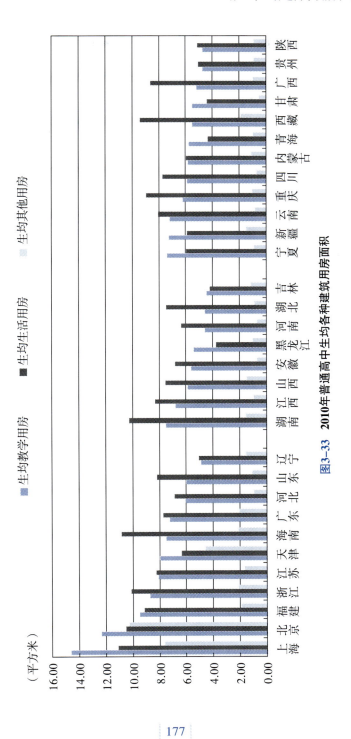

图3-33 2010年普通高中生均各种建筑用房面积

2. 普通高中教学用房东部省份多于西部省份

教学用房主要包括教室、实验室、图书室、微机室和语音室等。本研究发现，2010年普通高中教学用房中教室、实验室、图书室、微机室和语音室面积分别为945.01万平方米、232.29万平方米、116.16万平方米、59.22万平方米和25.52万平方米（见图3-34）。

教室面积广东最多，达到89.37万平方米；而西藏最少，只有1.50万平方米。教室面积最多的5个省份分别是广东、江苏、河南、四川、山东，最少的5个省份分别是西藏、青海、宁夏、海南、天津。

实验室面积广东最多，达到23.45万平方米；而西藏最少，只有0.12万平方米。实验室面积最多的5个省份分别是广东、江苏、河北、浙江、山东，最少的5个省份分别是西藏、青海、海南、宁夏、吉林。

图书室面积江苏最多，达到10.90万平方米；而西藏最少，只有3.83万平方米。图书室面积最多的5个省份分别是江苏、广东、浙江、福建、河南、四川，最少的5个省份分别是西藏、青海、宁夏、海南、天津。

微机室面积广东最多，达到5.02万平方米；而西藏最少，只有0.49万平方米。微机室面积最多的5个省份分别是广东、江苏、河南、山东、四川，最少的5个省份分别是西藏、青海、海南、宁夏、天津。

语音室面积广东最多，达到2.25万平方米；而西藏最少，只有0.29万平方米。语音室面积最多的5个省份分别是广东、山东、江苏、河南、四川，最少的5个省份分别是西藏、青海、海南、宁夏、北京。

2010年全国普通高中生均教学辅助用房中教室、实验室、图书室、微机室和语音室面积分别为3.89平方米、0.96平方米、0.48平方米、0.24平方米和0.11平方米（见图3-35）。

生均教室面积上海最多，达到6.91平方米；而吉林最少，只有2.70平方米。生均教室面积最多的5个省份分别是上海、北京、福建、海南、江西，最少的5个省份分别是吉林、辽宁、湖北、湖南、陕西。

生均实验室面积上海最多，达到2.34平方米；而吉林最少，只有0.49平方米。生均实验室面积最多的5个省份分别是上海、北京、福建、浙江、宁夏，最少的5个省份分别是吉林、辽宁、河南、贵州、湖北。

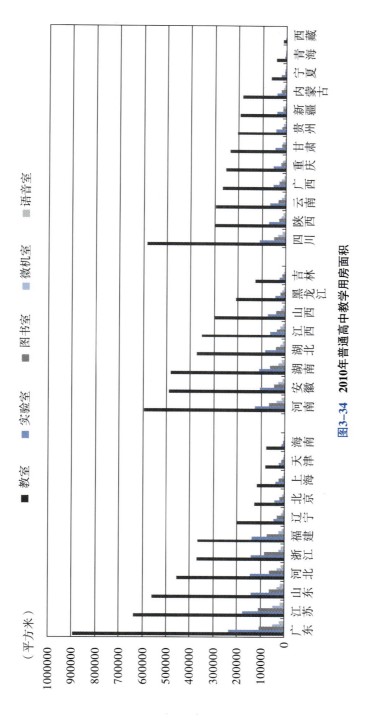

图3-34　2010年普通高中教学用房面积

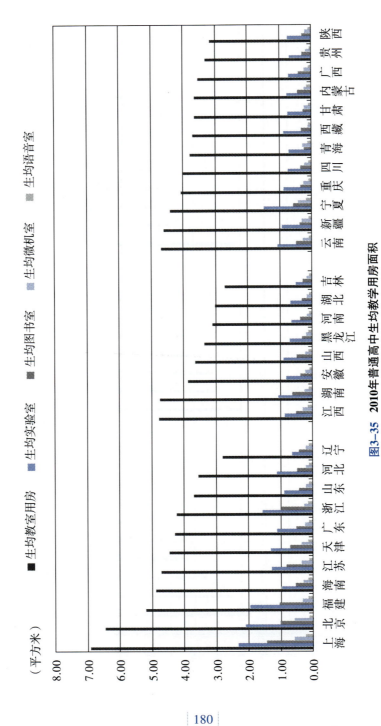

图3-35 2010年普通高中生均教学用房面积

生均图书室面积上海最多，达到 1.44 平方米；而青海最少，只有 0.23 平方米。生均图书室面积最多的 5 个省份分别是上海、福建、北京、浙江、江苏，最少的 5 个省份分别是青海、甘肃、吉林、陕西、贵州。

生均微机室面积上海最多，达到 0.59 平方米；而西藏最少，只有 0.12 平方米。生均微机室面积最多的 5 个省份分别是上海、北京、宁夏、天津、江苏，最少的 5 个省份分别是西藏、湖北、贵州、河南、吉林。

生均语音室面积上海最多，达到 0.23 平方米；而贵州最少，只有 0.06 平方米。生均语音室面积最多的 5 个省份分别是上海、宁夏、天津、内蒙古、江西，最少的 5 个省份分别是贵州、西藏、甘肃、河南、新疆。

3. 普通高中行政办公用房东部省份多于西部省份

2010 年普通高中行政办公用房和办公用房面积分别为 343.02 万平方米、217.57 万平方米（见图 3 - 36）。

行政办公用房面积广东最多，达到 28.49 万平方米；而西藏最少，只有 0.96 万平方米。行政办公用房面积最多的 5 个省份分别是广东、江苏、山东、河南、河北，最少的 5 个省份分别是西藏、青海、宁夏、海南、天津。

办公用房面积河南最多，达到 17.23 万平方米；而西藏最少，只有 0.36 万平方米。办公用房面积最多的 5 个省份分别是河南、山东、广东、江苏、河北，最少的 5 个省份分别是西藏、青海、海南、宁夏、天津。

2010 年普通高中师均行政办公用房和办公用房面积分别为 22.59 平方米、14.33 平方米（见图 3 - 37）。

师均行政办公用房面积北京最多，达到 41.78 平方米；而广西最少，只有 16.19 平方米。师均行政办公用房面积最多的 5 个省份分别是北京、上海、海南、宁夏、西藏，最少的 5 个省份分别是广西、云南、贵州、四川、湖南。师均行政办公用房面积在平均数以上的省份有 17 个，在平均数以下的省份有 14 个。

师均办公用房面积宁夏最多，达到 25.88 平方米；而云南最少，只有 10.55 平方米。师均办公用房面积最多的 5 个省份分别是宁夏、北京、天津、内蒙古、上海，最少的 5 个省份分别是云南、贵州、西藏、湖南、广西。师均办公用房面积在平均数以上的省份有 15 个，而在平均数以下的省份有 16 个。

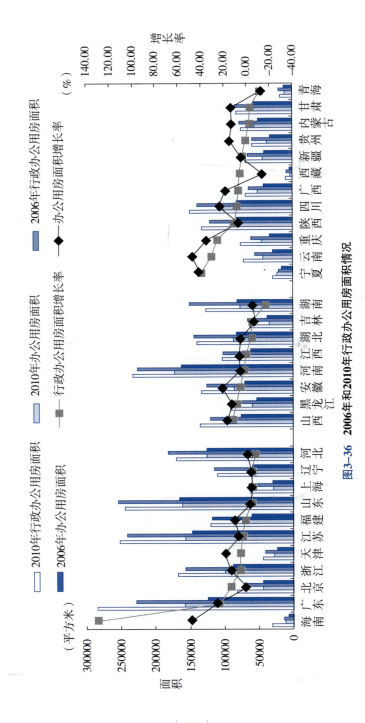

图3-36 2006年和2010年行政办公用房面积情况

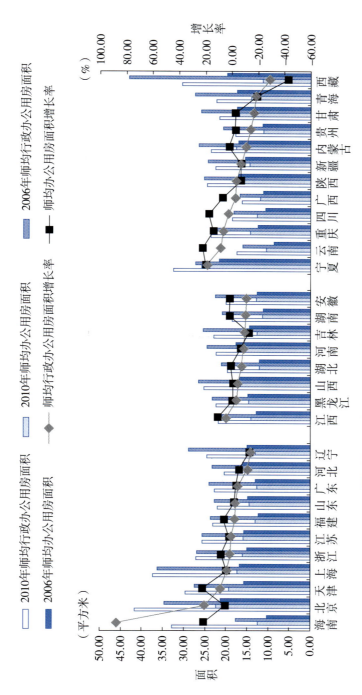

图3-37 2006年和2010年师均行政办公用房面积情况

三、省域普通高中图书存量和增量东部省份均多于西部省份

图书和电子图书存量是学校办学条件的重要内容之一。本研究发现，普通高中图书和电子图书存量东部省份多于西部省份，图书增量也是东部省份多于西部省份。

1. 普通高中图书和电子图书存量东部省份多于西部省份

2010 年全国普通高中图书总量为 6270.68 万册。其中广东最多，共有 720.94 万册；而西藏最少，只有 7.67 万册。图书量最多的 5 个省份分别是广东、江苏、福建、山东、浙江，最少的 5 个省份分别是西藏、青海、宁夏、海南、天津（见图 3-38）。

2010 年全国普通高中生均图书量 25.83 册。其中北京最多，生均图书量达到 86.23 册；而黑龙江最少，只有 12.43 册。生均图书量最多的 5 个省份分别是北京、上海、福建、浙江、天津，最少的 5 个省份分别是黑龙江、湖北、河南、吉林、内蒙古。生均图书量在全国平均数以上的省份有 10 个，在全国平均数以下的省份有 21 个（见图 3-39）。

2010 年全国普通高中电子图书总量为 1408200GB（千兆）。其中广东最多，共有 282900GB；而宁夏最少，只有 5400GB。2010 年电子藏书最多的 5 个省份分别是广东、江苏、河南、广西、安徽，最少的 5 个省份分别是宁夏、黑龙江、辽宁、山西、青海。

2010 年全国普通高中生均电子图书量 0.58GB。其中广西最多，生均电子图书量达到 1.49GB；而辽宁最少，只有 0.04GB。生均电子图书量最多的 5 个省份分别是广西、天津、广东、西藏、江苏，最少的 5 个省份分别是辽宁、山西、宁夏、黑龙江、四川。生均电子图书量在全国平均数以上的省份有 14 个，在全国平均数以下的省份有 17 个。

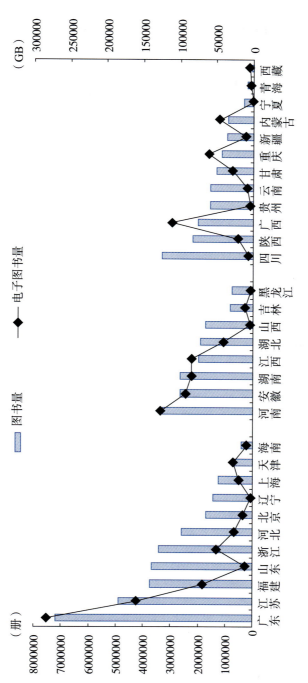

图3-38 2010年普通高中图书量和电子图书量

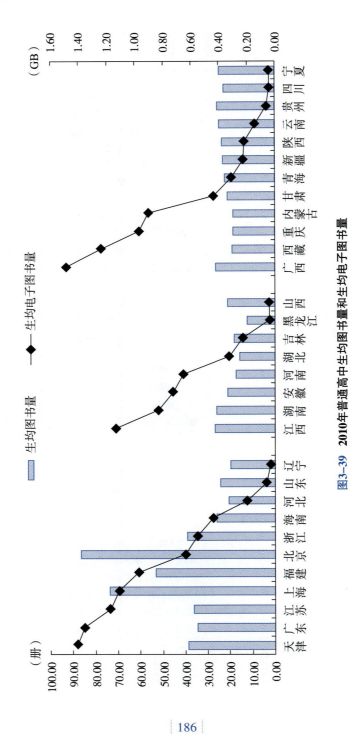

图3-39 2010年普通高中生均图书量和生均电子图书量

2. 普通高中图书增量东部省份多于西部省份

2010 年同 2006 年相比，全国普通高中图书量由 5661.77 万册增加到了 6270.68 万册，增幅为 10.75%。其中宁夏增幅最大，由 23.23 万册增加到了 35.11 万册，增幅为 51.13%；而西藏减幅最大，由 11.50 万册减少到了 7.67 万册，减幅为 33.28%。增幅较大的 5 个省份分别是宁夏、贵州、云南、重庆、海南，减幅最大的 5 个省份分别是西藏、黑龙江、河北、上海、湖南。增幅在平均增幅以上的省份有 14 个，而在平均增幅以下的省份有 17 个（见图 3 - 40）。

2010 年同 2006 年相比，全国生均普通高中图书量由 22.52 册增加到了 25.83 册，增幅为 14.73%。其中上海增幅最大，由 37.21 册增加到了 73.68 册，增幅为 56.09%；而西藏增幅最小，由 30.53 册减少到了 18.84 册，减幅为 38.28%。增幅较大的 5 个省份分别是上海、山东、北京、江西、宁夏，减幅最大的 5 个省份分别是西藏、黑龙江、广东、青海、山西。增幅在平均增幅以上的省份有 14 个，而在平均增幅以下的省份有 17 个（见图 3 - 41）。

四、省域普通高中固定资产及其增量东部省份均多于西部省份

本研究对普通高中固定资产及其增量的分析发现，普通高中固定资产及其增量均为东部省份多于西部省份（见表 3 - 2）。

1. 普通高中固定资产东部省份多于西部省份

2010 年普通高中固定资产价值 43699751 万元，平均每个省份 1409669 万元。其中广东最多，共有 4432430.6 万元；而西藏最少，只有 94938.54 万元。2010 年固定资产最多的 5 个省份分别是广东、江苏、山东、浙江、四川，最少的 5 个省份分别是西藏、青海、宁夏、天津、海南。固定资产价值在平均数以上的省份有 11 个，而在平均数以下的省份有 20 个（见图 3 - 42）。

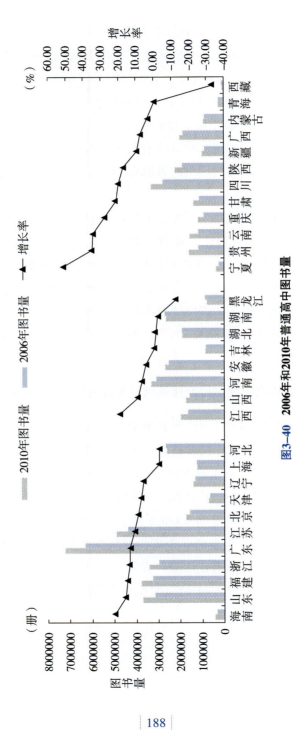

图3-40 2006年和2010年普通高中图书量

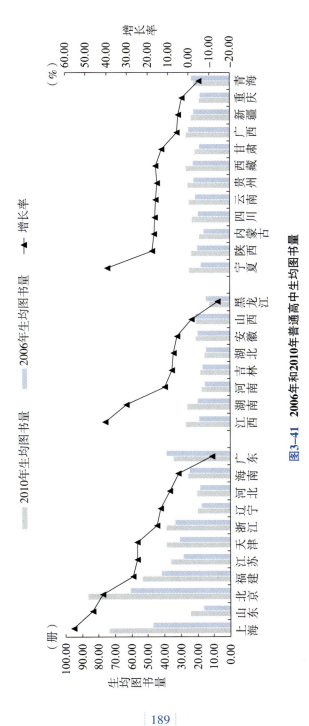

图3-41　2006年和2010年普通高中生均图书量

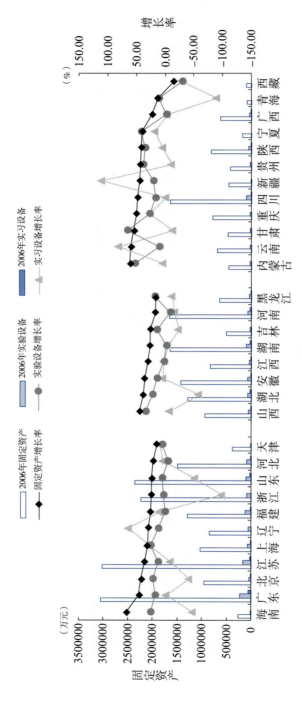

图3-42 2006年和2010年普通高中固定资产

表 3 – 2　**2010 年普通高中固定资产最多与最少的 5 个省份**

（单位：万元）

	固定资产		实验设备		实习设备		生均固定资产		生均实验设备		生均实习设备	
最多的5个省份	广东	4432430.6	广东	272195.75	广东	56414.09	上海	7.93	上海	0.57	上海	0.061
	江苏	4081336	江苏	186850.45	江苏	26648.8	北京	6.83	北京	0.27	福建	0.028
	山东	2889148.6	山东	107084.2	湖南	24280.47	浙江	3.13	福建	0.18	广东	0.027
	浙江	2752674.3	浙江	90670.38	安徽	21205.54	江苏	3.01	海南	0.15	湖南	0.024
	四川	2436269.6	四川	119170.4	河南	20020.52	海南	2.74	江苏	0.14	北京	0.023
最少的5个省份	海南	440177.11	海南	24536.7	海南	2908.6	甘肃	1.16	云南	0.06	甘肃	0.008
	天津	435837.99	天津	22185.43	宁夏	1294.63	广西	1.03	广西	0.06	新疆	0.008
	宁夏	249593.91	宁夏	9888.66	西藏	677.81	河南	1.02	青海	0.06	内蒙古	0.007
	青海	106562.16	青海	6812.25	青海	72.31	贵州	0.99	新疆	0.04	青海	0.001
	西藏	94938.54	西藏	2554.84	浙江	0	青海	0.99	河南	0.04	浙江	0

普通高中实验设备价值 2213444.2 万元，平均每个省份 71401.43 万元。其中广东最多，价值 272195.75 万元；而西藏最少，只有 2554.84 万元。实验设备较多的 5 个省份分别是广东、江苏、山东、浙江、四川，最少的 5 个省份分别是西藏、青海、宁夏、天津、海南。生均实验设备价值在平均数以上的省份有 14 个，而在平均数以下的省份有 17 个。

普通高中实习设备价值 348667.88 万元，平均每个省份 11247.35 万元。其中广东最高，价值 56414.09 万元；而浙江和河南最少，为 0 元。实习设备价值最高的 5 个省份分别是广东、江苏、湖南、安徽、河南，最低的 5 个省份分别是浙江、青海、西藏、宁夏、海南。实习设备价值在平均数以上的省份有 10 个，在平均数以下的省份有 21 个。

普通高中生均固定资产价值 1.80 万元。其中上海最多，达到 7.93 万元；而青海最少，只有 0.99 万元。生均固定资产最多的 5 个省份分别是上海、北京、浙江、江苏、海南，最少的 5 个省份分别是青海、贵州、河南、广西、甘肃。生均固定资产价值在平均数以上的省份有 11 个，而在平均数以下的省份有 20 个（见图 3 - 43）。

普通高中生均实验设备价值 0.09 万元。其中上海最多，达到 0.57 万元；而新疆和河南最少，只有 0.04 万元。2010 年生均实验设备较多的 5 个省份分别是上海、北京、福建、海南、江苏，最少的 5 个省份分别是河南、新疆、青海、广西、云南。生均实验设备价值在平均数以上的省份有 14 个，而在平均数以下的省份有 17 个。

普通高中生均实习设备价值 0.01 万元。其中上海最多，达到 0.061 万元；而浙江最少，为 0 元。生均实习设备较多的 5 个省份分别是上海、福建、广东、湖南、北京，最少的 5 个省份分别是浙江、青海、内蒙古、新疆、甘肃。生均实习设备价值在平均数以上的省份有 13 个，而在平均数以下的省份有 18 个。

2. 普通高中固定资产增量东部省份多于西部省份

2010 年同 2006 年相比，总体来说普通高中固定资产由 32720936.64 万元增加到了 43699751 万元，增加了 33.55%。其中海南增幅最大，由 264394.27 万元增加到了 440177.11 万元，增加了 66.49%；而西藏减幅最大，由 111165.85 万元减少到了 94938.54 万元，减少了 14.60%。增幅较大的 5 个省份分别是海南、内蒙古、云南、甘肃、重庆，增幅较小的 5 个省份分别是西藏、青海、天津、黑龙江、河南。增幅在平均增幅以上的省份有 15 个，在平均增幅以下的省份有 16 个。

2010 年同 2006 年相比，总体来说普通高中实验设备由 2006 年的 1963548.4 万元增加到了 2010 年的 2213444.2 万元，增加了 12.73%。其中甘肃减幅最大，由 28221.48 万元增加到了 46553.24 万元，增加了 64.96%；而西藏减幅最大，由 3651.68 万元减少到了 2554.84 万元，减少了 30.04%。增幅较大的 5 个省份分别是甘肃、内蒙古、宁夏、贵州、陕西，增幅较小的 5 个省份分别是西藏、河南、河北、广西、湖南。增幅在平均增幅以上的省份有 17 个，在平均增幅以下的省份有 14 个。

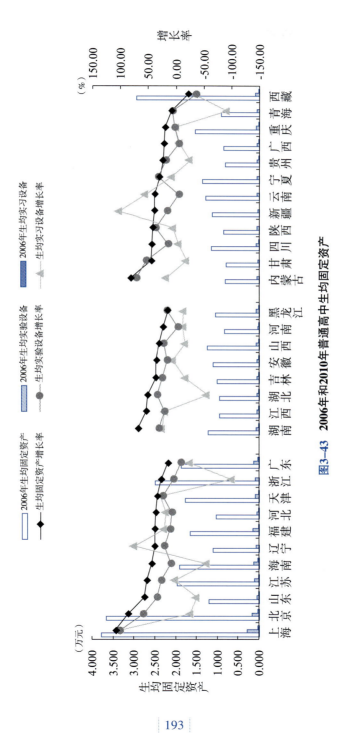

图3-43　2006年和2010年普通高中生均固定资产

2010 年同 2006 年相比，总体来说普通高中实习设备的价值由 2006 年的 387576.18 万元减少到了 2010 年的 348667.88 万元，减少了 10.04%。其中新疆增幅最大，由 1619.4 万元增加到了 3404.63 万元，增加了 110.24%；而浙江增幅最小，由 81.87 万元减少为 0 元。增幅较大的 5 个省份分别是新疆、云南、辽宁、重庆、上海，增幅较小的 5 个省份分别是浙江、青海、湖北、山东、海南。增幅在平均增幅以上的省份有 19 个，在平均增幅以下的省份有 12 个。

2010 年同 2006 年相比，全国普通高中生均固定资产由 1.30 万元增加到了 1.80 万元，增加了 38.46%。其中上海增幅最大，由 3.79 万元增加到了 7.93 万元，增加了 109.23%；而西藏增幅最小，由 2.95 万元减少到了 2.33 万元，减少了 21.02%。增幅较大的 5 个省份分别是上海、北京、内蒙古、湖南、山东，增幅较小的 5 个省份分别是西藏、青海、广东、黑龙江、重庆。增幅在平均增幅以上的省份有 12 个，在平均增幅以下的省份有 19 个。

全国普通高中生均实验设备的价值由 0.078 万元增加到了 0.091 万元，增加了 16.77%。其中上海增幅最大，由 0.285 万元增加到了 0.569 万元，增加了 99.65%；而西藏增幅最小，由 0.097 万元减少到了 0.063 万元，减少了 35.05%。增幅较大的 5 个省份分别是上海、内蒙古、北京、甘肃、陕西，增幅较小的 5 个省份分别是西藏、广东、云南、广西、河南。增幅在平均增幅以上的省份有 16 个，在平均增幅以下的省份有 15 个。

全国普通高中生均实习设备的价值由 0.015 万元减少到了 0.014 万元，减幅为 6.67%。其中上海增幅最大，由 0.030 万元增加到了 0.061 万元，增加了 103.33%；而青海减幅最大，由 0.007 万元减少到 0.001 万元，减少了 85.71%。增幅较大的 5 个省份分别是上海、新疆、辽宁、云南、天津，增幅较小的 5 个省份分别是浙江、青海、湖北、海南、山东。增幅在平均增幅以上的省份有 19 个，在平均增幅以下的省份有 12 个。

五、省域普通高中计算机数量东部省份多于西部省份

随着信息技术的发展，各省份越来越重视信息技术与计算机网络建

设，本研究通过对各省份计算机数量的统计分析发现，普通高中计算机数量东部省份多于西部省份，生均计算机数量也是东部省份多于西部省份。

1. 普通高中计算机数量东部省份多于西部省份

2010 年普通高中计算机数量为 2652586 台，平均每个省份 85567.29台。其中广东最多，有 251020 台，而西藏最少，只有 2879 台。2010 年计算机较多的 5 个省份分别是广东、江苏、山东、浙江、河北，最少的 5 个省份分别是西藏、青海、海南、宁夏、天津。计算机数量在平均数以上的省份有 12 个，而在平均数以下的省份有 19 个。

2010 年同 2006 年相比，全国普通高中计算机拥有量由 2660502 台减少到了2652586 台，减幅为 0.29%。其中宁夏增幅最大，由 15327 台增加到了 19602台，增加了 27.89%；而西藏减幅最大，由 3841 台减少到了 2879 台，减少了25.05%。增幅较大的 5 个省份分别是宁夏、云南、北京、山西、陕西，增幅较小的 5 个省份分别是西藏、天津、湖南、吉林、黑龙江。增幅在平均增幅以上的省份有 19 个，在平均增幅以下的省份有 12 个（见图 3 - 44）。

2. 普通高中生均计算机数量京沪最多

2010 年我国普通高中生均计算机数量为 0.11 台。其中北京最多，有0.53 台；而河南最少，只有 0.06 台。2010 年生均计算机数量较多的 5 个省份分别是北京、上海、天津、浙江、福建，最少的 5 个省份分别是河南、湖北、西藏、贵州、四川。生均计算机数量在平均数以上的省份有 14 个，而在平均数以下的省份有 17 个。

2010 年同 2006 年相比，全国普通高中生均计算机数量由 0.106 台增加到了 0.109 台，增加了 2.83%。其中上海增幅最大，由 0.323 台增加到了 0.499 台，增幅为 54.49%；而西藏减幅最大，由 0.102 台减少到了0.071 台，减幅为 30.39%。增幅较大的 5 个省份分别是上海、北京、山东、江西、宁夏，增幅较小的 5 个省份分别是西藏、广东、贵州、重庆、黑龙江。增幅在平均增幅以上的省份有 12 个，在平均增幅以下的省份有19 个（见图 3 - 45）。

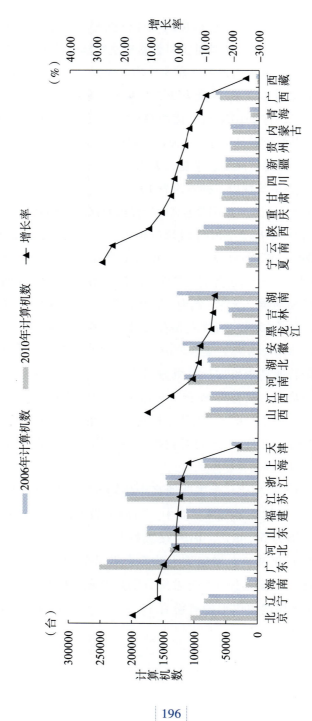

图3-44 2006年和2010年普通高中计算机数

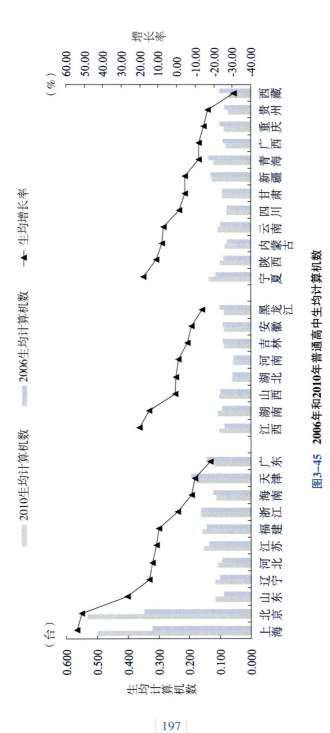

图3-45　2006年和2010年普通高中生均计算机数

第五节　省域高中教育发展典型经验

本节结合我国当前教育改革宏观背景和各地改革的实践探索，通过文献调研，对近年来全国部分省（市、区）域普通高中教育改革的政策规定、实施措施和改革成效进行深入梳理和总结分析，力求反映近年来我国普通高中教育改革的最新动态与成功经验。

一、更加注重多样化特色化发展

随着我国高中教育普及水平的提升，社会对优质高中教育资源的需求不断提升和优质高中教育资源稀缺之间的矛盾日益突出。优质高中教育资源稀缺集中体现为办学体制和培养模式单一，办学特色不突出。当前，大力推进普通高中多样化特色化发展已成为改革的基本共识。《教育规划纲要》明确提出"推动普通高中多样化发展"，"鼓励普通高中办出特色"，"鼓励有条件的普通高中根据需要适当增加职业教育的教学内容"。这是党中央、国务院在新世纪新阶段首次对普通高中发展方式做出的重大政策定向。有学者指出，普通高中多样化并不是纵向分层而应该是横向分类，从以分数为标准的等级划分转化为依照学校特色的平等划分。[①] 也即普通高中多样化发展是以特色化发展为前提的，而"学校特色是每所学校通过培养目标、课程、课堂、学生特点及教师形成的自己的核心优势"[②]。因此，深化课程改革和促进办学模式多样化是普通高中多样化特色化发展的本质要求。近年来，浙江省和福建省分别在这两方面进行了积极探索。

1. 浙江省以深化普通高中课程改革促进高中多样化特色化发展

浙江省是我国经济大省和教育强省，基础教育已基本实现了由普及九年义务教育向普及十五年教育的跨越。《2011 年浙江省教育事业发展统计

①② 霍益萍 . 普通高中现状调研与问题讨论［M］. 上海：华东师范大学出版社，2010：152.

公报》显示：全省共有普通高中学校 569 所，在校生 89.9 万人；专任教师
6.34 万人，生师比 14.2：1；专任教师学历合格率 98.8%。全省学前三年
到高中段的 15 年教育普及率为 97.6%。高中段教育毛入学率为 93.2%，
高中段教育巩固率为 98.71%。随着高中教育的普及，如何克服普通高中
教育"千校一面"、人才培养模式单一和特色不彰显等不适应经济社会发
展需求和人才成长规律的现实问题，深化办学体制和人才培养模式改革，
大力促进高中教育多样化特色化发展，已经成为未来一段时期内浙江省高
中教育改革的重中之重。为此，浙江省近年来结合本省中长期教育改革发
展规划，以深化普通高中课程改革为抓手，开展以课程多样化特色化建设
促进学校多样化特色化发展的有益探索，取得了显著成效。

目前，浙江省已逐步构建起了一个完整的课程改革政策框架体系。

一是以省规划纲要为指导，明确了改革的方向。《浙江省中长期教育
改革和发展规划纲要（2010—2020 年)》（以下简称《纲要》）进一步明确
了把"实现普通高中多样化发展"和"加强优质特色普通高中建设"作为
浙江省未来十年高中教育改革发展的主要任务。《纲要》特别强调了要增
加学生的选修课程，注重社会实践，完善学生学业水平考试和综合素质评
价，开展对特殊潜质学生的个性化培养，建立学生发展指导制度。同时，
把职业教育作为选修课程，适当引入普通高中教育，培养普通高中学生的
职业技能，探索普职融合的综合高中发展模式。扩大特色高中自主招生，
开展优质特色普通高中评价活动，争取到 2015 年全省优质特色普通高中比
例达到 50%。

二是以课程改革为抓手，明确了改革的载体。浙江省于 2006 年启动了
高中新课程改革，在更新教育观念、转变教学与学习方式和改进评价方式
方面取得了一定成效。在此基础上，自 2010 年起用了两年时间制定《浙
江省深化普通高中课程改革方案》、《浙江省普通高中特色示范学校建设标
准（试行)》，同时围绕学分管理、选修课管理和学业水平考试等出台了 9
个配套方案。改革的指导思想是面对经济社会发展对多层次多样化人才的
需求与普通高中高度同质化之间存在的矛盾和问题，以课程改革为抓手，
推进高中教育多样化特色化发展，以满足不同潜质学生的需求，适应社会

对不同层次和类型人才的需求。

三是以试点学校为突破，明确了改革的路径。为推动浙江省普通高中多样化发展，推进培养模式多样化，浙江省印发了《关于公布普通高中多样化发展选修课程建设改革试点学校名单的通知》，并于 2011 年 4 月确定了 30 所改革试点学校，共分四类，即学科专业类、技术技能类、兴趣特长类和社会实践类选修课程试点学校，包括 10 所农村高中和 5 所职业高中。

四是以高招改革为契机，创造了改革的条件。高考招生改革与普通高中课程改革同步推进，特别是正在推进的"三位一体"高校综合评价招生改革试点以及高职院校多形式自主招生，明显加强了对学生专业兴趣、专业潜质、专业素养的测试，为课程改革创造了条件。2012 年浙江省"三位一体"试点的 17 所高校计划招生 1600 余名，报名学生则达 10614 名，存在很强的"鲶鱼效应"。①

围绕改革目标，新一轮课程改革的主要内容集中在"调结构、减总量、优方法、改评价、创条件"五个方面，改革的亮点主要有六个方面。一是大幅度提高选修的比例。选修课程占总学分的比例由原来的 19.4% 提高到 33.3% 。二是学校自主设置课程。将课程设置权交给学校，全省不再有统一课表，学校可根据本校学生实际安排课程。三是分类建设选修课程。明确开设四类选修课程，鼓励教师开发开设适合学生个性发展需要的选修课程。四是扩大选课范围。鼓励职业高中、高等院校、企业和社会办学机构开发开设符合普通高中学生需要的选修课程，鼓励学生在校内选课走班，也可以跨校和通过社会培训机构选课学习。五是实施弹性学制。鼓励学生制订发展规划，形成个人修习计划，在达到规定的毕业要求时，可以申请提前毕业。六是建立学分收费制度。在不提高收费标准的前提下，将学费分为注册学费和学分学费两部分，以鼓励学校开发开设选修课程。②

为确保高中课程改革顺利进行，浙江省还采取了一系列有效的保障措

---

① 追求学习的快乐和幸福，浙江深化高中课程改革 ［EB/OL］. (2012 – 06 – 19). http://www.chinanews.com/edu/2012/06 – 19/3972282. shtml（中国新闻网）.

② 浙江省深化普通高中课程改革相关问题答疑 ［EB/OL］. (2012 – 06 – 19). http://www.zjedu.gov.cn/gb/articles/2012 – 06 – 19/news20120619151929. html（浙江省教育厅网站）.

施：首先，各级教育行政部门成立了深化普通高中课程改革工作领导小组，建立了深化普通高中课程改革联席会议制度，学校内部相应成立以校长为组长的深化课程改革工作领导小组，以及课程资源评审委员会、学分认定委员会、学生选课指导中心等机构，切实加强对课程改革的领导；其次，要求学校制定年度课程资源开发和课程建设计划，并按照3年基本建成学校有特色课程体系的要求，制定学校课程资源开发和课程建设中长期规划。另外，在强化对各级教育行政部门的考核评估、优化学校评价与教师评价指标的同时，将学校选修课程建设与开设情况，列入对市县教育现代化评估和教育科学和谐发展业绩考核体系，并加大对各级教育管理干部、普通高中校长、各地高中段教研员和课改试点学校骨干教师的培训。①

经过两年多的改革实践探索，浙江省普通高中课程改革取得了明显成效，得到了包括政府、社会和学校在内各方面的普遍认可，广泛凝聚了共识，为进一步深化改革奠定了基础。另外，改革试点学校经过一年多的实践探索，在选修课程管理、学分认定和改进教学方式、满足学生个性化发展、构建特色课程等方面积累了丰富的实践经验，为进一步扩大和深化改革提供了很好的经验和借鉴。

2. 福建省普通高中办学模式多样化改革的实践探索

福建省经济发展位于我国中上游，人口规模和教育规模适中，近年来福建省经济加快发展，教育改革发展的步伐也随之加快。福建省教育厅2012年7月31日公布的《2011年全省各级各类教育事业发展情况》显示，全省目前共有完全中学559所（含高级中学108所），在校生70.95万人。2011年4月，省政府办公厅转发省教育厅关于福建省教育改革试点总体方案，把开展普通高中办学多样化改革列入福建省十大教育改革试点之一，由18所普通高中承担试点任务。福建省普通高中改革的一大特点是：坚持区域高中多样化与学校特色化发展相结合，以办学模式多样化促进区域高中多样化发展，以课程改革促进学校特色化发展。一年来，18所试点

---

① 浙江省深化普通高中课程改革方案［EB/OL］.（2012－06－15）. http://edu. zjol. com. cn/05edu/system/2012/06/15/018582590. shtml（浙江教育新闻网）.

高中积极探索高中办学模式改革试验，取得了阶段性成果，形成了两大类七个方面的特色。[①]

第一，在创新办学模式中形成多样化。

（1）中外合作办学特色。具有代表性的改革试点单位是福州三中、泉州五中、泉州七中。三所中学通过多种形式的中外合作课程实验班，在积极引进国际高中课程和优秀教学资源，逐步形成具有国际化视野的课程体系和管理机制等方面进行了积极探索。

（2）普职融通办学特色。具有代表性的改革试点是福州华侨中学和漳州五中。两所中学立足于为学生提供个性化教育需要，分别开展了普职分流模式试验和普职融合模式试验，前者采用"1.5＋1.5"分流式（即学生在高中阶段系统学习一年半的文化基础课，并参加福建省高中会考；高中会考后的一年半，根据学生和家长自愿的原则，分别开设普高班、体艺班或职业班），后者实行"普通高中＋艺术特长＋职业教育"三合一的办学模式。

（3）六年一贯制办学特色。具有代表性的改革试点单位是厦大附中、三明一中。厦大附中承担"六年一贯制"试点项目，在课程、课堂、评价等方面进行一系列改革，积极创新人才培养模式，探索为中学阶段"资优生"提供合适的教育。三明一中实施"初高中教育一体化"实验，联合五所初中校创建一套具有特色的初中和高中教育教学互通互助的体系，构建一个新型的特色教育平台，努力建立"初高中教育一体化"教育教学范式。

第二，在创新课程体系中形成学科特色。

（1）在课程体系建设中创特色。具有代表性的改革试点单位是福州格致中学、厦大附中、晋江养正中学、南安国光中学。主要做法是以扎实必修课程、优化选修课程、开发有特色的校本课程为主要内容，探索开发具有农村特色、多样化、可选择的高中课程体系。

---

① 参见：尹雪梅. 内因外力助推高中特色发展——福建省高中办学模式多样化改革的探讨[J]. 福建基础教育研究，2012（5）.

（2）在优势学科中创特色。具有代表性的改革试点单位是福州外国语学校。主要做法是继承外语特色学科的传统，进一步强化学科特色优势。

（3）在校本课程中创特色。具有代表性的改革试点单位是福州铜盘中学、福州屏东中学、永定一中、石狮一中。主要做法是开发和凸显国防教育、审美教育、民族文化教育和创业教育等校本特色课程，在校本课程中体现特色。

（4）优势课外教育特色。具有代表性的改革试点单位是福州格致中学、南安一中、莆田六中。主要做法是将课外兴趣课程特色化，注重培养学生自主学习能力、探究能力、实践能力、创新能力，促进学生个性化发展。

福建省普通高中办学模式多样化改革最大的亮点是厘清思路和工作重点，抓住普通高中多样化与特色化发展的重点和突破点，并积极尝试和推进试点改革。但是，福建省试点改革更多的是经验和做法的总结，在体制机制的改革创新方面存在明显不足。

二、更加注重完善投入保障机制建设

随着我国加快高中阶段教育发展的步伐，如何建立和完善普通高中投入保障机制日益受到各方面的关注。2010 年，《国务院办公厅关于开展国家教育体制改革试点的通知》（国办发〔2010〕48 号）印发后，围绕"完善投入机制，提高教育保障水平"的改革试点，湖南省于 2010 年 12 月制定了《普通高中生均经费基本标准和生均财政拨款基本标准改革试点实施方案》，并计划于 2012 年开始启动改革试点工作。2011 年，江苏省财政厅、教育厅出台了《关于进一步强化教育经费保障机制的通知》（苏财教〔2011〕6 号），率先在建立和完善普通高中经费保障机制方面开始了实践探索。

江苏省按照国家有关政策精神，结合本省普通高中改革发展面临的突出问题，主要采取了三大措施推进普通高中学校教育经费保障机制改革。一是建立和完善普通高中教育经费保障机制，在逐步提高投入水平的基础上，建立和完善以财政投入为主、其他多种渠道筹措为辅的高中教育经费投入保障机制。二是依照《财政部　教育部关于建立普通高中家庭经济困难学生国家资助制度的意见》（财教［2010］356 号）规定，结合江苏省实际，按苏南、苏中资助面 10%，苏北资助面 15%，平均每生每学年1500 元的资助标准发放普通高中国家助学金。对高中阶段残疾学生实施免费教育，学校减收经费由同级财政全额纳入年度预算予以保障。三是积极化解普通高中学校基本建设债务。江苏按照"分级管理、市县为主、逐步化解"的原则，全面核查债务底数，制订年度还款计划，建立严格的债务审批制度和控债机制。

徐州市铜山区按照江苏省的政策精神和要求，结合本区普通高中发展实际，于 2011 年 5 月制定了《关于普通高中学校教育经费保障机制改革方案》，采取了一系列有针对性的政策措施，在建立和完善本区普通高中投入保障机制方面进行了大胆创新与积极探索。除了认真落实江苏省有关政策规定外，铜山区最大的亮点就是积极探索建立普通高中教育生均公用经费标准。从 2011 年春季学期起，该区普通高中学校年均公用经费基本拨款标准每年不低于 300 万元，生均公用经费按每生每年不低于 160 元的标准安排，以后各年度根据实际情况逐步提高。此举对于从机制体制上保障普通高中公共教育经费稳步增长具有重要作用。

另外，在建立、完善校舍新建和维修长效机制方面，进一步明确了新建校舍和维修改造资金通过教育费附加安排、在公用经费中列支和专项资金安排等多种途径筹集，各县财政局每年安排不低于 500 万元的维修资金纳入财政预算。同时，为有效化解和防范高中阶段学校债务，在严格审批项目基础上，区财政每年按不低于 5% 比例逐步化解高中学校债务，进一步强化了政府责任。

三、更加注重公平与均衡发展

高中阶段教育在各级学校教育中发挥着承上启下的关键作用。当前，优质普通高中教育资源稀缺与人民群众对优质普通高中教育资源的需求日益增加之间的矛盾，直接导致了义务教育阶段中小学教育的应试化倾向、学生课业负担较重和"择校热"等教育难点问题。近年来，山西省晋中市和山东省平度市分别通过探索优质普通高中招生指标到校政策、统筹城乡普通高中教育一体化发展等改革措施，取得了显著成效。

1. 山西省晋中市实行优质高中招生指标到校政策促进义务教育均衡发展①

经过深入调研与研究，晋中市认识到义务教育阶段"择校热"问题的根源主要在于优质普通高中教育资源不足，竞争激烈，在难以全面增加优质高中教育资源的前提下，采取优质高中招生指标到校政策，将会有利于促进义务教育均衡发展，有效解决"择校热"问题。据此，晋中市从2001年起开始探索实行优质高中招生指标到校政策，比例从最初的5%逐步提高，2010年提高到60%，2011年和2012年为80%，2013年将达到100%。全市2010年秋季及之后入学的初中新生将享受到优质高中招生指标100%到校的新政。

为确保此项政策执行过程公开、公正，切实发挥预期作用，晋中市还采取了一系列具体保障措施，取得了显著成效。一是合理分配招生指标。晋中市依据各初中学校的中考学生数与县级教育部门对初中学校教育质量和整体办学水平的评价结果，对农村和山区薄弱初中予以适度倾斜，把全市16所优质高中招生计划指标合理分配到所属初中学校。二是明确政策范围。享受到校指标的学生必须同时具备四个条件，即在招生划片范围学校就读、具有正式学籍、就读三年以及必须是应届初中毕业生。择校借读的学生，不能享受优惠政策。三是加强政策监管。指标到校坚持阳光操作以及政策公开、公平和公正原则，自觉接受当地纪检监察、纠风部门和社会群众的监督。同时，2010年晋中市出台了鼓励在城区学校借读的农村学生"回流"的政策，规定2010年10月底以前，在城区学校借读的学生返回户籍所在地所属农村学校，可以享受优质高中到校招生指标。政策出台后，在规定时间之前，晋中市从城区学校"回流"到农村学校的借读生达2308人。

截至2011年，晋中全市各区县所有初一新生在入学过程中，到规定服

---

① 本案例引自：实行优质高中招生指标100%到校政策。山西晋中有效破解择校热［EB/OL］．（2012－05－11）．http://www.moe.edu.cn/publicfiles/business/htmlfiles/moe/s6444/201205/135486.html（教育部网站）．

务区的学校就读已形成常态，"择校热"得到有效破解，全市义务教育均衡发展呈现出良好的发展态势。该举措不仅有利于解决城区学校的择校问题，促进薄弱学校发展，缓解学校之间的竞争，还十分利于引导学校转变办学理念，由全面抓升学向全面抓办学转移，关注每一名学生，提升每一名学生的综合素质。

2. 山东省平度市统筹城乡教育一体化发展，加快农村普通高中进城①

近年来，平度市一度出现基础教育资源城乡之间分布不均及由此引发的"择校热"问题，农村群众普遍不满意。为解决群众反映的问题，平度市把教育工作摆在城乡一体化发展中的优先位置，把"普通高中进城"作为民生工程中的一项重点工作，出台了"高中向城区集中，初中向镇驻地集中，小学相对集中"的政策。并在加快高中阶段学校向城区集中，促进高中阶段教育整体均衡发展的同时，实施了义务教育阶段标准化建设和薄弱学校改造工程，双管齐下，加快教育布局和结构调整，通过"撤、扩、并、迁"等途径，促进城乡教育的均衡发展。平度市的政策实施取得了明显成效，成功经验受到社会的广泛关注。

平度市自 2009 年起实施高中进城工程，确定用三年时间完成高中进城工程。2010 年同时撤并了平度市成人中专、第二职业高中和第三职业高中，2011 年又同时撤并了平度二中、四中、六中，整体搬迁了地处平度最西北端的华侨中学，新建了平度九中，扩建了平度一中。目前，平度职业高中只有职教中心和劳动技校；普通高中仅有平度一中、九中、开发区高中、侨中和民办国开中学，累计投资 5.1 亿元。至此，平度高中阶段教育实现了真正意义上的城乡统筹，帮助 3122 名普通高中学生正式告别了"农村高中"时代，全市普通高中的城乡学生提前实现了优质教育资源的共享。

另外，在高中进城的同时，平度市还将标准化学校建设与薄弱学校改造并举，努力缩小义务教育阶段校际办学水平差距。2008—2011 年先后投

---

① 参见：平度高中全部进城［EB/OL］．（2011－10－09）．http://www.people.com.cn/h/2011/1009/c25408－1133074422.html（人民网）；山东平度率先实现农村普通高中进城［EB/OL］．（2011－10－11）.http://edu.ifeng.com/news/detail_2011_10/11/9759473_0.shtml（凤凰网）.

资 13.8 亿元，实施了城乡免费义务教育、城乡教师工资统筹、生均公用经费提高、农村中小学危房改造等一批工程，先后建成标准化学校 145 所，改造薄弱学校 88 所。

通过以上改革措施，"择校热"得到了明显遏制，农村群众对教育的满意度显著提高，城乡教育统筹一体化发展也对促进农村城镇化发展起到了重要作用。

第四章

普通高中发展水平国际比较

第一节　国际高中教育体制比较

一、国际高中教育呈多样化发展[①]

国情的多样化决定了世界范围内高中教育的多样化。正如联合国教科文组织（UNESCO）指出的，各国教育体系结构和课程内容等差异很大，国家政策制定者将自身教育系统与他国相比较并从其经验中学习，还是十分困难的。对此，联合国教科文组织编写了《国际教育标准分类》（International Standard Classification of Education，ISCED），通过各国协商给出对各级各类教育相对统一的定义，并形成了国际可比的教育指标。ISCED 的初版创制于 20 世纪 70 年代，当前版本是 1997 年 11 月修订实施的。

ISCED - 97 将高中阶段教育定义为 3 级教育，此前的 0、1、2 级分别为学前教育、初等教育、初中教育，此后的 4、5、6 级分别为中学后非高等教育、高等教育第一和第二阶段。"在有义务教育制度的国家里，高中教育一般从全日制义务教育结束后开始，此级的入学年龄一般是 15 岁或 16 岁，入学时一般需要完成大约 9 年的全日制教育（从 1 级开始）或普通

［①］　本小节内容参考：张力. 推动普通高中多样化发展的政策要点［J］. 人民教育，2011（1）.

教育和职业或技术经历的结合，起码的入学要求是完成 2 级学业或具备掌握此级学业的实力。"高中阶段教育的培养模式可分为以下三类。

A 是普通教育（general education）："主要为引导学生更深刻地了解一个科目或一组科目，准备在同一级或更高一级接受进一步的（更多的）教育而设计的教育。学完后可能（但并不一定）符合劳务市场对这一级的要求，这些课程一般是在学校开设的，包括没有特定的专业方向的一般课程。"

B 是职业前或技术前教育（pre-vocational or pre-technical education）："主要为学生进入劳务市场和准备学习职业或技术教育课程而设计的教育，学完后尚不能达到劳务市场所需的职业或技术水平，这类课程内容至少应有 25%与职业或技术有关，最低的要求是确保职业科目或技术科目不只一门。"

C 是职业或技术教育（vocational or technical education）："主要为引导学生掌握在某一特定的（某类）职业或行业中从业所需的实际技能、知识和认识而设计的教育，学完后可以获得主管部门（如教育部、雇主协会等）认可的在劳务市场上从业的资格，此类课程可以细分为以理论为主的和以实践为主的。"

ISCED 还确认，完成 3A 可具备直接进入 5A 高校学习的资格，即接受理论型的/为研究做准备的（如历史、哲学、数学等）/可从事高技术要求的专业（如医学、牙科学、建筑学等）的高等教育（相当于学士/硕士教育）；完成 3B 可直接进入 5B 高校学习，即接受实用的/技术的/适应具体职业的高等教育（相当于我国的高职高专），当然，对申请进入 5A 或 5B 的学生，多数国家设置了考核选拔制度；完成 3C 但不能直接进入 5A 或 5B 的学生，可直接进入劳务市场或进入 4 级或其他 3 级教育继续学习。由此可见，普通高中（3A）的多样化，必须置于 3 级教育多样化的背景下考虑。

二、"三制并存"是国际高中教育体制的基本特点

由于各国政治、社会和经济发展的不平衡，高中发展历程的不同，各国高中教育体制也不相同。因此，不能简单地对国际普通高中教育进行比较。具体而言，国际高中教育体制可以分为三大类。

一是双轨制。双轨制由学徒制演变而成，普通教育与职业培训在学校

和企业交互实施。以德国为代表，3C 比例有时大于 3A。

德国从初中开始分轨，在高中阶段设两类学校，一种是完全中学的高级阶段，一种是职业教育学校。德国完全中学高级阶段（即 11—13 年级）相当于我国的普通高中阶段。完成普通义务教育的 16—18 岁学生可以进入高级阶段学习。高级阶段的主要目的是完成向高等教育领域的过渡，在结构安排上既要确保所有学生接受共同的基础训练，又要为个人的专业化提供可能性。德国一直很注重职业技术，很早就实行了职业义务教育，普及了职业教育。德国的职业高中教育与普通高中教育入学人数在"二战"后初期为 7：1，到 20 世纪 70 年代为 3：1，现在约为 2：1。[①]

二是非双轨制。部分国家虽然在高中阶段不实行双轨制，但其高中阶段学校仍可分为普通高中和职业学校。以法国和日本为代表，这一类型的高中阶段教育以 3A 为主体。

法国高中为地方公立教育机构，实施第二阶段的中等教育。法国高中教育由普通教育、技术教育和职业教育构成，分别由普通高中、技术高中和职业高中实施。法国普通高中的学制为三年，一年级被称为第二年级，二年级被称为第一年级，三年级被称为结业年级。法国职业高中生与普通高中生人数之比稳定在 1：2 左右[②]，刚好与德国相反。

日本在"二战"后十分重视职业技术教育，其普通高中一般只设普通科，有的综合高中除普通科外加设职业科。目前，日本的普通高中约占 44%，综合高中约占 36%，职业高中约占 22%。[③]

三是统一学校制度。这类高中主要是综合中学，具体又分为学术、技术和普通课程三种方向。以美国、英国和瑞典为代表。

美国在 20 世纪 50 年代初就实现了高中教育大众化，90 年代达到了高度普及化。其高中教育的主体——综合中学主要是为学生升学和就业服务的。几乎每个美国高中生在毕业前都会修习一些职业课程。

---

① 李其龙，张德伟．普通高中教育发展国际比较研究［M］．北京：教育科学出版社，2008：4.

② 同①：5.

③ 王樱林．高中语文选修课程研究［D］．南京：南京师范大学，2008：7.

第六学级是英国义务教育后的中学高级阶段的组织形式，相当于我国的高中阶段。年龄在 16 岁或 16 岁以上完成义务教育的学生，根据自己和家长的意愿，决定是否升入第六学级继续学习。第六学级修业时间为 1—3 年，其中以两年为多。第六学级有两种体制：一种是设在文法中学、技术中学、现代中学和综合中学之中，这种体制占多数；另一种是单独设立的第六学级学院，一般吸收来自某一地方教育当局内几所综合学校的 16 岁以上的学生，这类学校无论是师资力量还是经费和设备条件都更优越。英国大多数学生都在文法中学和综合中学里学习。

瑞典把高中教育作为整个教育系列中最关键的一环，瑞典议会规定从 1992 年 7 月 1 日起，各地市政府要使所有 20 岁以下的青年进入高中学习。瑞典的高中学校统称为综合高中，因为它们既有为接受高等教育做准备的理论学习计划，又有为就业做准备的职业学习计划。瑞典目前还不存在职业高中。瑞典设立综合高中，是为了使理论与实践更好地结合起来，充分利用教学资源，同时也使学生对于社会上不同的职业能够持同等对待的价值观念，向学生提供既能适应升学，又能适应就业的教育。

表 4 - 1　各国高中教育体制比较

国家	学校制度	高中阶段学校类型
德国	双轨制，从初中开始分轨	两类学校：完全中学高级阶段和职业教育学校
法国、日本和中国	非双轨制	两类学校：普通高中和职业学校（职业高中）
美国、英国和瑞典	统一的学校制度	主要是一类学校，即综合中学，学校内又分为学术、技术和普通科三种不同课程

由于各国高中教育体制不一样，对某些国家来说，很难将普通高中教育与职业高中教育区分开来，比如美国、英国和瑞典。因此，国际上关于高中阶段的各种统计分析也少有细化到普通高中的。

第二节　高中阶段教育入学率的国际比较

一、中国高中阶段入学率快速追上 OECD 国家

经济合作与发展组织（Organisation for Economic Co-operation and Development，OECD）现有 34 个成员国，其国民生产总值占全世界的 2/3，大多数 OECD 成员国也是世界上的富有国家。OECD 的绝大部分国家都相当重视高中阶段教育的发展。

据统计，所有 OECD 国家均已普及 5—14 岁人口的教育，而 15—19 岁学生的入学率则表明了接受高中教育的个体的数量。1995—2009 年，OECD 国家 15—19 岁在校学生的比例平均增长了 9.3%，年平均增长了 0.7%（见表 4 - 2）。

表 4 - 2　OECD 国家 15—19 岁人口入学率的变化趋势（1995—2009）

（单位:%）

		1995	2000	2001	2002	2003	2004	2005	2006	2007	2008	2009
OECD 国家	澳大利亚	m	m	m	m	m	m	m	m	m	m	80
	奥地利	75	77	77	77	77	79	80	82	79	79	79
	比利时	94	91	91	92	94	95	94	95	94	92	93
	加拿大	80	81	81	80	80	79	80	81	81	81	m
	智利	64	66	m	66	68	70	74	72	74	74	73
	捷克	66	81	87	90	90	91	90	90	90	90	89
	丹麦	79	80	83	82	85	85	85	83	83	84	84
	爱沙尼亚	m	m	m	m	m	m	87	87	85	84	85
	芬兰	81	85	85	85	86	87	87	88	88	87	87
	法国	89	87	86	86	86	85	85	84	84	84	84
	德国	88	88	90	89	89	89	89	89	88	89	88
	希腊	62	82	74	83	83	86	97	93	80	83	m
	匈牙利	64	78	79	81	83	85	87	88	89	89	90
	冰岛	79	79	79	81	83	84	85	85	84	84	85
	爱尔兰	79	81	82	83	84	87	89	88	90	90	92

续表

		1995	2000	2001	2002	2003	2004	2005	2006	2007	2008	2009
OECD 国 家	以色列	m	64	63	65	66	65	65	65	65	64	64
	意大利	m	72	73	76	78	79	80	81	80	82	82
	日本	m	m	m	m	m	m	m	m	m	m	m
	韩国	75	79	79	80	81	84	86	86	87	89	87
	卢森堡	73	74	75	75	75	75	72	73	74	75	m
	墨西哥	36	42	42	44	45	47	48	49	50	52	52
	荷兰	89	87	86	87	85	86	86	89	89	90	90
	新西兰	68	72	72	74	74	74	74	74	75	74	81
	挪威	83	86	85	85	85	86	86	86	87	87	86
	波兰	78	84	86	87	88	90	92	93	93	93	93
	葡萄牙	68	71	73	71	72	73	73	73	77	81	85
	斯洛伐克	m	m	74	76	80	83	85	85	86	85	85
	斯洛文尼亚	m	m	m	m	m	m	91	91	91	91	91
	西班牙	73	77	78	78	78	80	81	80	80	81	81
	瑞典	82	86	86	86	87	87	87	88	87	86	87
	瑞士	80	83	83	83	83	83	83	84	84	85	85
	土耳其	30	28	30	34	35	40	41	45	47	46	53
	英国	m	m	m	m	m	m	m	70	71	73	74
	美国	72	73	76	75	76	76	79	78	80	81	81
	OECD 平均	73	76	77	78	79	80	81	81	81	81	82
	参考年份数据可得OECD 国家平均	74	77	78	78	79	80	81	81	82	82	83
	欧盟 21 国平均	77	81	81	82	83	85	86	85	85	85	86

注：1. 入学率通过计算15—19岁学生占15—19岁人口的百分比得出，包括公立和私立学校的全日制与非全日制学生。

2. "m"表示数据缺失。

【资料来源】经济合作与发展组织. 教育概览2011：OECD 指标［M］. 中央教育科学研究所，组织翻译. 北京：教育科学出版社，2011.

1. 大多数 OECD 国家 15—19 岁人口入学率较高

2009 年 OECD 国家 15—19 岁人口入学率的平均值达到 82%，比利时和波兰达到了 93%。这充分说明，世界上大多数发达国家都认识到：接受过良好教育的国民对一国经济和社会的发展至关重要。高中教育为个人能力的全面发展奠定基础，并能培养青少年成长为具有终身学习能力及生产力的社会成员。而各种其他因素，比如接受较少教育的青少年将面临更高的失业风险及其他形式的社会排斥，也增强了人们在完成义务教育后继续接受高中教育的动力。

2. 大多数 OECD 国家 15—19 岁人口的入学率稳步提升

1995—2009 年，除了个别国家之外，大多数 OECD 国家 15—19 岁人口的入学率都稳步提升。OECD 国家该年龄段人口的入学率从 1995 年的平均 73% 增加到 2009 年的平均 82%，欧盟 21 国该年龄段人口的入学率从 1995 年的平均 77% 增加到 2009 年的平均 86%。1995—2009 年，捷克、匈牙利和葡萄牙的 15—19 岁人口入学率提高了 20 个百分点左右，墨西哥和波兰提高了近 15 个百分点。但是奥地利、比利时、加拿大、德国和荷兰几乎没有什么变化，尽管这些国家这个年龄段人口的入学比例较高。还有个别国家该年龄段人口入学率有所下降，比如希腊在 2005—2008 年由 97% 降至 83%，减少了 14 个百分点。

3. 大多数 OECD 国家 15—19 岁人口入学率处于饱和状态

OECD 国家 15—19 岁人口入学率在 2005 年平均值为 81%，在 2009 年平均值为 82%，这可能是由于基本普及高中教育使得该年龄段人口入学率已达到饱和。

4. 中国高中阶段毛入学率低于 OECD 国家但增长率较高

高中阶段毛入学率是高中在校生数占相应学龄人口总数的比率，标志着高中教育的相对规模和教育机会，是衡量高中教育发展水平的重要指标。从已有统计数据分析来看，中国高中阶段毛入学率低于 OECD 国家。大部分 OECD 国家高中阶段的毛入学率达到 85% 以上，澳大利亚甚至超过了 200%。从区域层面看，北美洲和西欧高中阶段毛入学率达到了 98%。虽然近几年中国高中阶段毛入学率增加比较快，但与 OECD 国家相比仍有较大差距（见图 4 - 1）。

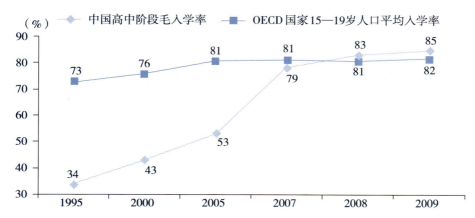

图 4 - 1　中国高中阶段毛入学率与 OECD 国家 15—19 岁人口平均入学率比较

注：1. 入学率通过计算 15—19 岁学生占 15—19 岁人口的百分比得出，包括公立和私立学校的全日制与非全日制学生。

2. 中国的数据表示高中阶段教育毛入学率，包括普通高中、职业高中、成人高中、普通中专、成人中专和技工学校。其中，2007 年统计采用的是 2009 年数据，2008 年统计采用的是 2010 年数据，2009 年统计采用的是 2011 年数据。

【资料来源】经济合作与发展组织. 教育概览 2011：OECD 指标［M］. 中央教育科学研究所，组织翻译. 北京：教育科学出版社，2011；教育部发展规划司. 中国教育统计年鉴［M］. 2009，2010. 北京：人民教育出版社，2010，2011.

近年来，中国高中阶段毛入学率的增长率高于 OECD 国家。根据 UNESCO 公布的数据，中国高中阶段毛入学率近几年稳步增长，2006 年为 55%，2007 年达到 60%，2007/2008 年达到 62%，平均增长率为 3.5%，这与我国越来越重视高中阶段教育发展密不可分。相比而言，OECD 国家高中阶段毛入学率增加不明显，部分国家甚至出现了减少的现象，这可能是由于这些国家已基本普及高中教育，高中阶段入学率已达到饱和（见图 4 -2）。

二、中国高中阶段入学率低于多数 G20 国家

1. 中国高中阶段毛入学率位于 G20 国家中下水平

二十国集团（Group 20，G20）作为一个国际经济合作论坛，其宗旨是推动已工业化的发达国家和新兴市场国家之间就实质性问题进行开放及有建设性的讨论和研究，以寻求合作并促进国际金融稳定和经济的持续增

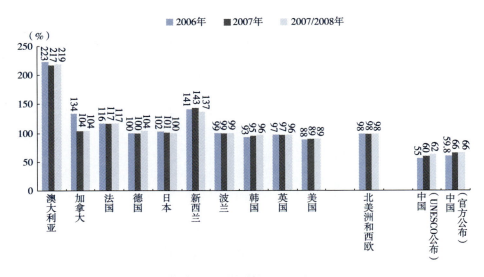

图 4 - 2　中国与部分 OECD 国家高中阶段毛入学率比较

注：1. 澳大利亚高中在校生包括成人教育学生，尤其是职前项目。

2. 法国数据包括海外部门的数据。

3. 2006 年数据统计中，加拿大为 2004 年数据。

4. 2007 年数据统计中，加拿大为 2006 年数据。

5. 2007/2008 年数据统计中，加拿大为 2005/2006 年数据，波兰为 2006/2007 年数据。

6. 中国官方公布数据与 UNESCO 公布数据的差异缘于所用人口数据的不同。

【资料来源】UNESCO. Education for all global monitoring report ［R］. 2009 - 2011. Paris：UNESCO, 2009 - 2011；教育部发展规划司. 中国教育统计年鉴［M］. 2009, 2010. 北京：人民教育出版社, 2010, 2011.

长。G20 成员国涵盖面广，代表性强，其 GDP 占全球经济的90%，贸易额占全球的 80%。对 G20 国家高中教育进行比较具有重要意义。

基于可得数据可以看到，一方面，中国与其他 G20 国家相比高中阶段毛入学率较低。在 12 个 G20 国家中，中国高中阶段毛入学率仅高于印度和印度尼西亚，比其他国家都低，尤其与发达国家有显著差距。但另一方面，中国高中阶段毛入学率的增长较快，相比于一些高中阶段毛入学率已经饱和的发达国家，中国有显著的增长。中国和其他 G20 国家就高中阶段毛入学率的比较，与中国和 OECD 国家的比较具有相似的特点。

G20 成员国涵盖面广，它们分布在世界各主要地区，包括不同类型国家。基于可得数据分析可知，近几年来，世界高中阶段平均毛入学率不断提高，2006 年为 53%，2007 年为 54%，到 2007/2008 年为 55%。2006—2008 年，中亚地区高中阶段毛入学率提高了近 11 个百分点，东亚及太平洋地区提高了 5 个百分点，中国提高了 7 个百分点（见图 4 - 3、图 4 - 4）。

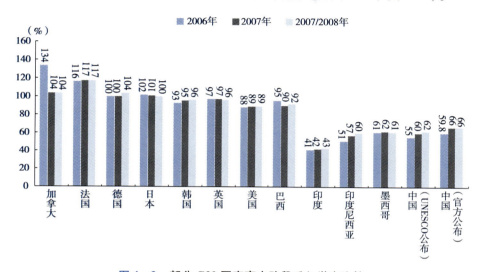

图 4 - 3 部分 G20 国家高中阶段毛入学率比较

注：1. 法国数据包括海外部门的数据。

2. 2006 年数据统计中，加拿大为 2004 年数据，巴西、印度为 2005 年数据。

3. 2007 年数据统计中，加拿大为 2006 年数据。

4. 2007/2008 年数据统计中，加拿大为 2005/2006 年数据，印度为 2006/2007 年数据。

5. 中国官方公布数据与 UNESCO 公布数据的差异缘于所用人口数据的不同。

【资料来源】 UNESCO. Education for all global monitoring report ［R］. 2009 - 2011. Paris：UNESCO，2009 - 2011；教育部发展规划司. 中国教育统计年鉴［M］. 2009，2010. 北京：人民教育出版社，2010，2011.

发达国家和发展中国家的高中阶段毛入学率仍有一定差距。2006—2008 年，发达国家高中阶段毛入学率平均值保持在 99%，转型国家平均值约为 88%，而发展中国家虽然发展较快，到 2007/2008 年其平均值仍为 49%。世界不同地区高中阶段毛入学率与各地区经济发展水平相关，经济越发达，高中阶段毛入学率越高（见图 4 - 5）。

中国高中阶段毛入学率虽然增长比较快且高于世界平均水平，但仍低于北美和西欧、东亚和太平洋、中亚、中东欧、拉美和加勒比海地区的平均水平，还未达到转型国家的平均水平，与发达国家仍有较大差距。

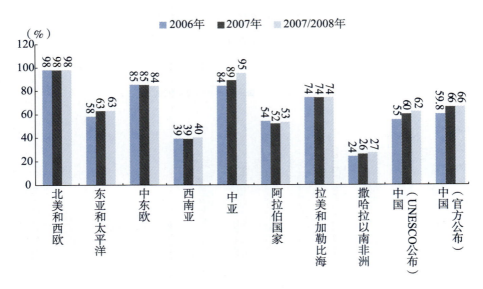

图4-4　世界主要地区高中阶段毛入学率

注：中国官方公布数据与 UNESCO 公布数据的差异缘于所用人口数据的不同。

【资料来源】UNESCO. Education for all global monitoring report［R］. 2009 - 2011. Paris：UNESCO，2009 - 2011；教育部发展规划司. 中国教育统计年鉴［M］. 2009，2010. 北京：人民教育出版社，2010，2011.

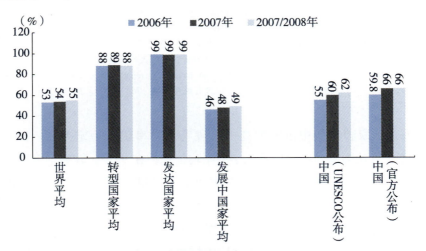

图4-5　不同类型国家高中阶段毛入学率比较

【资料来源】UNESCO. Education for all global monitoring report［R］. 2009 - 2011. Paris：UNESCO，2009 - 2011；教育部发展规划司. 中国教育统计年鉴［M］. 2009，2010. 北京：人民教育出版社，2010，2011.

2. G20 各国高中阶段不同入学模式学生分布差异较大

对于 G20 国家而言，选择普通课程的学生要比选择非普通课程的学生多出 25 个百分点，这与 OECD 国家略有差异。具体而言，G20 国家选择普通/非普通课程的学生分布呈现出三种情况。其一，部分国家选择普通课程的学生比选择非普通课程的学生多。比如加拿大高中阶段选择普通课程的学生是选择非普通课程学生的 17 倍多，而韩国和日本选择普通课程的学生是选择非普通课程学生的 3 倍。其二，部分国家选择非普通课程的学生比选择普通课程的学生多。在阿根廷的高中教育中，有 17% 的学生选择普通课程选择，83% 的学生选择非普通课程。其三，部分国家选择两者的学生比例基本相同，比如中国和俄罗斯，中国高中教育阶段选择两者的学生比例几乎持平，选择普通课程的学生占 49.6%，选择非普通课程的学生占 50.4%（见图 4-6）。

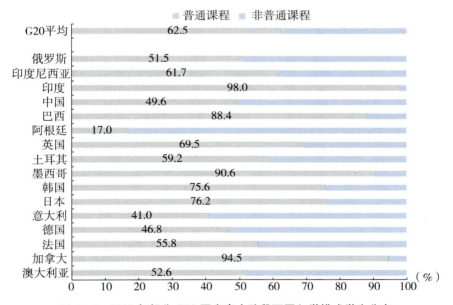

图 4-6　**2009 年部分 G20 国家高中阶段不同入学模式学生分布**

注：加拿大和阿根廷是 2008 年数据。

【资料来源】经济合作与发展组织. 教育概览 2011：OECD 指标［M］. 中央教育科学研究所，组织翻译. 北京：教育科学出版社，2011.

三、九个人口大国高中阶段毛入学率相差较大

1993 年，UNESCO 将人口数量最多、文盲比率最高的九个国家（包括孟加拉国、巴西、中国、埃及、印度、印度尼西亚、墨西哥、尼日利亚和巴基斯坦）作为世界全民教育发展的"特别优先对象"——九国均为发展中人口大国，其人口占到世界人口总数的一半，文盲人口占世界总数的2/3，并拥有全球一半以上的辍学儿童，九国的教育系统也因此面临着相似的挑战。① 可以看出，九个人口大国体现出一些共同的特征，包括强大的人口压力、大量的偏远地区人群、庞大的教育系统、相对低水平的中央政府教育经费投入、降低成人文盲率等持久问题，因此，分析中国高中

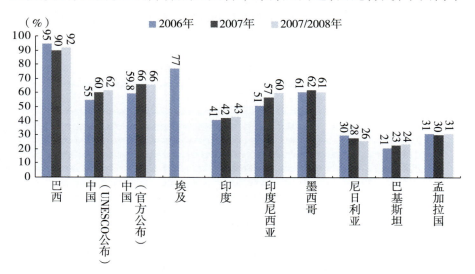

图 4 –7　九个人口大国高中阶段毛入学率比较

注：中国官方公布数据与 UNESCO 公布数据的差异缘于所用人口数据的不同。

【资料来源】UNESCO. Education for all global monitoring report［R］. 2009 – 2011. Paris：UNESCO, 2009 – 2011；教育部发展规划司. 中国教育统计年鉴［M］. 2009, 2010. 北京：人民教育出版社, 2010, 2011.

---

① E – 9 Initiative［EB/OL］.［2012 – 07 – 16］. http://www. unesco. org/en/education-for-all-international-coordination/themes/international-cooperation/e-9-initiative/.

教育在九个人口大国中的相对发展水平，具有重要意义（见图4－7）。①

基于可得数据，九个人口大国中巴西的高中阶段毛入学率最高，超过了90%。巴基斯坦的高中阶段毛入学率最低，不足24%。可见，即使同为人口大国，不同国家的高中阶段毛入学率也相差较大。

比较2006—2008年的数据可见，九个人口大国的高中阶段毛入学率呈现不同的发展趋势，巴西、尼日利亚的高中阶段毛入学率逐渐下降，中国、印度、印度尼西亚、巴基斯坦的高中阶段毛入学率逐渐上升，而墨西哥和孟加拉国变化不大。

2007/2008年，中国高中阶段毛入学率比九个人口大国中的大多数国家都高，但与巴西相比还有一定的差距。

第三节　高中阶段教育毕业率的国际比较

一、中国高中阶段毕业率低于OECD国家平均水平

高中教育既为高层次的学习提供基础，又为学生直接进入劳动力市场做准备，对高中阶段毕业率进行国际比较具有一定意义。

毕业率反映了从高中毕业的学生的情况，它代表给定年份所有毕业生和特定人群之间的关系。一个国家某一给定年份毕业生的数量可以分解为不同年龄的群体。例如，15岁的毕业生除以该国所有15岁人口的总量，16岁的毕业生除以该国所有16岁人口的总量，等等。毕业率是各年龄段毕业人群的毕业率的总和。

1. 中国高中阶段（初次）毕业率低于OECD国家平均水平

统计期内的毕业生可以是初次毕业生也可以是复读生，初次毕业生是指在统计期内既定教育阶段的初次毕业学生。从可得数据上看，发达国家的初次高中毕业率都比较高，2009年21个OECD国家的初次高中毕业率

---

① 基于可得数据，九个人口大国中部分国家的高中阶段毛入学率在前文中已有分析，因此这部分内容相对简略。

超过了 75%，其平均值为 82%。在芬兰、爱尔兰、日本、新西兰、挪威、葡萄牙、斯洛文尼亚、瑞士和英国，毕业率达到或者超过了 90%。这一比率之所以较高，其中一个重要原因就是在人均受教育水平较高的发达国家，没有高中文凭的人进入和留在劳动力队伍中都会非常困难。不能从高中阶段毕业，这对个体和社会而言都是一个问题。但是，OECD 国家中的土耳其和墨西哥的初次高中毕业率仅为 45%。欧盟 21 国的平均水平为 85%。中国作为发展中国家，初次高中毕业率为 65%，低于 OECD 国家的平均水平（见图 4 - 8）。

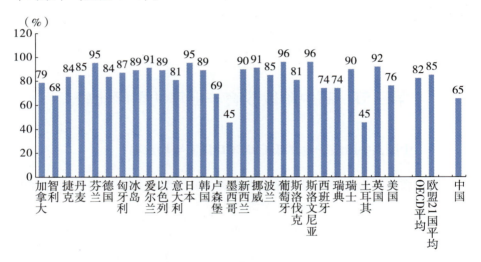

（%）

图 4 - 8 2009 年 OECD 国家和中国高中阶段（初次）毕业率

注：加拿大和瑞士是 2008 年的数据。

【资料来源】经济合作与发展组织. 教育概览 2011：OECD 指标［M］. 中央教育科学研究所，组织翻译. 北京：教育科学出版社，2011.

从相关统计数据来看，在 OECD 国家和中国，女性的高中毕业率均高于男性。其中，丹麦、冰岛、葡萄牙、斯洛文尼亚和西班牙的差距最大，女性毕业率普遍超过男性 10% 甚至更多，葡萄牙女性高中毕业率比男性多 21 个百分点。但也有例外，比如瑞士和德国，男性高中毕业率要高于女性。中国女性高中毕业率为 67%，而男性高中毕业率为 62%，女性毕业率比男性高 5 个百分点。但无论是男性还是女性，中国高中毕业率都低于

OECD 国家（见图 4 - 9）。

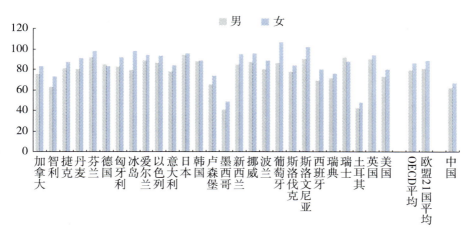

图 4 - 9　**2009 年中国和 OECD 国家高中男女生（初次）毕业率**

注：加拿大和瑞士是 2008 年的数据。

【资料来源】经济合作与发展组织. 教育概览 2011：OECD 指标［M］. 中央教育科学研究所，组织翻译. 北京：教育科学出版社，2011.

2. 中国高中普通课程毕业率低于 OECD 国家平均水平

世界各国高中课程可分为三类：普通课程、职前课程和工学结合课程。从可得数据可以看出，2009 年 OECD 国家平均有 49% 的青年毕业于高中普通课程，欧盟 21 国约有 44%。在 OECD 国家中，澳大利亚、加拿大、匈牙利、冰岛、爱尔兰、日本、韩国、新西兰、葡萄牙均有超过 60% 的青年毕业于高中普通课程，新西兰达到了 77%。中国约有 38% 的青年毕业于高中普通课程（见图 4 - 10）。

2009 年，毕业于高中普通课程的女性要多于男性。OECD 高中普通课程毕业率的男女比例为 43：55，欧盟 21 国这一比例为 37：51。在奥地利、捷克、爱沙尼亚、意大利、波兰、斯洛伐克、斯洛文尼亚和巴西，毕业于普通高中的女性比例大大超出男性，两者之比至少为 3：2。但是在中国，女性高中普通课程毕业率为 39%，男性为 38%，男女比例差距极其微小（见图 4 - 11）。

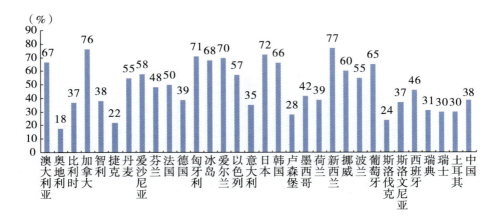

图 4 − 10　2009 年 OECD 国家和中国高中普通课程毕业率

注：加拿大是 2008 年的数据。

【资料来源】经济合作与发展组织. 教育概览 2011：OECD 指标［M］. 中央教育科学研究所，组织翻译. 北京：教育科学出版社，2011.

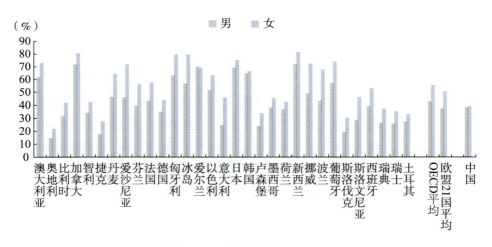

图 4 − 11　2009 年 OECD 国家和中国高中普通课程男女生毕业率

注：加拿大是 2008 年的数据。

【资料来源】经济合作与发展组织. 教育概览 2011：OECD 指标［M］. 中央教育科学研究所，组织翻译. 北京：教育科学出版社，2011.

3. OECD 国家高中阶段毕业率仍在增长

1995—2009 年，OECD 国家高中毕业率不断增长，从 1995 年的 74%增加到 2009 年的 82%，欧盟 21 国的高中毕业率在 1995—2009 年增长了 9个百分点。智利、爱尔兰、葡萄牙、墨西哥高中毕业率增长最快，1995—2009 年其年度增长率是 OECD 年度增长率的 3 倍以上。但是，波兰和斯洛伐克出现了负增长的情况。

值得注意的是，葡萄牙的 2009 年高中毕业率比 2008 年高 33 个百分点。这是因为，有些国家提供二次教育机会/成人教育课程，学生可以离开学校工作一段时间，然后再复学。葡萄牙在 2005 年开始实施"新机会"项目，为那些过早离开学校或有可能过早离开学校的人提供第二次教育机会，以帮助那些进入劳动力市场的人获得更高学历，因此，2009年葡萄牙的高中毕业率达到96%，其中有 1/3 以上都是年龄超过 25 岁的学生（见表 4 - 3）。

表 4 - 3　**1995—2009 年高中阶段（初次）毕业率趋势**

（单位:%）

		1995	2000	2001	2002	2003	2004	2005	2006	2007	2008	2009	平均年度增长率
OECD 国家	澳大利亚	m	m	m	m	m	m	m	m	m	m	m	m
	奥地利	m	m	m	m	m	m	m	m	m	m	m	m
	比利时	m	m	m	m	m	m	m	m	m	m	m	m
	加拿大	m	m	77	79	83	79	78	78	77	79	m	m
	智利	46	63	m	61	64	66	73	71	71	69	68	2.9
	捷克	78	m	84	83	88	87	89	90	88	87	84	0.5
	丹麦	80	90	91	93	87	90	82	84	88	83	85	0.5
	爱沙尼亚	m	m	m	m	m	m	m	m	m	m	m	m
	芬兰	91	91	85	84	90	95	94	94	97	93	95	0.3

续表

		1995	2000	2001	2002	2003	2004	2005	2006	2007	2008	2009	平均年度增长率
OECD 国家	法国	m	m	m	m	m	m	m	m	m	m	m	m
	德国	100	92	92	94	97	99	99	100	100	97	84	m
	希腊	80	54	76	85	96	93	99	100	94	93	m	m
	匈牙利	m	m	83	82	87	86	82	85	84	78	87	m
	冰岛	80	67	70	79	81	87	79	87	86	89	89	0.8
	爱尔兰	m	74	77	78	91	92	91	87	90	88	91	2.3
	以色列	m	m	m	90	89	93	90	90	92	90	89	m
	意大利	m	78	81	78	m	82	81	86	86	84	81	0.4
	日本	91	94	93	92	91	91	93	93	93	95	95	0.3
	韩国	88	96	100	99	92	94	94	93	91	93	89	0.1
	卢森堡	m	m	m	69	71	69	75	71	75	73	69	m
	墨西哥	m	33	34	35	37	39	40	42	43	44	45	3.5
	荷兰	m	m	m	m	m	m	m	m	m	m	m	m
	新西兰	72	80	79	77	78	75	73	75	77	78	90	1.6
	挪威	77	99	105	97	92	100	89	88	92	91	91	1.2
	波兰	m	90	93	91	86	79	85	81	84	83	85	−0.7
	葡萄牙	52	52	48	50	60	53	51	54	65	63	96	4.4
	斯洛伐克	85	87	72	60	56	83	83	84	85	81	81	−0.4
	斯洛文尼亚	m	m	m	m	m	m	85	97	91	85	96	m
	西班牙	62	60	66	66	67	66	72	72	74	73	74	1.3
	瑞典	62	75	71	72	76	78	76	75	74	74	74	1.2

续表

		1995	2000	2001	2002	2003	2004	2005	2006	2007	2008	2009	平均年度增长率
OECD 国家	瑞士	86	88	91	92	89	87	89	89	89	90	m	m
	土耳其	37	37	37	37	41	55	48	52	58	26	45	1.4
	英国	m	m	m	m	m	m	86	88	89	91	92	m
	美国	69	70	71	73	74	75	76	75	75	76	76	0.7
OECD 平均		74	75	77	77	78	81	80	81	82	80	82	m
数据可得 OECD 国家平均		74	76									82	0.7
欧盟 21 国平均		77	77	78	78	81	82	83	84	85	83	85	m

注：1. 葡萄牙 1995 年的数据实际是 1997 年的。

　　2. "m" 表示数据缺失。

【资料来源】经济合作与发展组织. 教育概览 2011：OECD 指标［M］. 中央教育科学研究所，组织翻译. 北京：教育科学出版社，2011.

二、中国普通高中阶段毕业率位于 G20 国家中下水平

1. 中国高中普通课程毕业率低于 G20 国家平均水平

从可得数据可以看出，2009 年 G20 国家平均约有 48% 的青年毕业于高中普通课程。其中，澳大利亚、加拿大、日本、韩国均有超过 60% 的青年毕业于高中普通课程。作为人口大国的巴西，高中普通课程毕业率也达到了 65%。中国约有 38% 的青年毕业于高中普通课程，虽然高于阿根廷和印度尼西亚，但仍比 G20 国家的平均水平低 10 个百分点（见图 4－12）。

2. 中国高中普通课程男女毕业率差距小于 G20 国家平均水平

2009 年，G20 国家毕业于高中普通课程的男性约有 43%，女性约为 52%，女性毕业率要高于男性，这与 OECD 的统计结果具有一致性。在意大利和巴西，毕业于普通高中的女性比例大大超出男性。但是在中国，女性高中普通课程毕业率为 39%，男性为 38%，男女比例差距很小（见图 4－13）。

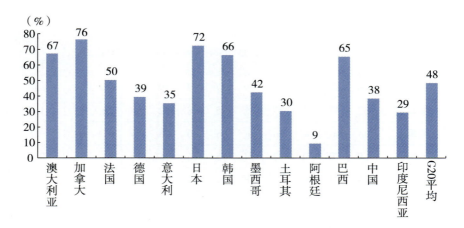

图 4 – 12　2009 年部分 G20 国家高中普通课程毕业率

注：加拿大是 2008 年的数据。

【资料来源】经济合作与发展组织. 教育概览 2011：OECD 指标［M］. 中央教育科学研究所，组织翻译. 北京：教育科学出版社，2011.

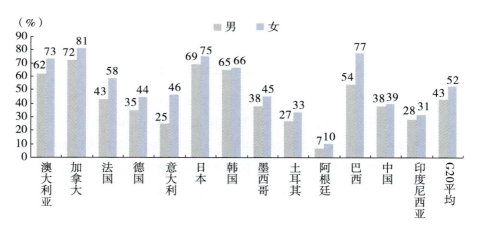

图 4 – 13　2009 年高中普通课程男女生毕业率

注：加拿大是 2008 年的数据。

【资料来源】经济合作与发展组织. 教育概览 2011：OECD 指标［M］. 中央教育科学研究所，组织翻译. 北京：教育科学出版社，2011.

第四节　高中阶段教育经费投入的国际比较

一、中国普通高中教育经费投入低于 OECD 国家平均水平

1. 中国普通高中生均支出低于 OECD 国家平均水平

高质量的教育往往意味着较高的生均成本，但投入教育中的经费又必须考虑与其他公共支出需求和整体税收负担保持平衡。从所得数据可以看出，2007 年和 2008 年在 OECD 国家中，除了智利、匈牙利、墨西哥、波兰、斯洛伐克之外，其他国家在高中阶段生均年度支出都超过了 5000 美元，奥地利、丹麦、法国、荷兰、挪威和美国均超过了 10000 美元，卢森堡和瑞士则超过了 15000 美元。因此，OECD 国家在 2008 年高中阶段生均支出平均为 9396 美元，欧盟 21 国平均为 9283 美元。这意味着，越是发达国家，对教育的投入越多，高中阶段生均年度支出也越多。

基于数据可以发现，中国普通高中生均年度支出水平较低，2009 年中国普通高中生均教育经费为 7078 元，约合 1132 美元；2010 年中国普通高中生均教育经费为 8120 元，约合 1298 美元。

就 2007 年和 2008 年两年的数据比较而言，几乎所有 OECD 国家 2008 年高中阶段生均年度支出都超过了 2007 年。卢森堡 2008 年的高中阶段生均支出比 2007 年增加了 2000 美元，爱尔兰和瑞士也增加了近 1500 美元。

这些比较是基于 GDP 的购买力平价（PPPs）而不是市场汇率进行的，因此它们反映了一个国家生产与在美国以美元生产同等价值的一篮子商品和服务所需的本国货币。

人均 GDP 和教育机构生均教育支出之间的关系是复杂的。一般认为，人均 GDP 和教育机构生均支出之间存在明显的正相关关系：较穷的国家生均教育支出比较富的国家少。但是，生均年度支出与生均年度支出占人均 GDP 的比例并不相同，后者在高中阶段可被视为国家支付能力投入到高中学龄人口身上的资源。从图 4 - 14 和图 4 - 15 中可以看到，2007 年和 2008

年瑞士高中阶段生均年度支出占人均 GDP 的比例在 OECD 国家中仍排在第一，在40%以上。法国、韩国、西班牙和葡萄牙这一比例都超过了30%。在 OECD 国家，高中阶段生均年度支出占人均 GDP 的比例大都超过了25%。对比 2007 年和 2008 年两年的数据可以看到，在 OECD 国家中大多数国家支付能力投入到高中阶段学龄人口身上的资源都在增加，其中挪威增幅最大，2008 年高中阶段生均年度支出占人均 GDP 的比例比 2007 年增加了 8 个百分点。

但是，教育机构生均支出水平低的国家，其教育投入占人均 GDP 的比例可能与生均教育支出水平高的国家相似，甚至更高。比较图 4 – 14 和图 4 – 15 可以发现，2008 年，韩国的高中阶段生均支出低于爱尔兰，但是韩国高中阶段生均支出占 GDP 的比例比爱尔兰高。2007 年，中国高中阶段生均支出虽然只有 1549 美元，低于 OECD 国家 8746 美元的平均水平，但其占人均 GDP 的比例为 29%，高于 OECD 国家 26% 的平均水平。

2. 中国高中阶段教育经费支出占 GDP 和教育总经费的比例均低于 OECD 国家平均水平

教育经费支出是国家的一项重要投资，它不仅有助于提高教育质量，还将促进经济增长，提高生产力，推动社会发展。高中阶段教育经费支出占 GDP 的比例反映了一国赋予高中教育的优先地位。一个国家高中教育经费支出占 GDP 的比例是政府、企业、教育部门、个别学生和家庭选择的结果，在一定程度上也受到学生数量的影响。

基于可得数据，2007 年和 2008 年 OECD 国家高中阶段教育经费支出占 GDP 的比例为 1.2%，其中比利时的比例最高，在 2008 年达到了 2.9%（见图 4 – 16）。

卢森堡、爱尔兰、墨西哥、日本、西班牙高中阶段教育经费支出占 GDP 的比例均低于 1%。但高中阶段教育经费支出占 GDP 的比例偏低，并不意味着高中生均支出水平的低下，比如卢森堡在 2008 年高中阶段生均年度支出为 20002 美元，几乎是世界最高的，但同年该国高中阶段教育经费支出占 GDP 的比例仅为 0.9%，低于 OECD 国家的平均水平。

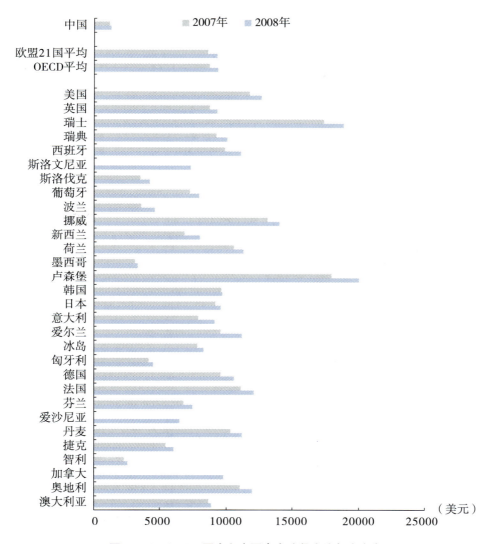

图4-14　OECD国家和中国高中阶段生均年度支出

注：1. 基于全日制折算，GDP用购买力平价转换后的等值美元表示。

2. 2007年数据统计中，加拿大是2006年数据，智利是2008年数据，匈牙利、意大利、卢森堡、波兰、葡萄牙、瑞士、巴西仅对公立学校进行统计。

3. 2008年数据统计中，加拿大是2007年数据，智利是2009年数据，匈牙利、爱尔兰、波兰、葡萄牙、瑞士、巴西仅对公立学校进行统计。

4. 2008年数据欧盟是21国的平均值，2007年数据欧盟是19国的平均值。

【资料来源】经济合作与发展组织．教育概览2011：OECD指标［M］．中央教育科学研究所，组织翻译．北京：教育科学出版社，2011.

图4-15 OECD国家和中国高中阶段生均年度支出占人均GDP的比例

注：1.基于全日制折算。

2.2007年数据中，加拿大是2006年数据，智利是2008年数据，匈牙利、意大利、卢森堡、波兰、瑞士、巴西仅对公立学校进行统计。

3.2008年数据统计中，加拿大是2007年数据，智利是2009年数据，匈牙利、爱尔兰、波兰、瑞士、巴西仅对公立学校进行统计。

4.2008年数据欧盟是21国的平均值，2007年数据欧盟是19国的平均值。

5.中国用的是2009年普通高中生均支出占人均GDP的比例。

【资料来源】经济合作与发展组织. 教育概览2011：OECD指标［M］.中央教育科学研究所，组织翻译.北京：教育科学出版社，2011；教育部发展规划司.中国教育统计年鉴［M］.2009，2010.北京：人民教育出版社，2010，2011.

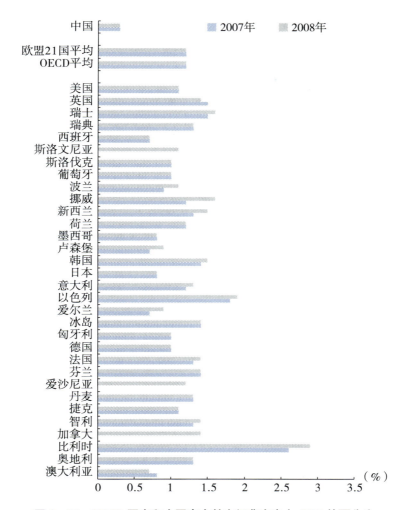

图 4-16　OECD 国家和中国高中教育经费支出占 GDP 的百分比

注：1. 包括国际来源资金。

2. 比利时的数据指所有中等教育。

3. 2008 年数据统计中，加拿大、印度尼西亚是 2007 年数据，智利是 2009 年数据，匈牙利、挪威、巴西、印度尼西亚是指公共支出。

4. 2007 年数据统计中，加拿大、印度尼西亚是 2006 年数据，智利是 2008 年数据，匈牙利、卢森堡、挪威、瑞士、巴西、印度尼西亚是指公共支出。

5. 中国统计的是 2009 年和 2010 年普通高中财政性教育经费占 GDP 的比例。

【资料来源】经济合作与发展组织. 教育概览 2011：OECD 指标［M］. 中央教育科学研究所，组织翻译. 北京：教育科学出版社，2011；教育部发展规划司. 中国教育统计年鉴［M］. 2009，2010. 北京：人民教育出版社，2010，2011.

比较 2007 年和 2008 年的数据可以看到，高中比例教育经费支出占 GDP 的比例变化不太大。比利时、挪威 2008 年的这一比例比 2007 年多出 0.3 个百分点，但英国和澳大利亚的比例比 2007 年少了 0.1 个百分点。

与 OECD 国家相比，中国普通高中财政性经费支出占 GDP 的比例较低，2009 年和 2010 年均为 0.33%，随着中国近两年教育经费总体投入的增加，高中阶段教育经费支出占 GDP 的比重也将会增加。

高中阶段教育经费支出总教育占经费的比例，在一定程度上体现了高中阶段教育在整个国民教育系统内的地位，与高中学龄人口数、各国教育制度等密切相关。据可得数据，2007 年和 2008 年，OECD 各国高中阶段教育经费支出约占教育总经费的 20%，其中比利时的比例最高，2007 年和 2008 年都超过了 40%（见图 4 – 17）。

比较 2007 年和 2008 年数据，OECD 各国高中教育经费支出占教育总经费比例的变化不大。法国、匈牙利、爱尔兰、新西兰、葡萄牙、瑞士、美国增加了 1 个百分点，以色列增加了 2 个百分点，澳大利亚、芬兰、西班牙、英国均下降了 1 个百分点。

中国在 2009 年和 2010 年普通高中财政性教育经费支出占总财政性教育经费的比率很低，仅为 9%。

二、中国高中阶段教育经费投入低于 G20 国家平均水平

1. 中国高中阶段生均支出位于 G20 国家中下水平

从可得数据可以看出，2008 年 G20 国家中澳大利亚、德国、意大利、日本、韩国、英国在高中阶段生均年度支出都超过了 8000 美元，美国和法国超过了 11000 美元。相比而言，印度尼西亚、巴西和中国在高中阶段生均年度支出最低，均低于 2000 美元（见图 4 – 18）。

就 2007 年和 2008 年的数据比较而言，几乎所有 G20 国家 2008 年高中阶段生均年度支出都超过了 2007 年。这说明 G20 国家越来越重视高中阶段教育。

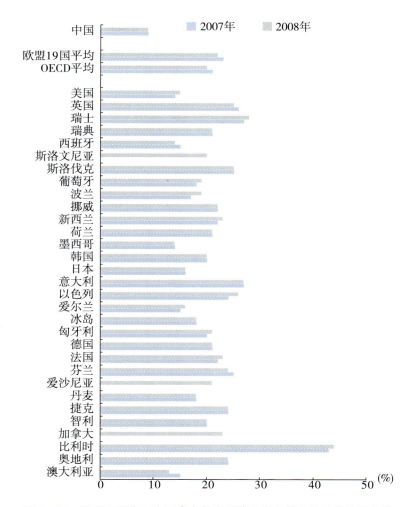

图 4 – 17　OECD 国家和中国高中教育经费支出占教育总经费的百分比

注：1. 包括国际来源资金。

2. 比利时的数据指所有中等教育。

3. 在 2008 年数据统计中，加拿大、印度尼西亚是 2007 年数据，智利是 2009 年数据，匈牙利、挪威、巴西、印度尼西亚是指公共支出。

4. 在 2007 年数据统计中，加拿大、印度尼西亚是 2006 年数据，智利是 2008 年数据，匈牙利、挪威、瑞士、巴西、印度尼西亚是指公共支出。

5. 中国统计的是 2009 和 2010 年普通高中财政性教育经费支出占总财政性教育经费的比例。

【资料来源】经济合作与发展组织. 教育概览 2011：OECD 指标 ［M］. 中央教育科学研究所，组织翻译. 北京：教育科学出版社，2011；教育部发展规划司. 中国教育统计年鉴 ［M］. 2009，2010. 北京：人民教育出版社，2010，2011.

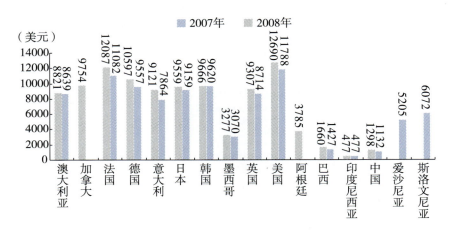

图 4 – 18　部分 G20 国家高中阶段生均年度支出

注：1. 基于全日制折算，GDP 以购买力平价转换后的等值美元表示。

2. 2007 年数据统计中，加拿大是 2006 年数据，意大利、巴西仅对公立学校进行统计。

3. 2008 年数据统计中，加拿大是 2007 年数据，巴西仅对公立学校进行统计。

4. 中国统计的是 2009 年和 2010 年普通高中生均支出。

【资料来源】经济合作与发展组织. 教育概览 2011：OECD 指标［M］. 中央教育科学研究所，组织翻译. 北京：教育科学出版社，2011；教育部发展规划司. 中国教育统计年鉴［M］. 2009，2010. 北京：人民教育出版社，2010，2011.

从图 4 – 19 可以看到，2007 年和 2008 年，韩国和法国高中阶段生均年度支出占人均 GDP 的比例较高，均高于 30%。基于可得数据，对比 2007 年和 2008 年的情况可以看到，G20 国家支付能力投入到高中阶段学龄人口身上的资源虽有增加，但整体变化不太大，澳大利亚 2008 年高中阶段生均年度支出占人均 GDP 的比例甚至比 2007 年降低了 1 个百分点。

教育机构生均支出水平低的国家，其教育投入占人均 GDP 的比例可能与生均教育支出水平高的国家相似，甚至更高。以中国为例，2009 年中国普通高中生均支出虽然只有 1132 美元，比大多数 G20 国家都低，但其占人均 GDP 的比例约为 28%，比大多数 G20 国家都高。

2. 中国高中阶段财政性教育经费支出占 GDP 和财政性教育总经费的比例均低于 G20 国家平均水平

基于可得数据，2007 年和 2008 年加拿大、法国、澳大利亚、日本、英国高中阶段教育经费支出占 GDP 的比例超过了 1.2%，而中国高中阶段

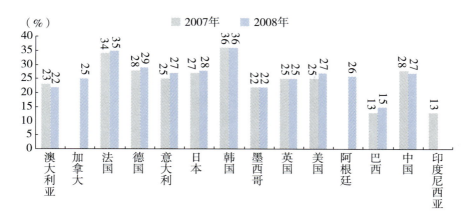

图 4-19　部分 G20 国家高中阶段生均年度支出占人均 GDP 的比例

注：1. 基于全日制折算。

2. 2007 年数据统计中，加拿大是 2006 年数据，意大利、巴西仅对公立学校进行统计。

3. 2008 年数据统计中，加拿大是 2007 年数据，巴西仅对公立学校进行统计。

4. 中国统计的是 2009 年和 2010 年普通高中生均支出占人均 GDP 的比例。

【资料来源】经济合作与发展组织. 教育概览 2011：OECD 指标 [M]. 中央教育科学研究所，组织翻译. 北京：教育科学出版社，2011；教育部发展规划司. 中国教育统计年鉴 [M]. 2009，2010. 北京：人民教育出版社，2010，2011.

教育经费支出占 GDP 的比例不足 0.4%（见图 4-20）。

但高中阶段教育经费支出占 GDP 的比例并不意味着高中生均支出水平的低下，比如美国在 2008 年高中阶段生均年度支出超过了 12000 美元，几乎是 G20 国家中最高的，但同年该国高中阶段教育经费支出占 GDP 的比例仅为 1.1%，比英国、韩国、意大利、法国、加拿大等国都低。

比较 2007 年和 2008 年的数据可以看到，高中阶段教育经费支出占 GDP 的比例变化不太大。法国、意大利和韩国 2008 年的这一比例比 2007 年增加了 0.1 个百分点，但英国和澳大利亚的比例却比 2007 年少了 0.1 个百分点。

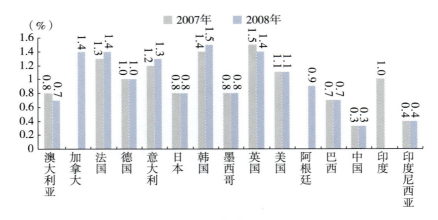

图 4 – 20 部分 G20 国家高中阶段教育经费支出占 GDP 的百分比

注：1. 包括国际来源资金。

2. 巴西、印度尼西亚是指公共支出。

3. 2008 年数据统计中，加拿大、印度尼西亚是 2007 年数据。

4. 2007 年数据统计中，加拿大、印度尼西亚是 2006 年数据。

5. 中国统计的是 2009 年和 2010 年普通高中财政性教育经费占 GDP 的比例。

【资料来源】经济合作与发展组织. 教育概览 2011：OECD 指标［M］. 中央教育科学研究所，组织翻译. 北京：教育科学出版社，2011；教育部发展规划司. 中国教育统计年鉴［M］. 2009，2010. 北京：人民教育出版社，2010，2011.

第五节 高中阶段生师比和教师工资、工作时间的国际比较

一、中国高中阶段生师比相对较高

1. 中国高中阶段生师比高于多数 OECD 国家

高中阶段生师比是高中教育机构中学生数（折合全日制）与教师数（折合全日制）的比率。一般认为，一个教师所教的学生越少，生师比越低，越有利于提高教学质量。

基于 2009 年的可得数据，OECD 国家高中阶段生师比的平均水平为 13.5：1。法国、挪威、葡萄牙、西班牙、阿根廷的生师比均低于 10，其

中葡萄牙的生师比最低，仅为 7.7。在爱沙尼亚、芬兰、韩国、土耳其，每名高中教师要负担的学生超过了 16 人。智利和墨西哥高中阶段的生师比最高，均超过了 24。中国高中阶段生师比略低于智利和墨西哥，一名高中教师要负担约 18 个学生（见图 4–21）。

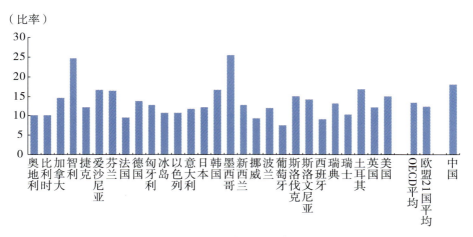

图 4–21　2009 年 OECD 国家和中国高中阶段学校生师比

注：1. 瑞士仅包括公立普通高中学校。

2. 挪威、意大利仅包括公立学校。

3. 比利时不包括私立学校。

4. 加拿大是 2008 年数据。

5. 整个数据基于折合全日制计算。

【资料来源】经济合作与发展组织. 教育概览 2011：OECD 指标［M］. 中央教育科学研究所，组织翻译. 北京：教育科学出版社，2011.

基于可得数据比较 1999 年、2006 年、2007 年和 2007/2008 年部分国家近年来高中阶段生师比，可以发现：日本、韩国、英国的高中生师比逐渐下降，1999—2007/2008 年，韩国高中生师比由 23∶1 降至 16∶1；法国、德国的高中生师比没有太大变化；新西兰、美国、中国的高中生师比出现了上升趋势。

从表 4–4 可以看出，中国高中生师比从 1999 年的 15∶1 上升到 2007/2008 年的 18∶1，一个高中教师负担的学生增加了 3 名，这与中国在 1999—2008 年高中规模扩大、高中入学率增加密切相关，但从前文分析可知，近年来中国普通高中生师比正逐年下降，目前已达到 16∶1。

表 4 - 4　部分国家高中阶段生师比

		1999	2006	2007	2007/2008
部分OECD国家	法国	11	m	11	11
	德国	16	16	16	16
	日本	13	11	11	11
	新西兰	13	14	15	14
	波兰	m	13	13[c]	13[b]
	韩国	23	16	16	16
	英国	14	14[a]	14[c]	13[c]
	美国	14	15	15	15
发达国家平均		m	m	m	13
中国（UNESCO 公布）		m	18	16	16
中国 （官方公布）		15	18	17	18

注："a"为 2005 年数据，"b"为 2005/2006 学年度数据，"c"为 2006/2007 学年度数据；"m"表示数据缺失。

【资料来源】 UNESCO：Education for all global monitoring report ［R］. 2009 - 2011. Paris：UNESCO, 2009 - 2011；教育部发展规划司. 中国教育统计年鉴 ［M］. 2009，2010. 北京：人民教育出版社，2010，2011.

2. 高中阶段教师工资随教龄的增加而增长

教师工资是教师全部薪酬的一部分。在大多数国家，教师工资随其教龄的增加而增长。从图 4 - 22 中可以看出，部分 OECD 国家教师的起点、10 年教龄、15 年教龄法定工资都呈增长的趋势。

基于可得数据，2009 年 OECD 国家高中教师的起点工资为 33044 美元，10 年教龄高中教师工资为 40319 美元，15 年教龄高中教师工资为 43711 美元，高中教师最高工资为 53651 美元。

2009 年，OECD 国家中智利、捷克、爱沙尼亚、匈牙利、冰岛、以色列、波兰、斯洛文尼亚、西班牙、英国高中教师工资水平都比较低，其高中教师的最高工资低于 40000 美元。比利时、丹麦、瑞典、卢森堡的高中教师工资较高，即使是高中教师的起点工资也超过了 40000 美元。而卢森堡高中教师工资最高，起点工资为 80053 美元，最高工资达到了 139152 美元。

递延薪酬适用于教师工资，因此，各国教师工资都会随着教师教龄的增加而增加。从可得数据中分析得出，2009 年，OECD 各国高中教师最高工资与起点工资的比率均超过了 1.5。奥地利、以色列、日本和韩国高中教师最高工资与起点工资的比率比较高，超过了 2，其中，韩国的这一比率最高，达到了 2.78，高中教师的最高工资比起点工资多 54128 美元。相对而言，挪威和英国高中教师最高工资与起点工资的比率较低，不到 1.2（见图 4 - 23）。

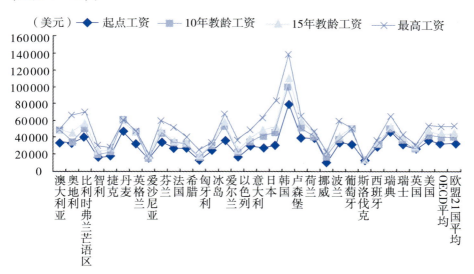

图 4 - 22　2009 年部分 OECD 国家高中教师工资（起点、10 年教龄、15 年教龄和最高）

注：1. 公立学校教师年度法定工资，以购买力平价转换后的等值美元表示。

2. 芬兰、匈牙利、爱尔兰、挪威和瑞典是实际工资。

3. 瑞士的 10 年教龄工资实际是 11 年教龄工资。

【资料来源】经济合作与发展组织. 教育概览 2011：OECD 指标［M］. 中央教育科学研究所，组织翻译. 北京：教育科学出版社，2011.

值得注意的是，最高工资与起点工资的比率并不与教师实际工资成正比，教师工资较高的国家，最高工资与起点工资的比率不一定高。比如，卢森堡作为 OECD 国家高中教师工资最高的国家，最高工资与起点工资的

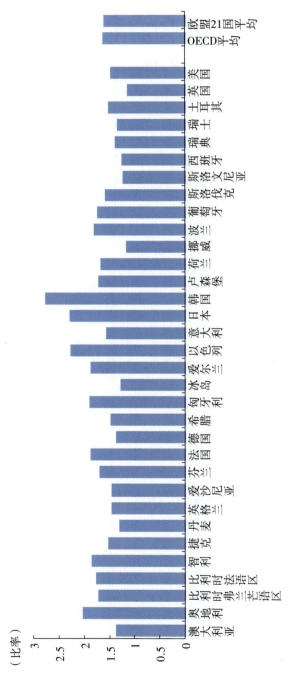

图4-23 2009年部分OECD国家高中教师最高工资与起点工资的比率

注: 1.公立学校教师年度法定工资, 以购买力平价转换后的等值美元表示。

2.芬兰、匈牙利、爱尔兰、挪威、挪威和瑞典是实际工资。

【资料来源】经济合作与发展组织. OECD指标 [M]. 教育概览2011: 教育科学研究所, 组织翻译. 北京: 教育科学出版社, 2011.

比率为 1.74；波兰在 OECD 国家中高中教师工资属于较低的国家，最高工资与起点工资的比率为 1.81，超过了卢森堡。

3. 中国普通高中教师法定工作时间少于 OECD 国家

教师的法定工作时间和教学时数虽然只能部分地决定一个教师实际的工作量，但是有助于理解不同国家对教师的不同要求。基于可得数据，可以了解部分国家和地区普通高中教师工作时间安排。

教学周数是指除了休假周之外的教学周数，2009 年，OECD 国家高中教师学年内的教学周数介于 35—40 周。澳大利亚、智利、捷克、丹麦、德国、以色列、日本、韩国、斯洛文尼亚均达到或者超过了 40 周。OECD 国家平均为 38 周。相对而言，中国普通高中教师的法定教学周数较少，为 35 周。

教学天数是指教学周数乘以每周的教学天数，不包括学校放假关闭的天数。从可得数据可以看出，2009 年普通高中教师教学天数最多的是韩国（220 天），其次是丹麦（200 天）。中国普通高中教师教学天数是 175 天，低于 OECD 国家 183 天的平均水平。在可得数据中，最低的是希腊（157 天）。

从表 4 - 5 可以看到，2009 年普通高中教师净教学时数较多的是美国和智利，超过了 1000 个小时；较少的是希腊和波兰，分别为 426 和 486 个小时。OECD 国家普通高中教师净教学时数平均为 656 个小时。

在校工作时数是教师被要求在校内用于工作的时间，包括教学和非教学时间。基于可得数据，2009 年普通高中教师在校工作时数较多的是冰岛和智利，都超过了 1700 小时；最少的是丹麦，不到 400 个小时。

从法定工作总时数来看，美国普通高中教师的工作时间最多，达到 1998 小时。日本、冰岛、土耳其、匈牙利的普通高中教师工作时间也都达到或者超过了 1800 个小时。

中国高中教师的工作时间比较长，但由于目前统计的是法定上课时间，不包括课堂教学之外的时间，因此相对而言，中国高中教师的教学周数和教学天数不算太多。

表 4 − 5　　2009 年部分 OECD 国家和中国普通高中教师工作时间安排
（公立学校学年内的教学周数、天数、净教学时数以及教师工作时间）

		教学周数	教学天数	净教学时数	规定在校工作时数	法定工作总时数
OECD 国家	澳大利亚	40	193	797	1186	a
	奥地利	38	180	589	a	a
	比利时弗兰芒语区	37	179	642	a	a
	比利时法语区	38	183	610	a	a
	加拿大	m	m	m	m	m
	智利	40	191	1232	1760	1760
	捷克	40	189	595	a	1664
	丹麦[1]	42	200	377	377	1680
	英格兰[1]	38	190	714	1265	1265
	爱沙尼亚	39	175	578	1540	a
	芬兰	38	188	550	a	a
	法国[1]	35	m	628	a	a
	德国	40	193	713	a	1775
	希腊	32	157	426	1170	a
	匈牙利	37	181	597	a	1864
	冰岛[1]	35	171	547	1720	1800
	爱尔兰	33	167	735	735	a
	以色列	42	176	524	704	a
	意大利	39	172	619	a	a
	日本[1]	40	198	500	a	1899
	韩国	40	220	605	a	1680
	卢森堡	36	176	634	828	a
	墨西哥	36	172	843	971	a
	荷兰	m	m	750	a	1659
	新西兰	m	m	m	m	m

续表

		教学周数	教学天数	净教学时数	规定在校工作时数	法定工作总时数
OECD国家	挪威	38	190	523	1150	1688
	波兰	37	180	486	a	1472
	葡萄牙	37	175	770	1289	1464
	苏格兰	38	190	855	a	1365
	斯洛伐克	38	187	617	m	1560
	斯洛文尼亚	40	190	633	a	a
	西班牙	36	171	693	1140	1425
	瑞典	a	a	a	1360	1767
	瑞士	m	m	m	m	m
	土耳其	38	180	567	756	1808
	美国	36	180	1051	1378	1998
OECD 平均		38	183	656	1137	1663
欧盟 21 国平均		37	181	628	1078	1580
中国		35	175	m	m	m

注："1"指实际教学和工作时间；"a"表示因无法归类，数据不适用；"m"表示数据缺失。

【资料来源】经济合作与发展组织. 教育概览 2011：OECD 指标［M］. 中央教育科学研究所，组织翻译. 北京：教育科学出版社，2011.

教学时间占教师工作时间的比例，表明教师可用于诸如备课、批改作业、教研等活动的时间。但是，各国对教师工作时间的规定差异很大，有些国家规定教师的工作时间仅仅包括正式的课堂时间，而有的国家则规定包括所有的工作时间。在一些国家，在正式规定的工作时间内，还分配了教学时间和非教学时间。基于可得数据可以看到，2009 年丹麦和日本普通高中教师法定工作时间内的教学时间所占比例低于 30%，而智利、英格兰、葡萄牙、苏格兰、美国普通高中教师的这一比例都超过了 50%（见图 4-24）。

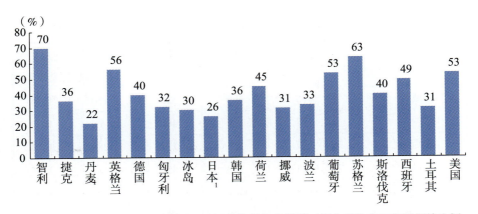

图 4 – 24   2009 年部分 OECD 国家普通高中教师净教学时间占总法定工作时间的比例

注："1"指实际教学和工作时间。
【资料来源】经济合作与发展组织. 教育概览 2011：OECD 指标 ［M］. 中央教育科学研究所，组织翻译. 北京：教育科学出版社，2011.

二、中国高中阶段生师比位于 G20 国家前列

1. 中国高中阶段生师比高于大部分 G20 国家

基于 2009 年的可得数据，G20 国家生师比平均为 15.1，比 OECD 国家平均值高出约 1.6。其中，法国、阿根廷的生师比较低，一名高中教师负担的学生不超过 10 人。在韩国、土耳其、巴西、印度尼西亚，每名高中教师负担的学生超过了 16 人。墨西哥高中阶段的生师比最高，一名高中教师负担的学生超过了 24 人。中国高中阶段生师比略低于墨西哥，一名高中教师要负担约 18 个学生。

2. 发达国家高中阶段生师比低于发展中国家

从可得数据分析，发达国家的生师比普遍比发展中国家低，2007/2008年，世界范围内高中阶段生师比平均为 16：1，其中，发达国家平均为 13：1，发展中国家平均为 19：1，转型国家最低，为 6：1。中国一名高中教师所要负担的学生较多，虽然少于发展中国家的平均水平，但仍多于大多数发达国家（见图 4 –25）。

比较 1998/1999 年和 2007/2008 年数据可以发现，世界范围内高中阶段生师比的平均水平有所下降，其中转型国家和发展中国家 2007/2008 年一名高中教师要负担的学生比 1998/1999 年少了 2 人，但发达国家变化不

大。从中国官方数据来看，高中生师比有所上升，但近年来已有所下降（见图 4 – 26）。

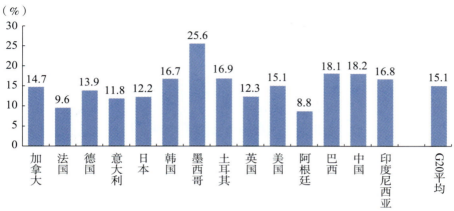

图 4 – 25　2009 年部分 G20 国家高中阶段生师比

注：1. 意大利仅包括公立学校。

2. 加拿大是 2008 年数据。

【资料来源】经济合作与发展组织. 教育概览 2011：OECD 指标［M］. 中央教育科学研究所，组织翻译. 北京：教育科学出版社，2011.

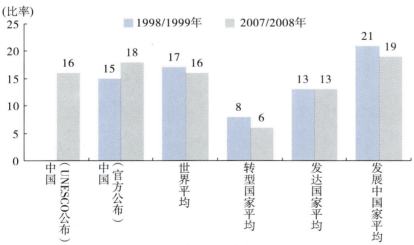

图 4 – 26　不同类型国家高中阶段生师比

注：中国官方公布数据与 UNESCO 公布数据的差异缘于所用人口数据的不同。

【资料来源】UNESCO：Education for all global monitoring report［R］. 2009 – 2011. Paris：UNESCO, 2009 – 2011；教育部发展规划司. 中国教育统计年鉴［M］. 2009, 2010. 北京：人民教育出版社，2010, 2011.

三、九个人口大国高中阶段生师比有升有降

基于可得数据，比较 1999 年、2006 年、2007 年和 2007/2008 年世界部分国家高中阶段生师比可以发现：巴西和孟加拉国高中生师比逐渐下降，1999—2007/2008 年，孟加拉国的一名高中老师所要负担的学生从 32 人减少到 21 人，减少了 11 人，巴西的生师比从 21：1 降低到 16：1，墨西哥高中生师比出现了上升趋势。

从表 4−6 可以看出，中国高中生师比从 1999 年的 15：1 上升到 2007/2008 年的 18：1，一名高中教师负担的学生增加了 3 名，这与中国在 1999—2008 年高中规模扩大、高中入学率上升密切相关，但从前文的分析可知，近年来中国普通高中生师比正逐年下降，目前已达到 15.77：1。

表 4−6　几个人口大国高中阶段生师比

	1999	2006	2007	2007/2008
巴西	21	15	17	16
中国（UNESCO 公布）	m	18	16	16
中国（官方公布）	15	18	17	18
埃及	13	14[a]	m	m
印度	m	28[a]	m	m
印度尼西亚	m	11	12	11
墨西哥	14	15	15	15
尼日利亚	m	m	30[b]	26[b]
孟加拉国	32	21[a]	21	21[b]

注：1. 中国官方公布数据与 UNESCO 公布数据的差异缘于所用人口数据的不同。

2. "a" 为 2004 年数据，"b" 为 2006/2007 学年度数据；"m" 表示数据缺失。

【资料来源】UNESCO：Education for all global monitoring report［R］. 2009 − 2011. Paris：UNESCO, 2009 − 2011；教育部发展规划司. 中国教育统计年鉴［M］. 2009, 2010. 北京：人民教育出版社, 2010, 2011.

第六节　国外普通高中教育发展的新进展

近年来，中国和世界上很多国家一样，掀起了普通高中教育改革的热潮。这反映了国家和社会为纠正现行高中教育的弊端所做出的巨大努力。在大力推进普通高中教育改革的进程中，吸收和借鉴世界一些先进国家的成功探索和经验教训是非常重要且必要的。

一、适应升学和就业的双重挑战："美国文凭计划"

面对国际经济竞争和知识社会的挑战，世界各国对高中教育都非常重视。美国作为世界经济强国，不断地对其基础教育质量现状进行深入的反思，在1983年以来所进行的一系列前期改革的基础上，于21世纪初再度推出改革高中教育的"美国文凭计划"（The America Diploma Project）。这一计划的推行，已经从原来的若干个州发展到几乎所有州，对美国高中教育乃至整个基础教育已经并且还将继续产生越来越大的影响。

"美国文凭计划"的问世首先缘于美国政府及社会对其高中教育现状的不满。尽管按照各州现行教育标准，大多数高中生都能顺利毕业，但许多高中毕业生所具备的知识和技能既无法适应大学学习的需要，也无法适应就业工作的需要。同时，美国中小学在国际性学科考试中成绩历来不佳，因此，提高基础教育尤其是高中教育质量成为美国的举国目标。

"美国文凭计划"的主要发起者是位于首都华盛顿的"达成机构"（Achieve，Inc.）。"达成机构"1996年由美国部分州的州长、大企业及各社团领导人共同创办，2006年被著名的美国教育类杂志《教育周刊》（Education Week）评为全美当前影响力最大的教育决策机构之一，是代表美国地方行政官员、大财团和智库机构的教育改革领导组织。"达成机构"认为，美国高中教育面临的紧迫问题是学校缺乏统一的学业标准，各州对学生的毕业要求过低，对学生的评价没有与大学和企业的要求结合起来。因此，该机构明确提出，要在英语和数学这两门最基础的学科上，帮助各州提高学业标准、改进评估途径、强化绩效制度，以提升高中教育乃至整个基础教育的质量，使美国基础教育特别是高中教育能够让所有的学生为升学、就业、成为合格公民做好充分准备。

为实现上述目标，从 2001 年开始，"达成机构"联合美国"教育信托机构"（The Education Trust）、"福特汉姆基金会"（The Thomas B. Fordham Foundation）和"全美商业联盟"（The National Alliance of Business）发起并推行了"美国文凭计划"。该计划早期只是在美国少数州试行，为尽快将这一计划推向全国，2005 年，"达成机构"与"全美州长协会"（The National Governors Association，NGA）共同召开了"全美高中教育峰会"。与会者达成了四项共识：将高中教育标准与大学和职场需求结合起来；让高中学生学习为大学学习和职场工作做准备的课程；建立为大学和职场做准备的高中教育州级评估系统；让中学和中等后教育机构共同为学生的学习和成功承担起责任。此次峰会后，参与"美国文凭计划"的州急剧增加，30多个州陆续加入进来，并组建了"美国文凭计划网络"（The American Diploma Project Network），覆盖了全美约 85% 的公立学校。[①]

"美国文凭计划"的主要目标在于统一各州参差不齐的高中教育标准（主要是英语、数学两大学科），使高中毕业生能为进一步接受高等教育以及适应工作和生活而在知识与技能方面做好充分的准备。因此，它要求各州改变以往由学科专家关起门来制定标准的做法，鼓励各州广邀大学、企业、中小学等共同参与高中教育标准的制定，根据高校和职场的需求，调整和更新高中英语和数学学业标准。同时，重新确定高中必修课程门类，规定高中生学习的英语课程必须是按高中四年的年级水平连贯组织的，数学包括代数Ⅰ、几何、代数Ⅱ、微积分基础，向所有高中生开设，为必修课程。而且还要求对课程实施的效果进行评估，建立为升学和就业做准备的评估系统。

"美国文凭计划"是美国政府、企业和社会团体试图重建美国高中教

---

① 杨硕，洪明. 适应升学和就业双重挑战的高中教育改革——"美国文凭计划"初探［J］.教育研究与评论：中学教育教学，2010（7）：12－18.

育，将高中教育的现行标准与大学和企业对毕业生的能力要求衔接起来的努力成果。

"美国文凭计划"也得到了美国联邦教育部的大力支持，目前，美国几乎所有的州都承诺本州高中课程和教育标准将参照"美国文凭计划"重新制定。这意味着美国基础教育将告别各州各行其是的松散时代，形成依托"美国文凭计划"所设蓝图的高中教育乃至整体基础教育的新局面。对美国而言，这无疑是基础教育领域的一场革命。

二、强化普通高中课程改革：英国"课程 2000 指南"

英国基础教育界于 1988 年引入国家课程，逐步建立起三级课程框架。但作为义务后教育的高中教育却游离于国家课程之外，其课程的规划与设置有很大的地方自主性，而自主的同时不可避免地带来了高中教育质量的降低，英国 2000 年的课程改革正是在提高高中教育质量的呼吁下展开的。

从 2000 年 9 月开始，英国推行新一轮的课程改革"课程 2000"，对义务教育、高中教育进行改革。资格与课程局在《"课程 2000"指导书》（Guidance for Curriculum 2000）中提出了高中课程改革的四个主要目标：①使学生在课程方面有更多的选择机会；②将学生的学术课程学习与职业课程学习有机地结合起来；③注重发展学生的关键技能；④使学生能够参与数量众多、内容丰富的活动。针对 2000 年的课程改革，英国政府委托资格与课程局（Qualifications and Curriculum Authority，QCA）特别提出高中阶段的关键技能目标。①问题解决：能积极而有效地运用一系列策略发现问题；提出解决问题的策略；围绕问题及解决路径合理安排时间，合理利用有关资源；能针对解决问题过程中出现的新问题做出合理思考；能视进度而改变方法。②交流：能合理解释和评价获得的信息；选择有效的方法将获得的信息加以条理化；运用想象；清晰地阐述复杂的观点；能利用准确、简练而流利的语言向别人呈现自己所获得的信息。③合作：明了自己在某一合作领域的作用和位置；在与他人合作中讲求奉献；能保证他人明了在合作中各自所扮演的角色及承担的责任；能使合作有利于预先设定目标的实现；在合作中能对将要发生的事情做出预测；保持合作的信心与动机。英国政府之所以在教育目标中突出关键技能，一是为使教育目标与正在进行的课程改革相呼应，二是为改变部分学生 16 岁即就业的现状，实施14—19 岁一贯制教育铺平道路。

同时，"课程 2000" 还进行了证书制度改革，设立了新的普通教育证书高级水平与高级补充水平（General Certificate of Education Advanced Level／Advanced supplementary Level，GCE A／As level）。新的普通教育证书高级水平旨在提供给高中学生一种更富选择性的课程。高级水平分为 6 个单元，每个单元的考试又分为两种：校外考试和校内相关课程的考试（包括学生的平时表现记录）。考试时间比以前有了选择性，既可以在学习期间进行，又可以在整个课程学习结束后进行。同时，新课程革新了原有的普通教育职业证书。新的职业教育证书（Vocational Certificate of Education，VCE）部分代替了普通教育职业资格证书（General National Vocational Qualifications，GNVQ）。新的职业教育证书有高级、高级补充、双重授予 3 个水平，分为 12 个单元。高级水平由 6 个单元组成，高级补充水平由 3 个单元组成，双重授予水平由 12 个单元组成。此外，新课程还设置了新的高级拓展证书（AEAs）。高级拓展证书是供那些能力较强、现有课程对其不构成挑战的学生来选择的。设置高级拓展证书的目标有：①给能力强的学生提供机会，以展示其超出普通教育证书高级水平要求的才能，尤其是其理解的深度；②保证英国高中生中能力最强的学生能像其他国家高中的佼佼者一样接受高标准的挑战；③让所有有才华的学生，不管他们身处哪所学校或学院，不论他们所选择的课程如何，都可以再选择高级拓展证书课程，从而使这部分学生不必只有通过参加特殊考试才能展示自己的才华；④帮助学校实现对那些在普通教育证书高级水平考试中取得多个 A 的优秀毕业生的分层，同时为大学录取新生提供参考。高级拓展证书制于 2002 年夏正式启动。①

"课程 2000" 改革虽然部分改变了证书体系，但是距离英国政府所要求的旨在为学生提供一个灵活的、为更多人提供学习机会和发展可能性，

---

① 王凯：英国普通高中课程改革的进展、困境和对策［J］. 世界教育信息，2005（3）：5 - 7.

实现社会公平，增强学生竞争能力的证书系统还有很大距离。经过一段时间的论证和研制，2004 年 9 月 1 日，英国政府终于完成了一个国家证书体系（National Qualifications Framework）。该体系从入门到 8 级共分为 9 个级别，各个级别分别对应不同的资格证书，从学科证书到学位文凭证书等。这一新的国家证书体系能够让学生及其他公民明确进入不同种类的高一级学校及参加不同种类的工作所分别需要的证书，能够实现不同种类证书的横向和纵向比较。

英国 2000 年课程改革是自其 1988 年教育法颁布以来力度最大的一次，它对高中阶段的课程设置起了很大的推动作用。通过几年的实施可以看出，以前作为大学预科的文法学校第六学级也在课程设置上做了大的变动，不再拘泥于传统的普通教育证书高级水平课程，新增了与学生的愿望、抱负及将来的就业相关的技术类课程，向着宽广、灵活的课程设置发展。事实上，英国目前在高中教育领域并非仅仅进行着单纯的课程改革探索，在教育结构的重新规划上也正进行着摸索和研究。

英国教育与技能部在 2001 年阐述今后的教育改革构想时提出：英国教育需要为 14—19 岁学生提供连贯的整合教育，改变以往学生在 16 岁以后就走向社会就业的状况——他们需要基本的学术与职业知识。从 2002 年起，英国投资 3800 万英镑用于与工作相关的 4 万个计划（针对 14—16 岁学生）；将 16 岁以后的教育进行集中，使学生在一个独立的教育实体（Single Body）中学习；在接下来的三年中，投资 1800 万英镑用于加强和扩展基于工作的培训，发展现代学徒制（Modern Apprentices）等。

三、日本实施普通高中分类型发展

日本高中教育改革主要包括课程改革和体制改革两大部分。高中阶段课程改革的重点在于改变僵化统一的课程模式，减轻学生的学习负担，满足学生多样化的学习需要，促进学生的自主学习，使教育更加个性化。20 世纪 90 年代末期，日本对高中课程进行了新一轮的全面改革。日本文部省于 1999 年颁布了新修订的《高中学习指导要领》，从 2003 年 4 月开始分年级逐步实施。日本"教课审"明确提出此次课程改革的四项目标是：①培养丰富的个性、社会性和作为生存于国际社会的日本人的觉悟；②培养自学能力和独立思考能力；③在宽松的教育活动中，谋求使"双基"切实稳固，充分发挥学生个性的教育；④各学校发挥创造性，开展有特色的教育，推进特色学校的建设。

按照新修订的《高中学习指导要领》的规定，以实施普通教育，教授普通学科为主的普通高中的课程，包括学科课程、综合学习时间和特别活动课程三部分。在学科课程中，又包括普通教育学科和专门教育学科两个方面。此外，普通高中还可以设置学校规定科目和学校设定学科。其中，普通教育的学科有 10 个，包括国语、地理历史、公民、数学、科学、保健体育、艺术、外语、家庭、信息等，各个学科又都由若干个科目组成。1999 年新修订的《高中学习指导要领》明确规定："普通高中要在考虑地区和学校的实际情况以及学生的特性、出路等的基础上，根据需要，确保适当的职业类学科及科目的修习机会。"因此，日本普通高中的学生也应学习一定的职业类课程。新的职业类学科共 13 个，包括农业、工业、商业、水产、家政、护理、信息、福利、数理、体育、音乐、美术、英语等。同时，增设旨在激发学生的学习动力、扩大学生知识面、提高学生综合运用知识的能力的"综合学习时间"，综合学习时间由学校自主实施，必须在毕业前修满 105—210 课时，学分数为 3—6 学分。特别活动是指学生在教师的适当指导下开展的自主性、实践性活动。高中的特别活动包括三种：课外学习室活动、学生会活动和学校例行活动。根据新《高中学习指导要领》的规定，在全日制高中，课外学习室活动的授课时数原则上为每学年 35 课时以上，即每周至少 1 课时。而对于学生会活动和学校例行活动，各学校可根据实际情况，分别安排适当的授课时数。①

日本高中教育体制改革的重点是突破现有的制度限制，举办多样化的高中，促进高中教育制度的灵活化，但目的同样是满足学生多样化的学习需要，促进学生的自主学习，使教育更加个性化。日本对高中教育体制的探索和创新主要体现在综合学科高中、学分制高中、初高中一贯制学校等

---

① 李其龙，张德伟. 普通高中教育发展国际比较研究［M］. 北京：教育科学出版社，2008.

几个方面。日本从 1994 年开始正式设立综合学科高中。综合学科高中是指同时设"普通科"和"专门学科",可以对学生综合进行普通教育和专门教育的高中。综合学科高中的特点是学生可以跨普通教育和专门教育自由选择学习科目,而选修范围也更广,从而激发学生的学习动力和主体性。日本学分制高中始于 1993 年。所谓学分制高中,是指完全不按学年安排教育课程,学生修满规定学分即可毕业的高中。在学分制高中,学生可以根据自己的学习情况安排学习进度;学分制高中开设大量的选修课,学生可以根据自己的学习计划和兴趣选择相关的科目。有些学校在每天的时间安排上也给予学生充分的选择自由等。日本的初高中一贯制学校于 1999 年开始正式实施。初高中一贯制学校主要有三种类型:"中等教育学校"(即在同一所学校内实施初高中六年一贯教育,前三年称前期课程,后三年称后期课程)、"并设型学校"(在初中和高中的举办者相同的情况下,两校实施六年一贯教育,初中毕业生升入高中时不进行高中入学选拔)和"共建型学校"(即几所不同的初中和高中合作,初中毕业生升入高中时只进行简单的考试)。2008 年,日本综合学科高中、学分制高中、初高中一贯制学校在高中学校中所占比例分别为 6.37%、16.34% 和 6.56%。

2011 年,日本中央教育审议会在初等、中等教育分科会中新设了"高中教育会",专门研讨高中教育问题。此次改革的方向是"保证高中教育的质量"。此前文部科学省推进的高中教育改革旨在促进高中教育的多样化、特色化,是以制度改革为中心的。但从近两年各类学校的增长速度来看,高中的多样化改革即将进入停滞状态。例如,2011 年综合学科高中仅比上一年度增加了 2 所,初高中一贯制学校仅比上一年度增加了 18 所,其中公立高中仅增加了 3 所。

为了提高高中教育的整体水平,2011 年文部科学省开始修正高中教育多样化、特色化路线,转而改善教育内容和指导形态,提出了今后的改革方向,主要有:①构筑个性化学习体系(符合每个学生的学习进度、能力、未来走向的教育、保证学生的学力);②强调培养社会需要的人才(全球化人才的培养、信息化人才的培养、职业教育的充实);③强化高中培养人格的功能(沟通能力、社会参与能力)等。同时,文部科学省将在

2012 年的教育预算中大力支持国际大学入学资格考试——"国际高中联考"（International Baccalaureate），并引进相应的课程体系。除了在以外国人子女为主的国际高中实行此联考以外，还将在普通高中试点运行，预计2012 年将有 10 所试点高中。①

2012 年，日本中央教育审议会下属初等、中等教育分科会在高中教育部会上提出：发展高中教育需要根据各个学校的办学目标，即想要培养什么样的人才，分门别类地制定相应的政策措施才更有效，不能在"高中教育发展措施"统一的框架内打转。但是必须注意到将学校进行分类并不是将学校排等级，也不是由国家决定学校的职能或角色。此次会议提出了以下四个高中类别及发展策略。

（1）培养承担社会经济活动所需的资质能力的高中。有效利用"高中毕业程度认定考试"（毕业考试），作为学业到达程度的指标，使学生扎实所学内容；为深化义务教育阶段所学内容并进行职业教育，重新设计学校教学科目和教学内容。

（2）培养从事特定职业所需的资质能力的高中。消除社会需求与专业教学科目、教学内容之间的误差；与地方企业或相关机构联合，导入实践学习，进行就业体验；聘请相关领域的社会人士作为兼职讲师，充实职业教育；使取得特定职业所需资格证的考试内容和教学科目、教学内容之间的联系可视化、明确化；在此类高中创设同类大学承认的学分认可制度。

（3）培养社会领导层和活跃于国际社会所需的资质能力的高中。对于有意愿、有能力的学生，联合相关大学向其提供深造的学习机会，并对学习成果做适切的评价；推进高中和大学的合作；对于有优秀才能或个性的学生，扩大"校外活动学分认可制度"的学分认可范围，例如国际奥林匹克竞赛等；对优秀学生创设提前毕业制度；创设海外留学机会。

（4）培养在社会中自立的基础能力的高中。将重点放在核心课程的学习上；提高教师对不同个性的学生的指导能力，在学校中配置社工、咨询

---

① 参见：高中教育改革由制度改革转向内容改革［C］.日本：日本中央教育审议会下属初等、中等教育分科会，2011.

人员；积极促使辍学、逃课的学生返校；根据学生多样的入学动机、学习履历，提供多样的修课方式，例如夜校、假期学校等。①

四、澳大利亚普通高中教育与职业教育一体化

1999 年 4 月，在第 10 届教育、就业、培训和青年部部长会议上，澳大利亚联邦教育部部长以及各州和各地区的教育部部长一同签署了关于《21 世纪国家学校教育目标的阿德莱德宣言》（The Adelaide Declaration on-National Goals for Schooling in the Twenty First Century）。该宣言认为，澳大利亚各级政府应致力于让所有学生都有机会完成 12 年级的学校教育，或者是相同程度的被认可的职业教育。

20 世纪 90 年代以来，澳大利亚青年失业率一直居高不下，不少青年在完成义务教育后由于没有掌握基本的就业知识和技能而无法获得就业机会，这种情况在延长在校年限后并没有得到根本的改变。因此，为了改变这一状况，澳大利亚明确提出，高中教育的新任务就是要开展职业教育，让学生掌握更多的职业技能以适应今后工作的需要。为了实现这一目标，澳大利亚政府采取了以下一些举措。

（1）开展学校职业教育与培训（Vocational Education and Training in Schools，VET）计划。VET 计划是面向澳大利亚全国高中的职业培训计划，由联邦政府于 1996 年在全国范围内开始实施，该计划所开设的课程是学校日常课程的重要组成部分。开展 VET 计划的主要目的是让学生：①拓展相关行业所需的专属技能；②获得全国范围内皆认可的职业教育与培训资格证书，同时所修课程也为高中毕业文凭所认可；③拓展就业技能并对各类工作有一定的了解；④对各类职业有一定的了解以帮助其今后职业生涯的规划与发展。到 2005 年，澳大利亚参与 VET 计划的高中数量占其全国高中总数的比例为 95%。VET 计划是一项系统性的工程，从联邦政府到地方政府，从各级培训中心到企业，从社区到各级各类学校，都参与了这项

---

① 参见：日本将高中分类并提出相应发展战略［C］. 日本：日本中央教育审议会下属初等、中等教育分科会下属高中教育部会，2012.

改革。

（2）开展校本新学徒制（School-Based New Apprenticeships，SBNA）计划。SBNA 计划自 1998 年 1 月开始实施。通过该计划，学生既可以获得所在州颁发的高中毕业证书，还可以获得作为兼职人员应得的报酬，并可获得全国范围内承认的 VET 资格证书。SBNA 计划的主要目的是：①帮助学生更好、更顺利地完成从高中生活向未来工作或深造的过渡；②拓宽高中生参与职业教育与培训的方式及渠道，从而使学生的选择更为多样化；③为学生提供广泛科目的学习从而满足其个体需求；④通过发展学校和雇主的关系为年轻人增加就业与教育的机遇；⑤为年轻人提供更多、更好的相关技能以支持有关行业的发展；⑥为未来经济的发展提供适当的技术型劳动力。SBNA 计划与 VET 计划的区别在于，前者要求申请参与计划的学生和雇主签订合同。计划的培训以学生的课余时间为主，但也有安排在每周常规课时之内的。培训所涉及的行业主要集中在零售与快餐业。①

在课程方面，早在 20 世纪 70 年代，澳大利亚政府与教育部门就开始探讨如何将澳大利亚各州和各地区所开展的课程统一化。2007 年工党在选举中获胜，陆克文政府上台后即迈出了设计与制定国家课程的步伐。目前，澳大利亚国会新设的独立法定机构——澳大利亚课程评估与汇报局对幼儿园至 12 年级的国家课程制定事宜负责。2009 年该机构成立了澳大利亚国家课程委员会，由该委员会来专门监督国家课程的开发过程。

国家课程委员会提出，国家课程的制定必须坚持以下主要原则：必须让学生获得未来生活所需的知识、理解力与技能；必须考虑到学生发展所呈现出的显著差异性；应让教师知道自己该教什么，让学生明确自己该学什么；课程设计与实施应建立在合理的时间安排以及教师可获取的资源的基础之上；课程要有灵活度；各地的教育机构、学校系统以及中小学校应该互相协作，从而共同开发国家课程。

此外，由于澳大利亚各州和各地区开设的课程、实施的考试制度与发

---

① 俞婷婕. 新世纪澳大利亚普通高中教育改革探析［J］. 比较教育研究，2010（7）：46 – 50.

放的高中毕业文凭各不相同，目前共存 9 种高中毕业证书（维多利亚州有两种高中毕业证书）。2003 年 7 月，澳大利亚教育、就业、培训与青少年事务部长级会议探讨了将澳大利亚高中证书统一化的设想。2004 年，澳大利亚政府出台的文件《引领学校迈向下一水准》讨论了关于在全国高中实行"澳大利亚教育证书"（Australian Certificate of Education）的想法。同年，政府在教育政策文件《学校的更高标准与价值》中特别指出，要"同各州和地区的部长们共同努力，以推行澳大利亚教育证书改革"。2005 年 5 月，教育、科学与培训部委任澳大利亚教育研究委员会调查并汇报"澳大利亚教育证书"的模型及实施安排等事宜。

澳大利亚教育研究委员会认为，统一高中文凭可以：①对高中教育事业的安排具有更好的一致性与协调性；②便于设立全国统一的标准；③提升澳大利亚各地高中生学业成绩的可比性；④努力确保澳大利亚的年轻人具备未来生活和工作所需的知识与技能；⑤创建与澳大利亚国际地位相称的全国性资格证书。

［第五章］

普通高中发展面临的挑战及对策建议

第一节　加快推进普通高中教育
由规模扩张走向内涵发展

近 20 多年来，我国普通高中教育在规模扩张上呈现快速发展态势，而质量提升相对滞后。在规模扩张基本达到要求的基础上，将内涵发展提到更高的层面，是经济社会与教育发展的必然选择。

一、由规模扩张走向内涵发展是经济社会与教育发展的必然选择

1. 中国的转折：建立创新型国家——经济转型对普通高中阶段教育提出更高要求

党的十六大确立了全面建设小康社会的宏伟目标，十六届五中全会又做出建设创新型国家的决策，这是事关社会主义现代化建设全局的重大战略决策。《国家中长期科学和技术发展规划纲要（2006—2020 年)》对建设创新型国家提出的总体目标是：到 2020 年，进入创新型国家行列。党的十七大报告提出：提高自主创新能力，建设创新型国家。党的十八大报告在阐述全面建成小康社会宏伟目标时提出：科技进步对经济增长的贡献率大幅上升，进入创新型国家行列。这是国家发展战略的核心，是提高综合国力的关键。

　　我国正站在一个新的历史起点，处于发展的关键期，中国必须走增强自主创新能力、建设创新型国家的发展道路，走新型工业化道路，建设创新型国家，迫切需要培养大批高素质劳动者和创新型人才，需要建立一个与之相匹配的创新型教育模式。普通高中教育作为承上启下的教育阶段，直接影响社会对中、高级劳动力的正常需求，在构建创新型教育模式中具有重要作用，将对整个基础教育起到示范和拉动作用。

2. 我国普通高中教育内涵发展的动因

　　（1）由规模扩张走向内涵发展是我国普通高中阶段性发展的战略选择

　　教育规模的扩张"量变"到一定程度，必然引发教育观念、职能、管理、入学与选拔等方面的一系列"质变"。

　　我国普通高中教育正经历着由"规模扩大"向"内涵提升"，由"追求适合教育的学生"向"追求适合学生的教育"，由"注重分数"向"培养创新能力"的历史性战略转型。教育部原部长周济在教育部2008年度工作会议上的讲话中指出："在当前，我国教育呈现出鲜明的阶段性特征。最基本的阶段性特征，就是进入了从人力资源大国向人力资源强国转变的新阶段。现在，有学上的问题已经基本解决，上好学的问题成为突出矛盾；数量合乎规模的问题已经基本解决，质量和结构的问题成为突出矛盾。"从数量扩张走向质量提升、内涵发展的轨道，需要全面推进教育教学改革，构建创新型教育模式。

　　（2）向全民提供优质教育

　　近10多年来，我国普通高中的强劲发展主要由"有学上"和"上好学"两个因素的叠加作用推动。一方面，我们看到社会上有人感叹"上高中难，难于上大学"；另一方面，也必须看到这种强烈需求是上名校，是对优质教育资源的需要。在教育得到空前重视的今天，这种需求是人们的共同愿望。2000年联合国教科文组织在塞内加尔首都达喀尔召开了世界全民教育论坛，会议最后通过的《全民教育行动纲领》指出，向所有人提供受教育的机会是"胜利",但如果不能向他们提供保证质量的教育,那不过是一种"空洞的胜利"。这充分体现了人类教育从全民教育向全民优质教育转变的新的趋势。

世界各国的经验表明,教育的规模扩张与质量提高是不同步的,规模扩张往往因社会需要而先行发展,到了一定程度才会引发内涵发展。进入 21 世纪,随着我国九年义务教育的普及和高校扩招,广大人民群众对高层次、高质量的普通高中教育的需求日益增长,对享有接受教育的机会的需求逐步转变为对接受良好教育机会的追求,这凸显了我国普通高中优质教育资源供给能力严重不足、供需矛盾十分突出的现状。

加快优质高中教育资源建设,满足人民群众日益增长的文化教育需求,既是实现我国教育现代化的重要目标,也是全面建设小康社会的重要内容。

二、普通高中阶段教育发展的阶段性特征

1. 国外主要发达国家高中教育发展阶段划分

如图 5 - 1 所示,美国学者马丁·特罗将美国中等教育及高等教育的发展历程划分为三个阶段。第一阶段为 1870—1910 年,中等教育和高等教育都属于精英阶段。第二阶段为 1910—1940 年,中等教育急速扩张,越过精英阶段,走向大众阶段,并于 1930 年左右进入普及阶段,而此时高等教育仍处于精英阶段。第三阶段始于 1940 年,更确切地说应始于"二战"后,高等教育人口突破同年龄段人口的 15%,开始走向大众阶段,并于 20 世纪 70 年代进入普及阶段。

日本学者藤田英典在《高中教育的普及化与选拔原理》一文中,以高中入学率为指标,将日本自明治维新以来的 130 余年间高中教育数量扩大和性质变化的过程划分为精英化、大众化和普及化三个阶段。日本高中教育第一个阶段(精英化阶段)是从明治初期至大正中期(约从 1872—1920年),该阶段中等学校的入学率保持在 15% 以下。第二个阶段(大众化阶

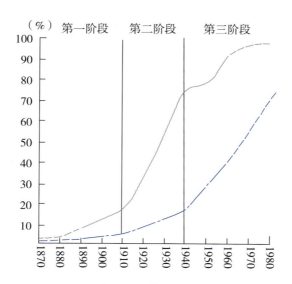

图 5-1　1870—1980 年美国中等教育及高等教育的毛入学率

———　中等教育毛入学率（中等教育就学人口占 14—17 岁人口的比例）
—·—　高等教育毛入学率（高等教育就学人口占 18—21 岁人口的比例）
······　估计值

【数据来源】符碧真. 教育扩张对入学机会均等影响之研究［J］. 教育研究集刊（台湾），
2000，44（1）：205.

段）是从 1920—1954 年，该阶段中等学校或高级中学的入学率从 15% 提
高到了 50%。以 1974 年高中入学率超过 90%（实际为 90.8%）为标志，
日本的高中教育进入高度普及化阶段，日本学者称之为"准义务化阶段"，
2004 年日本高中入学率已高达 97.5%，这表明日本高中教育已经具有了
"全民性"特征。①

2. 我国高中阶段教育进入高水平普及化发展阶段

（1）我国高中阶段教育普及化进程

改革开放以来，特别是近 20 年来，我国高中阶段教育进入快速发展时
期，高中阶段教育毛入学率从 1992 年的 26% 提高到 2011 年的 84%，提高

---

① 张德伟. 日本高中教育普及化的影响因素分析［J］. 外国教育研究，2006（8）.

了 58 个百分点，增长了 2.2 倍（见图 5 – 2）。①

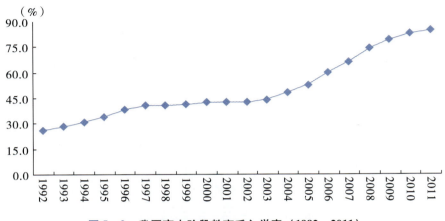

图 5 – 2　我国高中阶段教育毛入学率（1992—2011）

　　教育的毛入学率是衡量一个国家和地区中等教育与高等教育发展水平的重要指标。借用马丁·特罗的教育发展阶段理论的思想框架，可以将高中阶段教育发展划分为精英化、大众化、普及化和高水平普及化四个阶段。从图 5 – 2 中可以看到：1992 年我国高中阶段教育毛入学率为 26%，说明我国高中教育已经进入大众化阶段；2005 年毛入学率达到 52.7%，说明我国高中教育已经进入普及化阶段。如果我们将高中阶段教育毛入学率达到 85% 称为进入高水平普及化阶段，那么我国高中阶段教育在 2012 年即已进入高水平普及化阶段。（根据近几年我国高中教育毛入学率增长速度推算，2012 年我国高中教育毛入学率将超过 85%。）这必将对我国高中阶段教育提出新的要求。

　　2011 年，我国高中阶段教育招生总规模略有下降，但高中阶段教育毛入学率进一步提高。其中，普通高中招生继续增长，达 850.8 万人，增幅为 1.7%；中职招生规模有所缩减，降幅比较大，降幅为 7.1%。

　　我国普通高中教育面临两大任务：一是规模进一步扩大，实现国家制定的到 2015 年毛入学率达到 87%、2020 年达到 90%、基本实现普及高中

---

①　按照国际惯例，我国官方从 1992 年开始正式统计高中教育毛入学率（全口径）。

教育的目标；二是培养大批创新型人才为建设创新型国家服务。因此，普通高中教育需要建立创新型教育模式，大力进行变革。

（2）我国普通高中普及化的起因及过程

新中国成立以来，我国普通高中教育发展目标单一，主要承担高校预备学校的角色，发展十分缓慢。

1993年2月13日，中共中央、国务院印发《中国教育改革和发展纲要》，提出："九十年代，在保证必要的教育投入和办学条件的前提下，各级各类教育发展的具体目标是：全国基本普及九年义务教育（包括初中阶段的职业技术教育）；大城市市区和沿海经济发达地区积极普及高中阶段教育。"党和政府明确提出普及发展高中阶段教育的战略要求，这是指导我国20世纪90年代乃至21世纪初高中阶段教育改革和发展的蓝图。

我国基础教育在20世纪经历了跨越式的发展，实现了"两基"——基本普及九年义务教育和基本扫除青壮年文盲，取得了历史性成就。作为基础教育顶端的高中教育，自1995年以来也实现了高速扩展。据统计，我国高中在校生从1995年的1895万人发展到2000年的2450万人，超过了2125万人的规划目标。2001年与1995年相比，普通高中招生数和在校生数都翻了一番，年平均增长率达到12%。但从总体上看，高中教育的发展仍有很大空间，还存在一些亟待解决的问题。

1999年，国务院批转教育部《面向21世纪教育振兴行动计划》，迎来了高等教育的快速发展阶段。因此，在我国义务教育普及和高等教育扩招之后，高中教育规模扩张已成必然。1999年教育部颁布的《关于积极推进高中阶段教育事业发展的若干意见》指出："重视发展高中阶段教育事业，积极发展包括普通教育和职业教育在内的高中阶段教育，为初中毕业生提供多种形式的学习机会。城市和经济发达的地区要有步骤地普及高中阶段教育，满足初中毕业生接受高中阶段教育的需求。"2001年出台的《国务院关于基础教育改革的决定》提出"大力发展高中阶段教育，促进高中阶段教育协调发展，有步骤地在大中城市和经济发达地区普及高中阶段教育"。

普及目标是在我国高中教育实现了连续6年高速发展的基础上提出的，

2001 年普通高中招生数和在校生数分别达到 557.98 万人和 1404.9 万人，比 1995 年翻了一番，这是新中国成立以来我国高中教育发展最好的时期。然而，必须看到，"十五"期间正值高中阶段教育入学高峰，初中毕业生升学的矛盾十分突出。首先，虽然普通高中教育已连续 6 年快速增长，但高中阶段入学率仍只能达到 52.9%，每年约有 800 万名初中毕业生还不能升学。其次，高中阶段教育已成为我国各级教育协调发展的瓶颈。据统计，2001 年我国小学毕业生和初中毕业生升入高一级学校的比例分别为 95.5%、52.9%，普通高校录取率已经达到 57.4%，出现两头高、中间低的格局。最后，高中阶段教育优质教育资源的短缺已成为社会的一大热点问题。教育质量相对较高的学校仅占普通高中学校总数的 1/3，每年高中阶段教育招生的矛盾十分突出。

为了贯彻落实国务院的决定，破解高中教育发展困境，2002 年教育部召开了全国高中发展与建设工作经验交流会，教育部原部长陈至立做了"加快高中教育发展满足人民群众需求和经济社会发展需要"的讲话，指出：要合理规划高中教育发展，努力拓展优质高中教育资源；要加大政府投入，吸引社会广泛参与，多渠道筹措发展高中教育的经费；要深化教育改革，提高高中的办学水平和教育质量。

"十一五"期间，普通高中教育依然保持快速增长态势。党的十七大报告提出了"优化教育结构，加快普及高中阶段教育"的要求。《国家教育事业发展第十一个五年规划》提出明确目标：高中阶段教育毛入学率要从 2006 年的近 60%，进一步提高到 2010 年的 80%。2010 年颁布的《教育规划纲要》中首先提出"实现更高水平的普及教育"目标，到 2020 年高中阶段教育毛入学率达到 90%。我国普通高中教育开始由规模扩张逐渐走向内涵发展。

三、普通高中教育高水平普及化发展面临的形势

我国普通高中教育经过 20 多年快速发展，未来将在规模上保持一定的稳定性，主要走向内涵发展。其原因主要有以下几点：一是现在距离 2020 年目标差距不大；二是高中阶段学生入学人口呈减少趋势或有小幅增长；三是

我国大部分省份普通高中教育进入高水平发展阶段；四是普职比例适中。

1. 目前发展状况与实现2020年普及目标之间的差距不大

《教育规划纲要》和"十二五"教育发展规划都对我国高中阶段教育发展目标做了规划。2011年，我国高中阶段教育毛入学率达84%，比2015年87%的规划目标低3.0个百分点，比2020年90%的规划目标低6.0个百分点，未来实现规模扩张目标压力不大。

2. 从人口预测看，到2020年我国高中阶段教育就学人口压力不大

人口变化是影响未来我国教育发展的重要因素。新中国成立以来，我国经历了高生育率和快速增长、实行计划生育和降低生育率、实现稳定的低生育率和人口缓慢增长几个阶段，相继出现了三次较大规模的生育高峰，对基础教育产生了巨大的冲击力。目前，人口高峰过去，未来学生规模压力不大（见图5-3）。

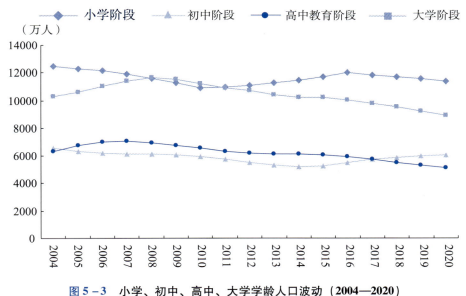

图5-3　小学、初中、高中、大学学龄人口波动（2004—2020）

【资料来源】张力. 我国基础教育发展战略与宏观规划的若干问题［Z］.2008：北京.

我国普通高中教育规模增长速度在2002年达到高峰（19.85%），以后逐年下降，直到负增长，2008年达到最低（-1.8%），随后又逐年增加，但增长缓慢，近3年每年以1%的速度增长。

3. 普通高中教育发展区域差距明显

从 2011 年我国初中毕业生升学率分布情况来看，东西部地区差距明显（见表 5-1）。东西部地区差距是我国普通高中教育进入高水平普及化阶段面临的突出问题，中西部普通高中教育农村普及水平偏低，学校办学条件和教育质量与东部地区普通高中相比差距较大，教育资源十分短缺，学校普遍班额过大，相当一部分学校达不到基本的办学标准。许多学校人才培养模式单一，办学缺乏特色，片面追求升学率倾向严重。

表 5-1　2011 年全国分区域初中毕业生升学率分布情况

分档	东部	中部	西部
平均	96.0%	84.9%	84.2%
>90%	北京、天津、上海、山东、浙江、江苏、河北、广东、福建	湖南、黑龙江	陕西、青海、内蒙古、重庆、宁夏、四川
81%—90%	—	吉林、安徽、江西、湖北	广西、甘肃
71%—80%	—	河南	新疆
≤70%	—	—	云南、贵州、西藏

【资料来源】教育部规划司. 2011 年教育事业统计快讯［Z］. 北京：教育部发展规划司，2011（内部资料）.

4. 从结构来看，我国普通高中教育与中职教育规模比例适中

从国外普通高中教育与中等职业教育规模比例来，美国为 4∶1，英国为 4∶1，法国为 2∶1，日本为 2∶1，德国为 1∶2，而我国为 1∶1。

2011 年，我国高中阶段教育在校生规模为 4678 万人，比 2015 年规划目标多了 168 万人。中等职业教育招生 809 万人，占高中阶段教育招生总数的 48.7%；中等职业教育在校生 2197 万人，占高中阶段教育在校生总数的 47.0%。中等职业教育与普通高中教育规模大体相当。总之，与一些发达国家相比，我国普通高中教育还有相当大的发展空间。

表5-2　2010—2011年全国高中阶段教育分类别招生规模变化情况

年份	招生规模（万人）			比上年增长（%）		
	合计	普通高中	中职	合计	普通高中	中职
2010	1706.7	836.2	870.4	0.5	0.7	0.2
2011	1659.8	850.8	809.0	-2.7	1.7	-7.1

【资料来源】教育部规划司. 2011年教育事业统计快讯［Z］. 北京：教育部规划司，2011（内部资料）.

我国经历了一个由普通高中一统天下，到中职快速发展，再到普通高中教育与中等职业教育比例适度的发展历程（2000年以后逐渐趋于1：1，见图5-4）。

图5-4　2001-2011年我国高中阶段教育普职招生比重变化情况

《教育规划纲要》提出到2020年普及高中阶段教育的目标，并指出应合理确定普通高中和中等职业学校招生比例，今后一个时期总体保持普通高中和中等职业学校招生规模大体相当。这是与我国经济社会发展阶段相适应的。

根据国外普通高中教育发展规律，普通高中教育是随经济发展状况而发展的，我国经济经过30年高速增长，正进入后高速增长阶段，预测我国普通高中教育在2012—2020年的8年间会缓慢发展，可能以每年1%左右速度增长，到 2020 年普通高中毛入学率会达到 90% 以上，普职教育比例大体相当。

第二节 规范普通高中办学行为

近年来，我国高中教育发展迅速，在深化改革、促进公平、内涵发展等方面都取得了显著成效，教育教学质量和办学水平也进一步得到提高，优质教育资源进一步惠及广大群众。然而，一个不容回避的问题就是，高中阶段办学中一些失范的行为也时有发生，招生过程不够透明、收费不够合理、学生负担过重以及片面追求升学率等问题都还未从根本上得到扭转。这些问题的存在，严重影响了普通高中的良性发展，同时也阻碍了素质教育的全面展开。面对新时期教育事业发展的新需求，必须积极推进素质教育的工作机制，进一步规范和完善普通高中的办学行为。

一、规范普通高中招生行为

目前我国还没有真正的行政法规来规范普通高中的招生行为，这也致使高中阶段的教育成为我国学校教育制度规约最少的"特区"。在招生方面，普通高中招生的标准随意性较大。长期以来，特殊的评价模式——考试是高中录取的主要指标，在这种以分数为唯一标准的尺度下，高中招生存在着较大的片面性。当然，为了克服这种标准单一的招生方式，部分高中也积极采用了推荐、保送、特招等方式来丰富高中招生标准的多样性，不可否认，这些改变都是高中招生过程中的有益尝试。然而，这些方式往往依然是变相地把分数作为重要的指标。此外，由于缺乏必要的监督，在高中招生自主权无限扩大的同时，也很容易在招生过程中产生腐败。

针对普通高中在招生过程中存在的这些问题，可以从以下几个方面进一步规范普通高中的办学行为。首先，继续提高对普通高中招生考试制度的认识，严格落实《关于积极推进中小学评价与考试制度改革的通知》的要求，继续贯彻中考改革的指向。其次，改变传统的单纯以考试分数作为入学依据的招生方式，进一步完善择优统招的录取方法，招生不单纯依靠初中学业水平考试的成绩，同时也要把初中生的综合素质评价结果作为重要的依据。继续加大对高考招生形式多样性的支持和鼓励，进一步完善保送生、特长生以及定向录取生的招生机制。再次，建立普通高中招生监督机制。在普通高中的招生过程中，引入第三方机构对招生过程进行监督，增加招生过程的透明度和公平性。此外，积极营造有利于普通高中招生的良好环境，不仅要从学校内部出发，取消不利于素质教育、违背教育公平的招生因素，更要从社会各方面出发，尤其是争取新闻媒体的支持，营造积极的舆论氛围，使高中招生朝着积极的方向发展。

二、规范普通高中收费行为

高中教育收费作为筹措高中教育办学经费的一个重要手段，对高中教育事业的发展起到了积极的作用。尤其是在国家大力支持高中教育发展这一宏观教育政策的背景下，各地高中为加快发展步伐，纷纷采取多种方式，直接或间接提高高中收费标准，以解决办学资金，扩大招生规模。这样就导致在高中教育阶段出现了"双轨制"的收费标准，即计划内的招生按照国家规定标准收费，计划外的学生除缴纳国家规定的费用以外还须缴纳一定的扩招费，且中考成绩低于规定分数的学生须缴纳数额可观的"赞助费"或者"分差费"。甚至有些高中为了收取更多的"赞助费"，而故意压缩计划内学生的招生名额，大量招收"高价生"，以此作为学校创收的主要来源。此外，入学以后，部分高中还会以购买学习资料、补课等名目继续向学生收取各种名目繁杂的费用。不合理的收费行为严重制约了高中教育的良性发展。

高中教育收费方式中暴露出来的种种弊端，已经广为社会诟病。这种双轨制的收费方式不仅偏离了公平合理的原则，滋生了权力腐败，助长了不正之风，而且对学生的健康发展造成了不利影响，也给社会造成了一种假象，即高中文凭可以用钱买到。由于教育自身的特殊性，尤其是高中教育在整个国民教育体系中的特殊性，高中教育不可能完全市场化，不可能完全按照市场化的运作模式来举办。在高中教育收费方面，既要考虑高中教育发展所必需的成本，同时也要兼顾教育公平与教育均衡发展。当前，地方政府的财政压力普遍存在，而扩大高中招生规模又势在必行，为了解决这一现实存在的矛盾，必须更好地解决高中阶段的收费问题。只有不断地改进和完善高中教育收费制度，把各种不公平的因素降到最低，才能使高中教育尽可能地朝着公平方向发展，进而推动高中教育事业的健康、快速发展。

三、严格执行国家课程计划

现阶段高中阶段在执行国家课程计划方面还存在着以下问题。①随意增减科目和课时的问题比较突出，综合实践活动以及体、音、美等课程常常被挤占。综合实践活动课程虽有明确的规定，但课时往往得不到保障，一般学校能保证每周一节就很不错了，而且也常被有的教师占为他用或者被其他活动挤掉。②很多教师不能正确把握好必修课与选修课的关系，在教学过程中加深难度，增加课时，课堂上也很少有学生自主学习、合作探究的过程。选修课作为最能体现学生自主选择的课程，在多数课改实验省份并没有完全按照课改要求来实施，课程结构改革大打折扣。③虽然在本次高中课改之初，对相关的教育行政人员和学校校长、主任以及教师都进行了系统的培训，但是全新的教育理念并未在课改组织者和实施者头脑中真正树立。学校领导在常规工作中还是以高考升学率为主要的追求，教师大多还是按照传统的模式进行教学，教学方式没有得到根本改变。④高中新课程改革对学校的硬件条件要求较高，而有些农村地区的高中，还暂时不具备信息化管理的硬件资源设施，这对学校践行课改理念造成很大的影响。

针对上述问题，普通高中在深化课程改革中需要进一步做好以下工作。①建立促进课程改革顺利实施的制度保障。加大教育行政部门对高中课程改革的指导和监控力度，建立从上到下的课改领导小组、课改办和专家工作组，分别承担决策、组织和咨询的工作，并建立相应的工作制度，为科学决策提供制度保障。②严格执行高中课程计划，科学实施课程方案。按照国家的高中课程计划，合理安排选修课和必修课，解决好传统高考科目的超量排课问题。尊重教育主体的权力，鼓励学校、教师和学生在国家规定的范围内自主开发和选择课程，稳步推进地方和学校课程。严格落实选课和学分管理制度，尊重学生课程选择的权力，保障学生课程学习的权力。③深化课改培训，切实转变学校领导和教师的教育教学观念。学校的领导和教师是课程改革的真正践行者，他们的教育教学观念是决定课程改革成败的关键因素之一。为了更好地推进课改工作，有必要把前期培训中未能及时解决好的问题再度提上议事日程，进一步深化和落实课改的理念与实践。

四、规范高中教师职业行为

教师是教育事业发展的重要资源和核心要素，大力发展高中教育，全面实施普通高中课程改革，积极推进素质教育，关键要有一批高素质的教师作为保障。目前，教师整体素质不高以及部分教师职业行为失范是制约我国高中教育发展的瓶颈。教师行为失范主要是指教师在自身职业范畴内面对教育情境所做出的一些与社会规范以及大众期望不相符的行为。这种失范的行为既可以发生于课堂教学中（例如，教师偏执的教学观，体罚或者变相体罚学生，对待课堂教学的态度不够认真），可以发生在人际交往中（例如，教师之间互相排挤，论人是非），还可以发生在课堂教学之外（例如，有些教师不顾学校规定，向学生推销学习资料甚至其他商品，有些教师不顾国家规定，自办或者参与有偿家教等）。这些失范的行为既有损教师的职业形象，也制约了高中教育的良性发展。可以说，规范普通高中教师职业行为已经迫在眉睫。

规范教师的职业行为，首先要加强对教师职业道德的培养，认真履行教师职业道德规范。其次，要切实维护教师的合法权益，倡导尊师重教的优良传统，积极改善教师的工作和生活条件，尊重教师劳动，为教师实现个人价值和专业发展创造条件，逐步提高教师待遇，从根本上解决教师收入分配、医疗保险、子女入学等方面的问题，让教师没有后顾之忧，全力投入教育教学工作当中。再次，要积极推进教师聘任制，强化师德教育的考核，进一步明确教师的责任和义务，对教师校外兼职等方面提出明确的规范要求，坚决纠正少数教师自办或参与有偿补课的做法，树立教师的职业形象。

五、建立高中督导检查机制

教育督导是教育行政领导工作不可缺少的有机组成部分，也是教育行政管理过程的重要环节。2009 年的《国家教育督导条例（征求意见稿）》把教育督导分为综合督导、专项督导。可以说，国家对于教育督导的重视程度越来越高。普通高中办学行为的规范，离不开教育督导的帮助、支持和监督。

随着我国教育督导制度的建立和不断完善，督政、督学的任务越来越艰巨，要求也越来越高。然而，就目前而言，我国教育督导在开展方面还面临一系列的困难。教育督导主体的行政规格偏低、教育督导队伍整体素质偏低、相关的配套措施不够健全等，严重制约着教育督导工作的顺利展开。为了真正凸显教育督导的价值，进一步规范普通高中的办学行为，各级各地教育督导室要建立规范办学行为专项督导评估制度，将规范中小学办学行为、实施素质教育的情况作为督导评估的重要内容，作为有关教育立项、专项拨款、表彰奖励的重要依据。对有令不行、有禁不止、顶风违纪的学校和个人，要按照相关规定严肃查处。要将规范办学行为工作作为一项重要内容纳入对教育行政部门业务的考核中，同时把规范办学行为、实施素质教育情况纳入对校长与教师的考核和评优评先中，建立全方位、过程性、立体化的长效监督机制。

第三节　化解普通高中债务

普通高中教育是在九年义务教育基础上进一步提高国民素质、面向大众的基础教育，处于国民教育体系中承上启下的关键环节，是基本公共教育服务体系的重要组成部分，是重要的社会公益事业。目前普遍存在的债务问题给普通高中教育的健康发展带来不利影响，引起了社会关注。2011

年 9—11 月，审计署、教育部、财政部共同组织各地对公办普通高中债务进行了全面清理调查。

一、普通高中负债具有普遍性

高额债务使学校每年必须支付高额利息，背上了沉重的经济负担。有些学校的收入甚至无法支付高额利息，不得不借新债还旧债，学校发展面临一定的财务风险。

第一，普通高中大规模产生债务主要是在 1999 年高校和普通高中扩招后。我国地方公办普通高中举借债务可追溯到 20 世纪 70 年代末，1979—1990 年举债的普通高中很少，全国仅 49 所；1991 年后逐年增加，1991—1999 年有 1569 所普通高中开始举债，年均 174 所；2000 年以后这一数字快速增长，2000—2010 年有 6910 所普通高中开始举债，年均 628 所。

第二，从债务区域分布看，东部和中部债务额大、校均债务额高，中部和西部负债学校比例高。2010 年底普通高中债务余额中，东部、中部和西部负债学校比例分别为 58.06%、82.07% 和 78.34%。

第三，从举借主体看，绝大部分债务由学校举借，且城市和县镇学校债务额大、校均债务额高。2010 年年底普通高中债务余额中，由学校举借的债务占 80.48%，其余为融资平台公司、财政部门、教育部门和其他单位举借，分别占 9.25%、4.66%、4.37% 和 1.24%。

第四，从债务资金来源看，拖欠工程款和银行贷款为主要来源，大部分用于基本建设支出。2010 年年底普通高中债务余额中，用于基本建设支出、教学仪器设备购置支出和其他支出的分别占 94.22%、3.20% 和 2.58%。

二、普通高中债务来源复杂

1. 因改善办学条件、扩大优质教育资源而负债

1999 年《中共中央国务院关于深化教育改革全面推进素质教育的决定》做出了"扩大高中阶段教育和高等教育规模，拓宽人才成长道路"的战略决策。此后，各地为适应经济社会发展，巩固普及九年义务教育成

果，满足高校扩招对优质生源的需求，大力发展高中阶段教育，普遍改善了普通高中的办学条件，建设了一批示范性普通高中，扩大了优质普通高中教育资源，一定程度上提高了我国基础教育的总体水平，为高等学校和社会主义建设培养了大批高素质人才，也较好地顺应了广大人民群众接受高中教育的强烈愿望。根据有关教育统计年鉴，2002—2010年，全国普通高中在校生数由1683.81万人增加到2427.34万人，增长了44.16%；高中阶段毛入学率由42.8%提高到82.5%；校舍面积由2.41亿平方米增加到3.98亿平方米，增长了65.15%。近年来，随着城镇化建设的推进和城市布局调整，一些地方高中生源向城镇集中的现象比较突出，城镇原有普通高中规模不能满足高中人数不断增长所带来的需要。为适应普通高中发展需求，一些地方通过加大财政投入和举借债务等方式，筹集大量资金对普通高中进行新建和改扩建，调整学校布局，努力改善办学条件。

2. 普通高中基本建设投入不足

受财力的限制，自农村税费改革以来，政府公共财政优先保障义务教育，大幅度增加了对农村义务教育的投入，全面建立了农村义务教育经费保障机制。对公办普通高中，政府主要是解决教师基本工资，对校舍等基本建设投入严重不足；目前全国大部分地区还没有制定普通高中生均拨款标准；同时，国家这些年对普通高中缺少较大规模的专项投入。根据全国教育经费统计结果，全国普通高中财政拨款从2002年的302.43亿元增加到2010年的1316.87亿元，而高中教育事业性经费支出同期从531.39亿元增加到1858.13亿元，有的地区财政拨款尚不足以保障学校教职工工资，学校日常运转经费主要依靠学杂费特别是择校生收费收入。2001年起，国家对公办普通高中招收择校生实行"三限"政策，随着物价上涨和学校资产规模扩大，学校日常运转成本不断提高，一些学校事业收入仅能维持学校日常运转，建设资金匮乏。普通高中基本建设拨款从2002年的20.42亿元增长到2010年的60.31亿元，分别仅占当年财政拨款的6.75%和4.58%，规模较小，难以满足普通高中快速发展的需要。在政府投入不足和学校收入来源有限的情况下，一些地方政府或普通高中只能通过银行贷款、施工方垫资、向教职工集资、后勤社会化等方式筹集建设资金，以满足学校建设需要，从而形成"吃饭靠财政、运转靠收费、建设靠举债"的局面，债务问题不断累积。

3. 达标升级造成普通高中债务增加

近年来，各地普通高中教育评等定级工作进一步加强，建设了一批省、市级示范性普通高中，扩大了高中阶段优质教育资源，满足了人民群众对优质教育的需求，在一定程度上提高了我国基础教育的总体水平。然而，在示范学校评定中，对学校校舍、体育场馆、教学仪器设备和图书等硬件条件设定了考核标准，一些地区在财政投入不足的情况下，通过大量举债进行建设，完成升级达标任务，造成普通高中债务的大幅增长。据调查，示范学校债务余额普遍高于非示范学校。

4. 高标准、超概算建设助长债务增长

目前，国家和地方出台的普通高中校舍、体育场馆、实验室、图书室建设等相关制度中，仅规定了应当达到的最低建设标准，而未规定建设标准上限。一些学校建设标准较高，生均校舍面积较大，少数学校还存在超概算建设情况，一定程度上也助长了普通高中债务的快速增长。

三、化解普通高中负债是当务之急

目前，普通高中债务中88%用于学校的基本建设，其他主要用于仪器设备购置等支出。按照2009年全国竣工房屋造价2021元/平方米（数据来源于《中国统计年鉴2010》）测算，新增的1.6亿平方米校舍固定资产总额为3234亿元（不含土地价值），绝大部分债务资金已经转化为学校的优质资产，成为优质资源，促进了我国普通高中教育的快速发展，显著提高了普及水平，有效提升了教育质量。可以说，普通高中负重前行、负债发展为提升国民整体受教育水平，巩固义务教育普及成果，推动高等教育大众化作出了重要贡献。

当前，为贯彻全国教育工作会议和《教育规划纲要》精神，确保2012年实现国家财政性教育经费支出占国内生产总值比例4%的目标，中央和地方都在积极研究出台加大财政对教育投入力度的政策措施。抓住这个时机，考虑解决普通高中债务问题，条件逐渐成熟。近年来实施的农村义务

教育"普九"债务及高校债务风险的化解，也为统筹解决普通高中债务问题提供了很好的借鉴。同时，各地正在组织实施投入保障机制改革试点，制定各级各类学校生均经费基本标准和生均财政拨款基本标准，把解决普通高中债务问题与这项改革试点工作有机结合起来，能够更好地促进高中债务问题的解决。

《教育规划纲要》，明确提出，加快普及高中阶段教育。要普及高中阶段教育，首先必须解决普通高中债务，普通高中债务已成为制约高中阶段教育可持续发展的瓶颈。要解决普通高中债务，不能就债务论债务，必须统筹考虑，系统设计，逐步化解，建立助推普通高中科学发展的长效机制。在各方合理分担债务的同时，还应完善普通高中投入机制，建立普通高中科学发展的良性机制，引导普通高中科学规划、合理定位、勤俭办学、内涵发展。

1. 确定解决普通高中债务问题的基本原则

（1）政府主导，责任明确。根据现行分税制财政管理体制和基础教育管理体制的有关规定，应坚持"谁举债，谁负责"的原则，化解普通高中债务的责任主体是地方政府。省级政府负责统筹规划，县级政府组织实施，市级政府加强指导和督察，中央政府给予必要的工作指导和资金补助。也就是说，县级政府具体负责债务的清理核实、资金筹措、债务偿还等工作；省级政府及相关部门要加强统筹，统筹中央补助资金，统筹确定省及省以下资金分担比例，统筹制定系列配套政策和措施；中央财政重在引导、推动，要安排专项资金，建立激励机制，充分调动各地化债的积极性。

（2）财政为主，多措并举。普通高中既不同于义务教育（完全由财政来保障），又不同于高等教育（具有较强创收能力），而必须主要依靠财政投入来偿还债务。目前，全国大部分地区还没有制定普通高中生均拨款标准，学校的事业收入是保证运转的最主要来源。据统计，2009年，全国普通高中学费收入为407亿元，占学校运转经费的60.7%。近年来，为减轻人民群众经济负担，国家采取了稳定教育收费标准的政策，多数省份普通高中收费标准仍维持在20世纪90年代的水平，普遍偏低。2003年，国家出台了公办普通高中招收择校生的"三限"政策（即限分数、限人数、限钱数），这项政策对于规范普通高中招收择校生行为，扩大优质教育资源，改善办学条件发挥了较好作用。自 2009 年以来，各地遵循国家大幅度降低择校生比例的要求，一些学校的择校生比例已经由最初的百分之五六十下降到 30% 以下。教育部等七部门《关于 2011 年治理教育乱收费规范教育收费工作的实施意见》（教监〔2011〕8 号）提出，"严格执行并逐步调整公办普通高中招收择校生'三限'政策……从 2012 年秋季开始，以学校为单位将招收择校生比例降到 20%。各地要研究制定加大高中教育政府投入，逐步取消'三限'收费的措施和办法。研究在一定时期内取消公办高中招收择校生'三限'政策"。教育部等七部门《关于 2012 年治理教育乱收费规范教育收费工作的实施意见》（教办〔2012〕4 号）明确规定，"从 2012 年秋季学期开始，每个学校招收择校生的比例最高不得超过本校当年招收高中学生计划数（不包括择校生数）的 20%。各地在加大投入，合理调整收费标准的同时，要采取有力措施，制定时间表、路线图，在 3 年内取消公办普通高中招收择校生。严禁在择校生之外以借读生、自费生等名义招收高收费学生"。随着物价指数的上升，学校建设成本和运行成本不断提高，普通高中事业收入维持学校日常运转已是相当困难，更难以用于学校建设和偿还债务。因此，化解普通高中债务，应以财政投入为主，兼以盘活闲置资产、鼓励社会捐赠等多种途径筹措偿债资金。

（3）区别情况，逐步化解。普通高中负债情况比较复杂。从债务用途来看，大部分学校将资金用于必需的教学及辅助用房等基础设施建设，以满足办学规模不断扩大和改善办学条件的需要，但也有少数地方和学校脱离实际，通过举债超标准建设豪华校舍。从借贷渠道来看，有的债务是通过规范的审批程序，按照国家规定利率从银行取得的贷款；有的债务是拖欠施工、建设单位资金形成的；有的是通过向单位或个人高息借贷等不规范的融资渠道而形成的。从负债学校的财务风险来看，有的学校由于负债额度较大，资产负债率高，经费来源渠道少，偿债付息的压力大，已经影响到学校的正常运转；有的学校虽然有一些负债，但具备一定的偿债能力，也有具体的还债计划，没有影响学校正常工作的开展。因此，在化解普通高中债务时，要科学评估每一所学校的偿债能力和财务风险，根据不同情况，分清轻重缓急，区别对待，逐步化解。对于为满足正常教育教学需要而形成的，并且举债融资程序规范、偿债能力弱、财务风险大的债务，要优先化解。

（4）积极引导，实行奖补。中央财政安排专项资金，建立激励机制，实行"以奖代补"，引导和推动地方化解债务。中央财政奖励补助资金不与各地实际债务额度挂钩，采取基础奖励加浮动奖励的方式，对有效化解债务的省份给予支持。基础奖励，对财力相对困难的中西部地区给予倾斜；浮动奖励，综合考虑各地化债工作努力程度、债务规模下降幅度以及在校学生数等因素，向工作成效大的地方倾斜。凡未在规定期限内化解相应债务的不予补助。

（5）开展试点，稳妥推进。统筹解决普通高中债务，涉及面广，情况复杂，任务艰巨。各地可根据实际情况，先选择债务规模适中、财政状况较好、工作积极性较高的地区进行试点，积累经验，再全面铺开。

2. 对解决普通高中债务问题措施的建议

（1）彻底摸清并锁定普通高中债务。清理核实债务是做好债务偿还工作的前提和基础。各地在原有掌握情况的基础上，应以县为单位，在县级政府的统一领导下，由县级审计部门牵头，教育、财政、银行等部门参与，认真落实债务审计政策，严格审计程序，逐校、逐项、逐笔核实债务，查清负债规模、形成原因、起止时间、债务资金来源和用途、目前资产状况等，并落实到每一个具体的债权单位和债权人。各项审计认定的债务要进行公示，接受社会监督，剔除不实债务，锁定实际债务，建立债务台账和债权债务数据库，实行动态管理和定期报告制度。

（2）多方筹措化债资金。各地要积极调整财政支出结构，安排专项资金，化解已经锁定的普通高中存量债务。省级财政要加大转移支付力度，帮助财力困难的县市完成化债任务。省级示范高中可从"三限生"收费总额中提取一定比例的资金用于化债。地方财政投入普通高中化债的资金，不宜简单地与学校债务额度挂钩，避免"多欠多得、少欠少得、不欠不得"的现象，防止引发负债攀比。对债务风险较大的学校可以适当倾斜，也要提出警示和要求。

（3）完善投入机制。要从根本上解决普通高中债务问题，必须建立稳定的、有效的普通高中投入机制，否则极易出现"旧债未还，又添新债"的现象。各地要利用化解债务的契机，根据国家办学条件基本标准和教育教学基本需求，制定并逐步提高区域内普通高中生均财政拨款基本标准，进一步加大预算内基建投资力度，逐步提高普通高中财政投入水平，完善以财政投入为主，其他渠道筹措经费为辅的普通高中投入机制。同时，依据经济社会发展、物价变化情况、居民经济承受能力和普通高中办学成本等因素，完善普通高中收费政策。通过统筹财政预算拨款、地方教育附加、土地出让收益计提的教育资金、学费收入和其他各类教育资金，努力改善普通高中办学条件，保障普通高中教育持续健康发展。

（4）严控新增债务。今后，原则上普通高中不得产生新的债务，对确实需要并有严格偿债计划和可靠偿债资金来源的，要经过地方政府教育和财政部门审批后方能举债，资金使用情况要严格接受审计部门的审计。各地应综合考虑当地财力状况、生源发展趋势等因素，科学制定普通高中发展规划，引导普通高中适度、健康、规范发展。加强普通高中基本建设管理，严格项目审批，加强项目监管，防止超规模、超标准、超概算建设。建立普通高中债务审批制度，切实加强普通高中债务"借、管、用、还"各个环节的监督和管理，坚决制止违规集资行为。进一步规范与学校硬件建设挂钩的"达标升级"行为。

（5）加强财务管理。进一步理顺普通高中财务管理体制，建立健全规范、安全、有效的经费管理机制。进一步加强普通高中预算、财务和资产管理，健全学校财务内控机制，严控非教学性支出。要对学校债务资金的使用情况进行跟踪审计，定期出具学校收支情况审计报告，接受政府和社会公众监督，防止发生债务风险。各地对债务风险大、拖欠施工单位和个人款项、可能引发纠纷的学校，要加强动态监控，及时采取有效解决措施。

（6）形成解决普通高中债务的工作合力。统筹解决普通高中债务问题是一个系统工程，涉及面广、情况复杂、任务艰巨。教育、财政、发改、审计等部门要成立联合工作组，加强领导，密切配合，形成工作合力；要建立领导责任制和部门分工负责制，明确目标任务，履行各自职责，加强指导和督办，及时解决各种矛盾和问题；要积极行动，精心组织，扎实工作，稳妥推进，确保让人民群众得到看得见的效果和实惠。

在义务教育化债圆满完成、高等学校化债取得明显成效的情况下，把统筹解决普通高中债务问题提上议事日程，是减轻学校债务负担，防范学校财务风险，维护正常教学秩序的客观需要，是提高普通高中教育质量，促进普通高中教育健康发展的重要举措，对维护社会和谐稳定，建设人力资源强国也具有重要意义。

第四节　民办高中走向

民办高中教育作为我国高中阶段教育的组成部分，其重要地位和作用是毋庸置疑的。由于社会经济结构、人口数量以及高等教育大众化等方面因素的影响，我国的普通高中教育在21世纪初期面临巨大的挑战，民办高中教育也同样如此。厘清我国民办高中教育的现状，解决民办高中在发展中遭遇到的瓶颈问题，对于促进我国民办高中教育的发展具有重要的价值与意义。

一、民办高中教育近年加快缩减

《中华人民共和国民办教育促进法》（以下简称《民办教育促进法》）对民办教育的性质有明确的规定：民办学校是指国家机构以外的社会组织或者个人，利用非国家财政性经费，面向社会举办的学校及其他教育机构。这一规定明确了三个方面的内容：第一，举办者为国家机构以外的社会组织或者个人；第二，办学活动所需费用是非国家财政；第三，面向社会提供服务。所以，基于以上三点以及高中教育的独特地位，本研究中所谓的民办高中教育主要是指国家机构以外的社会组织或者个人，利用非国家财政性经费，面向社会依法举办的衔接九年义务教育和大学教育的学历教育机构。

1. 民办高中的数量变化

由表5-3可以看出，民办高中的数量以2006年为分水岭，2006年以前为快速增长时期，2006年以后呈现出明显的缩减趋势。其中，2009年减速最大，高达-8.3%。2009年以后，减速明显放缓。

表5-3　民办普通高中学校数及其增长率

	2001	2002	2003	2004	2005	2006	2007	2008	2009	2010	2011
数量（所）	1849	2273	2679	2953	3175	3246	3101	2913	2670	2499	2394
增长率（%）	21.9	22.9	17.9	10.2	7.5	2.2	-4.5	-6.1	-8.3	-6.4	-4.2

2. 民办高中与普通高中的数量对比

由图5-5可以看出，民办高中的数量远远少于公办普通高中。并且，民办高中和公办普通高中在数量上的变化趋势具有一致性。

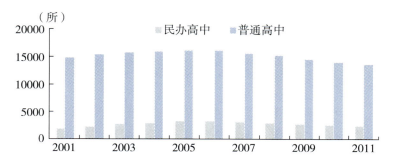

图5-5　民办高中与普通高中的数量对比

3. 民办高中在校生数量

从图5-6可以看出，近10年来民办高中在校生的数量快速增长，到2006年达到历史最高点，之后有所回落，总体上进入了稳定发展阶段。

4. 民办高中学生数在民办教育机构中所占比例

从图5-7可以看出，民办高中的数量在整个民办教育中所占比例最小，并且这一比例一直处于缩减状态。

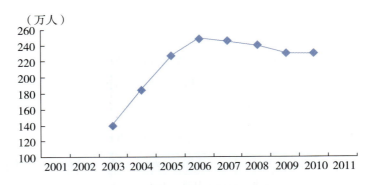

图 5-6　民办高中在校生的数量变化

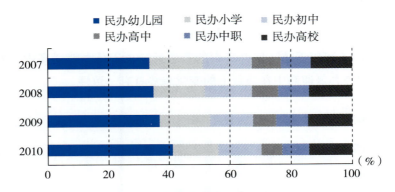

图 5-7　民办高中学生数在民办教育机构中所占比例的变化

5. 民办高中的区域分布

从民办高中区域分布情况看，2010 年城市民办高中为 1287 所，县镇民办高中为 986 所，农村民办高中为 226 所，城市民办高中比例最大，与普通高中主要集中于县镇的区域分布形成鲜明对比。

从图 5-8 可以看出，民办高中目前主要集中于城镇，农村地区的数量偏少，分布不均衡。此外，以 2010 年为例，当年全国城镇人口占 49.68%，农村人口占 50.32%，而城镇民办高中的数量为 2273 所，农村民办高中只有 226 所，前者是后者的 10 倍。可见，农村地区民办高中教育资源严重短缺。

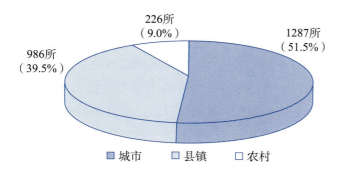

986所
（39.5%）

226所
（9.0%）

1287所
（51.5%）

■ 城市　　■ 县镇　　□ 农村

图 5 – 8　2010 年分区域普通民办高中分布情况

二、民办高中教育发展遭遇多方面问题

我国的民办高中教育从无到有，由弱到强，期间所取得的成绩是有目共睹的。然而在世纪之初的前 10 年中，我国民办高中的发展也面临许多深层次的问题，主要表现在以下几个方面。

1. 民办高中的政策支持不够，社会认同度较低

2002 年 12 月《民办教育促进法》颁布，2010 年 5 月国务院出台《关于鼓励和引导民间投资健康发展的若干意见》（国发〔2010〕13 号），其中第十五条提出了对民办教育政策的新期待："鼓励民间资本参与发展教育和社会培训事业。支持民间资本兴办各类学校和社会培训机构。修改完善《中华人民共和国民办教育促进法实施条例》，落实对民办学校的人才鼓励政策和公共财政资助政策，加快制定和完善促进民办教育发展的金融、产权和社保等政策，研究建立民办学校的退出机制。"这些都在一定程度上增强了民办高中举办者的信心。然而，《民办教育促进法》对民办高中的发展所起到的作用非常有限，民办高中在整个教育体系中所发挥的作用并没有得到充分的认识，对民办高中教育的关注度也比较少，甚至有关部门和新闻媒体还对民办高中"另眼相看"，缺乏足够的认同和支持。这些问题的存在，都不利于民办高中教育的健康发展。

2. 民办高中办学特色不鲜明，同质化倾向明显

民办学校的生命力在于其特色，在于对教育市场的灵活反应，能够满

足人民群众对高中教育的多元需求。而目前一些民办普通高中在办学模式、办学特色、管理方式、课程设置等方面已与公办普通高中趋同。办学定位不准，对教育市场的变化不适应，同质化日益显著，失去了自己的特色，使得一些民办普通高中成为公办高中的"翻版"。在应试教育的压力下，一些民办普通高中为了生存放弃了多样化办学的探索空间，陷入与公办学校"同质竞争"的困境中，曾被寄予厚望的"探索素质教育和创新教育"的使命始终未能得到很好的实现，民办普通高中的吸引力总体下降已是不争的事实。

3. 民办高中的综合实力较弱，办学竞争力不强

与国家大力投入并全力支持的公办普通高中相比，民办高中的综合实力较弱，办学竞争力不强，主要表现在以下几个方面。

首先，民办高中的办学主体较为单一，办学经费相对不足。民办高中主要是通过自筹方式来解决学校的办学经费，从世界上大多数国家的情况来看，政府与民间都以多种方式资助私立学校，这种资助为私立学校的发展提高和培养合格人才提供了有利条件。而这种对民办高中的资助现阶段在我国还较为匮乏。其次，民办高中生源整体素质难以和公办学校相比。目前，在我国大部分家长还比较倾向于让学生在公办高中接受教育，这也导致民办高中的招生情况不容乐观。再次，教师的整体素质难以达到公办学校水平，师资结构不够合理且教师队伍稳定性较差。这些都使得民办高中在办学竞争力方面难以有强劲的表现。

4. 民办高中的管理体制不健全，运作模式单一

现阶段我国民办高中在管理体制上还有很多不尽如人意的地方，运作模式还较为单一。民办高中的管理体制包括两个方面：国家教育行政部门对民办高中的管理以及民办高中内部的自我管理。我国教育部门对民办学校的管理手段比较单一，主要以行政手段为主，经济手段、法制手段以及学校质量认证手段相对不足，中介机构和行业自律组织的作用发挥不够。此外，政府对民办普通高中的重视程度较低，缺乏必要的引导和支持，很多民办普通高中处于自生自灭的状态。同时，民办高中内

部的民主管理机制欠缺，管理体制较为混乱，学校的现代管理体制和机制不够健全，还未真正建立起民主、高效和科学的运行机制；学校内部的财务管理缺乏必要的监督，有的学校没有学校董事会，投资者同时也是管理者，学校成了某些个体和利益集团的工具，缺乏必要的监督；学校比较缺乏既懂教育又懂市场运作的复合型管理人才，人才队伍建设也有待进一步加强。

5. 民办高中的布局不够合理，缺乏均衡化发展

从 2010 年分区域普通民办高中分布情况（见图 5 - 8）可以看出，现阶段民办高中主要集中于城市和县镇，农村民办高中数量较少。随城市化进程而出现的城乡二元结构发展的不平衡，使得民办高中教育在农村也处于弱势地位，甚至在有些农村地区，民办高中教育处于一种"真空"状态。民办高中在农村地区的缓慢发展，既放缓了民办高中的发展步伐，也不利于发挥民办高中的优势及提升民办高中的影响力。

6. 民办高中的课程设置单一，多样性有待提高

制定国家课程要考虑到课程的统一性、稳定性和继承性，这是对学校教育的普遍性要求以及课程自身价值取向的重要体现，这种课程的优越性毋庸置疑。然而，社会的发展以及对人才的多样化需求，使得这种课程难以关照地区、学校以及学生的差异性的弊端暴露无遗。在当今多元化的时代，课程多样性的发展趋势已经十分明显。目前，民办高中的课程大部分还是沿用国家课程模式，缺乏自己的特色课程，课程模式较为单一，这不仅使民办高中难以适应社会发展的需求，同时也严重限制了民办高中自身的发展。

7. 民办高中的教育质量堪忧，盈利性色彩浓厚

民办高中教育由于缺乏有效的管理、监督和评价机制，使得其自身的教育质量难以得到真正的保证。办学条件差，办学不规范，教风学风校风差，使得民办高中陷入一种恶性循环之中。此外，一些民办高中收费高且收费较为混乱，表现出浓厚的盈利性色彩，往往使得广大工薪阶层难以承受。

三、民办高中教育的未来走向

民办高中的发展现状及其自身存在的问题，迫使我们对民办高中进行细致而深入的研究。对民办高中未来走向的预测，不仅能够对民办高中发展中存在的问题进行规避，而且还可以更好地引领民办高中的发展。未来民办高中教育的走向，将主要集中在以下几个方面。

1. 民办高中办学主体的多元化

2010 年 5 月国务院《关于鼓励和引导民间投资健康发展的若干意见》对支持民办教育办学主体进行了明确的规定，指出"鼓励民间资本参与发展教育和社会培训事业。支持民间资本兴办各类学校和社会培训机构，落实对民办学校的人才鼓励政策和公共财政资助政策，加快制定和完善促进民办教育发展的金融、产权和社保等政策"。

高中教育的独特地位决定了对它的投资也必须是巨大的。然而，由于目前国家并不能在短时期内提供充足的教育资金，所以，为了更好地促进高中教育快速、健康发展，更好地适应目前我国巨大的高中教育需求，必须改变由国家单一投资的办学状况，广泛吸纳社会各种教育资源，扩大教育资金的筹措渠道，实现高中办学主体的多元化。这一走向转变是由当前国家的政治、经济以及文化等多方面因素共同决定的。

根据国际办学经验，理想的高中教育发展格局必然是公办高中和民办高中协调发展的。公办高中一般要代表国家教育行政部门履行一定的教育职能，维护学校教育的公益性和公平性。民办高中则一般起着补充公办高中资源不足以及满足家长多样化需要的作用。根据我国目前现实的财力、经济发展趋势以及市场经济的潜力和积极性，应该确立以公办高中为主，公办和民办高中共同发展的模式，这样既能充分体现教育部门对高中教育的主导作用，同时又有利于最大限度地吸纳社会各方面力量共同投资发展高中教育。

民办高中办学主体多元化表现为：民办高中的办学主体既可以是个人，也可以是社会团体；既可以是个体私营企业办学，也可以是股份制企业合资办学；办学经费既可以全部来自国内，也可以通过中外合资办学筹集；既可以是一些教育集团投资办学，也可以是一些重点高中举办民办学校。近些年来，一些知名房地产企业（即房地产开发商）按照有关政策法规，在所开发区域的居住小区兴办民办学校，也日益成为一个新兴的办学主体。

2. 民办高中办学形式的多样化

办学形式的多样化不仅是民办高中自身发展的价值取向，更是满足社会需要的必然选择。一方面，随着人们生活水平的提高，很多家庭希望自己的子女能够受到更为良好的教育。而一部分家长由于工作原因无力照顾和辅导子女，他们希望自己的子女能够在寄宿制学校里得到妥善的照料和培养。另一方面，更多的家长希望对子女加强外语、计算机、艺术等方面的教育，还有一部分家长因所处社区的学校不尽如人意而产生择校动机。而现有的公办学校往往难以满足人们的这种差异性需求，这就为民办学校提供了生存发展的空间。随着教育国际化水平的日益提高，很多学生也把出国留学作为高中阶段学习的主要目的，所以，民办高中可以根据自身的条件创建国际班，实施国际化教育与评估，为学生高中毕业后出国留学做准备。因此，可以说，顺应并满足不同类型家长、学生对教育的选择性、多样化的需求，将成为我国民办高中学校未来发展的基本方向。

3. 民办高中发展方式的内涵化

"内涵"一词有两种意思：一是指概念所反映的事物的本质，即概念的内容；二是指内在的涵养。此外，内涵一般与外延相对，外延一般是指一个概念确指的对象的范围。外延式发展强调的是数量的增长、规模的扩大以及空间的拓展。而内涵式发展则是指事物结构的优化、质量的提高以及实力的增强，可以说，内涵式发展就是要抓住事物的本质属性，强调事物"质"的发展。

从统计分析可以看出，民办高中在本世纪初得到了快速发展，然而从2006 年开始，民办高中教育的数量急剧缩减，这表明，我国民办高中教育自身的发展遇到了问题。对于民办高中来说，依靠数量增加、规模扩张的外延式发展已经过时，这种外延式的发展模式已经不能适应社会发展的需要，民办高中的发展面临严峻的挑战。对于民办高中来说，必须调整发展方式，由关注量的发展转向关注质的发展，通过内涵式发展，真正提升民办高中教育的竞争力。

4. 民办高中发展规模的均衡化

实现教育发展的均衡化，不仅是社会主义制度的本质体现，也是构建和谐社会的基础性工作。在"十二五"教育发展规划的指导下，民办高中要及时调整发展战略，科学规划区域教育的发展，调整区域民办高中教育的布局结构和人才培养结构，建立教育联动合作平台，更好地服务区域教育事业的发展。

民办高中要探索城乡一体化发展机制，探索城乡教育联动发展新模式，加快城乡民办教育一体化发展的进程，逐步实现城乡民办高中教育的一体化发展目标。在构建与公办教育共同发展格局的道路上，民办教育仍然有很大的发展空间。在社会需要、政府支持的大环境下，均衡化必定会成为民办高中教育发展的重要趋势。

5. 民办高中学校建设的特色化

民办高中本来就是高中教育多样化和特色化的产物，民办高中办学主体的不同必然会引起办学价值倾向的差异，从招生对象到课程设置以及学校运作等都应该呈现出异彩纷呈的局面。可以说"以特色求发展"已经成为民办高中教育发展的共识。民办学校特色性主要表现在培养目标的特色性、课程设置的特色性、校园氛围的特色性、管理体制的特色性、培养模式的特色性等方面。民办普通高中必须把开发学生的潜能、提高学生的综合素质作为学校工作的出发点和归宿。

民办学校要进一步端正办学思想，明确办学方向，全面推进素质教育。特别是要根据当前教育个性化发展的需要，寻找新的适合自己发展的空间，发展一些适合某类特殊人才培养的学校，做到"人无我有"，"人有我精"。如民办普通高中可以与高校以及社会上的音乐、美术、戏剧、体育等机构联合办学，在民办普通高中形成音乐、美术、体育等教学优势，为社会、高校输送特殊合格人才，形成特色品牌，通过培养社会所需的人才得到社会的认可。可以说，特色不仅是民办高中办学价值的集中体现，更是民办高中进行教育创新的着力点。

6. 民办高中学校管理的科学化

《国家教育事业发展第十二个五年规划》明确提出，逐步建立民办学校分类管理制度。按照"学校自愿选择、政府分类管理"的原则，开展营利性和非营利性民办学校分类管理试点，逐步建立分类管理制度和监管机制。民办学校必须符合法人条件，完善法人治理机构，落实法人财产权。重点完善民办学校章程建设、理（董）事会制度建设，完善独立学院管理和运行机制。建立健全民办学校财务、会计和资产管理制度，强化财务监管、风险监控和财务公开制度，完善民办学校学费收入监管制度。建立民办学校变更和退出机制。加大对非营利性民办学校支持力度，将非营利性民办教育纳入公共教育体系。政府采取购买服务、资金奖补、教师培训等方法，支持非营利性民办教育快速发展。

此外，民办高中自身还应建立一套系统完整的管理制度，注重学校的科学化管理，使学校的运作有章可循，不因领导层的变动而变动。充分发扬民主精神，调动师生员工的积极性，强化学校的自我改造、自我发展、自我完善的动力和机制。在教师的管理方面，从教师的聘任到教师的业绩考核以及教师的职务变动，都应该有详细而明确的操作程序；对学生的管理同样应该科学化，根据学生身心发展的规律，制定科学、有效的管理制度。

7. 民办高中课程设置的个性化

我国高中阶段的课程管理由过去国家统一管理走向三级管理体系，课程结构由过去的线性结构走向塔状结构，课程计划由过去的学期变成学段，学业管理由单纯的考试变为学分管理，学生选课由口号变为现实，综合实践活动由一般性的课外活动变为综合实践活动课程，课程评价由单纯的应试走向发展性评价。这一系列的改革为民办高中课程的个性化设置和创新性人才的培养提供了较为广阔的发展空间。

民办高中与普通高中的区别在于，民办高中要直接面对市场的竞争，所以，它需要更加灵活的机制，充分利用包括课程设置自主权在内的办学自主权办出自己的特色，彰显自己个性化的课程设置，利用优势换得生存和发展的空间。民办高中在课程设置上毫无疑问首先要达到国家制定的相关课程标准，在此基础上，民办高中可以充分发挥自身优势，按照学校发展的规划进行校本课程和个性化课程的设置，使个性化的课程设置成为促进民办高中教育发展的着力点。

［后　记］

本研究报告是中国教育科学研究院 2012 年度基本科研业务费专项基金课题"国情系列"项目（课题批准号：GY2012003）的研究成果，由中国教育科学研究院基础教育研究中心主持完成。

本研究报告是团队合作的成果，是集体智慧的结晶，是协同创新的尝试。课题主持人为陈如平，核心成员有李建民、张杰夫、孙智昌、郑庆贤、张瑞海、高丙成、郭丹丹、杨清、陈琴、李红恩、张浩、李继星等。陈如平主要承担课题研究的整体设计、组织协调和研究实施等工作，负责研究报告的框架形成、内容撰写、修改和统稿。各章节具体分工如下：序言和后记由陈如平执笔；第一章由李建民、张杰夫执笔；第二章由陈如平、孙智昌、郑庆贤、张瑞海执笔；第三章由高丙成、郭丹丹执笔；第四章由杨清、陈琴执笔；第五章由张杰夫、李红恩、张浩、李继星执笔。李建民、高丙成、杨清负责全书相关数据的收集、整理、分析和所有图表的设计制作。本中心刘占兰、毕诚、易凌云、周俊鸣等也参加了相关问题的讨论。

本研究报告的写作得到了教育部基础教育二司有关领导的指导、支持和帮助，得到了中国教育科学研究院领导的支持、鼓励和引领，从框架形成到研究具体展开的全过程，都离不开他们的宝贵意见。在研究过程中，课题组还借鉴、吸收有关单位和专家的成果，使得研究报告更加全面完整。在此，课题组全体成员对各位领导、专家的关心与支持表示衷心的感谢和诚挚的敬意。

　　然而，由于本课题研究是初次尝试，加之时间紧迫和水平所限，收集和占有资料的数量与范围等存在不足，课题组每位成员的研究积淀等各不相同，因而本书仍存在锤炼和提升的空间。我们寄望于后续的年度研究不断改进完善，敬请各位读者批评指正。

出 版 人　所广一
责任编辑　何　艺
版式设计　孙欢欢
责任校对　贾静芳
责任印制　曲凤玲

图书在版编目（CIP）数据

中国普通高中教育发展报告 . 2012 / 陈如平等著 . —北京：
教育科学出版社，2013.6
（国情教育研究书系）
ISBN 978 - 7 - 5041 - 7280 - 8

Ⅰ . ①中…　Ⅱ . ①陈…　Ⅲ . ①高中—教育事业—研究
报告—中国—2012　Ⅳ . ①G639.2

中国版本图书馆 CIP 数据核字（2013）第 042745 号

中国普通高中教育发展报告 2012
ZHONGGUO PUTONG GAOZHONG JIAOYU FAZHAN BAOGAO 2012

出版发行	**教育科学出版社**			
社　　址	北京·朝阳区安慧北里安园甲 9 号	市场部电话	010 - 64989009	
邮　　编	100101	编辑部电话	010 - 64981167	
传　　真	010 - 64891796	网　　址	http://www.esph.com.cn	
经　　销	各地新华书店			
制　　作	北京金奥都图文制作中心			
印　　刷	保定市中画美凯印刷有限公司			
开　　本	169 毫米 × 239 毫米　16 开	版　　次	2013 年 6 月第 1 版	
印　　张	19.25	印　　次	2013 年 6 月第 1 次印刷	
字　　数	293 千	定　　价	60.00 元	

如有印装质量问题，请到所购图书销售部门联系调换。